实 践 哲 学 论 丛 | 主 编 丁立群 | 副主编 罗跃军 高来源

RESEARCH ON
HUMANITIES OF GADAMER

伽达默尔精神科学思想研究

陈莹 著

社会科学文献出版社
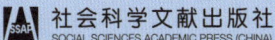
SOCIAL SCIENCES ACADEMIC PRESS (CHINA)

实践哲学论丛编委会

主　　编　丁立群
副　主　编　罗跃军　高来源
编委会成员　（按姓氏笔画排序）：
　　　　　　丁立群　万俊人　马天俊　尹树广　王晓东
　　　　　　罗跃军　姚大志　徐长福　高来源　黄其洪

何谓实践哲学（代序）

实践哲学是哲学范畴中歧义最多的哲学形态，这主要是因为实践哲学的主题词"实践"就是一个十分复杂的概念：实践既是一个常识性语词，又是一个哲学概念，而且这一概念在各种文化学科中被广泛使用。这就使其被赋予了多种多样的涵义。诸种情况亦影响到实践哲学。

一般来说，在西方哲学中，实践哲学多用来指称伦理学和政治学。然而，伦理学和政治学由古希腊发展至今，发生了很大变化。现代伦理学有诸多分类，诸如德性伦理学、规范伦理学、描述（科学）伦理学和分析伦理学，其中哪些属于实践哲学？政治学按亚里士多德的划分属于实践哲学。但是，政治学在马基雅维利之后，已经逐渐脱离实践哲学范畴，进入科学和技术领域，成为政治科学甚至管理技术。尽管现代哲学家力图恢复它的实践哲学维度，但政治学在何种意义上才能恢复为实践哲学？恢复为实践哲学的政治学将如何处理政治科学（技术）遗产？另外，狭义的伦理学和政治哲学能否代表实践哲学的全部内容？"实践"概念在西方的人类学领域也被广泛使用，这一领域"实践"概念的主要涵义带有实用主义色彩，即实际应用、效用和实验等，实践哲学如何对待这种实践？

实践哲学在国内情况也比较复杂。迄今，学界提出了实践唯物主义、实践本体论以及认识论的实践论等诸多理论。其中，每一种实践理论所使用的"实践"概念都具有不同涵义，甚至同一理论中"实践"的涵义也因语境变化而有所不同。但是总体上，在国内，无论是在常识领域还是在学术领域，影响比较大的是在"实验"意义上理解实践，把实践哲学看作研究如何把理论应用于实际的学问。

如此林林总总，难于尽述。试图厘清实践哲学的演化线索，就要追根溯源。

实践哲学虽然具有复杂多样的具体形态，但是从总体上可以分为"科学—技术实践论"和"伦理—政治实践论"两种基本形态，其余的实践哲学形态都只是这两种基本形态的延伸。德国古典哲学家康德在其著名的"三批判"之一——《判断力批判》的导论中曾谈到实践哲学的分类。他指出，一般来说，人们把依据自然概念的实践和依据道德概念的实践混淆起来不加区分，致使人们在谈论实践哲学时不知所云。这种区分实质上取决于一个根本问题，即人的行为是受意志支配的，而给予意志的因果作用以规则的究竟是一个自然的概念还是一个自由的概念？康德认为这是至关重要的问题，它起到了分水岭的作用："如果规定因果关系的概念是一个自然的概念，那么这些原理就是技术地实践的；如果它是一个自由的概念，那么这些原理就是道德地实践的。"[①] 这里，康德实际上确定了划分不同实践哲学的标准，即规定意志背后的支配原则：如果支配意志的是自然的必然性，由此产生的行动就是技术的实践；如果支配意志的是自由原则，由此产生的行动就是道德的实践。康德虽然确定了划分两类实践哲学的标准，但是他却认为技术实践论属于理论哲学，道德实践论才真正属于实践哲学。

康德的这种划分在哲学史上是有根据的，所谓"道德实践论"应属于亚里士多德开创的"伦理—政治"的实践哲学传统；而"技术实践论"则属于由F.培根和G.伽利略倡导的"科学—技术实践论"传统。

亚里士多德是实践哲学的创始人，所有的实践哲学形态几乎都可以追溯到亚里士多德。

[①]〔德〕康德：《判断力批判》（上卷），宗白华、韦卓民译，商务印书馆，2000，第8~9页。

亚里士多德在一定程度上，克服了以往哲学的"伦理—认识平行论"[①]，突破了苏格拉底"美德即知识"命题把美德混淆于理论知识的理解，第一次区分了理论、制作和实践，使实践哲学从形而上学中独立出来，并构建了第一个较为系统的实践哲学理论。

在他看来，实践哲学的最核心内容和终极旨趣就在于如何促进人的"自由"和"完善"，即促进人的德性（潜能）的实现，促进人的生长和完善。亚里士多德有两部重要的实践哲学著作，即《尼各马可伦理学》和《政治学》，人的完善是这两部著作的共同主题。人的完善即通过实践而实现人的德性。《尼各马可伦理学》和《政治学》大略从个人和城邦两个方面，论述了人的德性的实现和完善问题。《尼各马可伦理学》侧重于个人德性品质与幸福的关系，论述个人"德性"的实现和人的完善，即通过运用理性的实践而使德性成为一种现实中的实现活动，使人获得自己的本质力量即整全的德性（善）；《政治学》则侧重于从政治制度上为"德性"的实现和人的完善提供条件。在《政治学》中，亚里士多德从"人天生是一种政治动物"这一根本命题出发，提出人类种群的纯自然的联系（社会性）并不是人的特征，人要在城邦共同体中实现自己。亚里士多德通过对政体和政治制度的研究，提出理想的城邦和制度应当涵育人的德性，为人的完善提供充分的条件。于是，政治学的目的与伦理学的目的是一致的，都是属人的至善。

由此，他把哲学分为三类，即理论哲学、制作哲学和实践哲学。在这种哲学分类及其区别中，进一步界定实践哲学。这种区分也使我们对实践哲学的理解具体化。

首先，实践哲学与理论哲学截然不同。理论哲学是关于永恒和必然领域的知识，实践哲学则是变化无常的人事领域的特殊知识。理论哲学的核

[①] 现代逻辑经验主义认为传统哲学的一个显著特征就是"伦理—认识平行论"，即在认识论上把伦理问题当作知识问题，以苏格拉底"美德即知识"为代表。我认为，这一认识论问题根源于本体论。传统哲学从本体论上未能区分道德实体即人为的"善"与世界的本体形而上学的"善"，这在前亚里士多德哲学中体现得更明显。亚里士多德则提出了与形而上学的善相对的"属人的善"，在一定程度上克服了"伦理—认识平行论"。

心问题是"永恒"和"必然"问题即"神"的问题,其思考属于理论智慧(Sophia);实践哲学的核心问题是关于个人的完善和善制问题,即关于属人的善的问题,其思考属于实践智慧(Phronesis)。理论哲学追求的是普遍的"真理";实践哲学追求的是特殊的"意见"[①]。理论哲学的知识形态是形而上学、数学和物理学,实践哲学的知识形态则是伦理学、政治学和家政学。

其次,实践哲学与制作哲学也截然不同。实践哲学处于"人事"领域,探究的是人的德性的实现活动和政治行为即实践;制作哲学处于"物事"领域,探究如何依据自然的原理生产一种物品。实践哲学研究人的道德和政治活动,重在于"行动",着眼于特殊性(特殊境况);制作哲学重在于按理性和原理操作的品质,重在于"知识",着眼于必然性和普遍性。实践哲学所谓实践智慧(Phronesis)在于凭借丰富的生活经验把握和筹划对自身完整的善;制作哲学的理智作为一种技艺(Technique),目的是生成某种物体,属于局部的善。实践哲学所谓实践是目的内在于自身的活动,制作哲学的制作则是目的外在自身的活动。实践是无条件的、自由的活动;制作是有条件的、非自由的活动。

可见,追溯实践哲学产生的源头可以看到,亚里士多德实践哲学是关于人际交往的伦理学和政治学理论,它与研究神和宇宙本体的理论哲学以及研究技艺活动、生产活动的制作哲学的理论分野和内容实质根本不同。

亚里士多德实践哲学在发展演变过程中,产生了一种派生形态,即康德所说的"科学—技术实践论"。由于亚里士多德实践哲学区分了理论、制作和实践,并把制作和实践一同作为变动领域的知识:制作作为实践的条件也与实践存在事实上的依存关系。这一情况使实践和制作有了千丝万缕的联系。延续到中世纪哲学,实践和制作开始混淆起来。在经院哲学家托马斯·阿奎那的思想中,"伦理之知"和"非伦理之知"的界限已经不甚清晰:实践包括了人类一切活动,当然也包括技术性的生产活动(制作)。到了近代,经过政治学家 N. 马基雅维利把伦理学与政治学分离,以技术代替实践的理论条件

[①] 实际上特殊的"意见"在亚里士多德的著作里亦被称为"真理",即属于特殊性的真理,它与现代所谓人文的真理同类。

已经具备。在此基础上，F. 培根把实践哲学的重心逐渐转移到根源于制作的科学技术上面，创立了另一种实践哲学传统：科学—技术实践论。

F. 培根不满意古希腊哲学家以及由此而发端的轻自然哲学，重道德哲学、政治哲学的学术传统，他认为，这是用征服人心代替了征服自然；他也反对古希腊的非实用的所谓科学传统，认为这种传统忘记了知识存在的意义。他力图扭转这一传统。首先，培根把实践哲学由注重道德哲学转向注重自然哲学。在他看来，在古希腊罗马时期，以亚里士多德为代表的哲学家把大部分时间和主要精力用于道德哲学和政治哲学的研究，导致人心远离自然。F. 培根认为，必须彻底转变这种传统，大力提倡对自然的研究。为此，他也反对亚里士多德的演绎逻辑，他认为，这种逻辑并不鼓励探索自然，只是论证以往的教条，是一种论证的逻辑。他提出了归纳法并将其作为研究自然、发现新事物的"新工具"。归纳法这种新方法的提出和应用具有重要意义，它使古希腊理论与制作的分离重新统一起来，成为近代以来自然科学和技术科学一体化趋势的方法论基础。其次，培根把实践哲学由超功利性转向功利性。古希腊推崇的是与人的需要不相关的理论沉思。于是，摆脱功利上升到抽象领域似乎成为希腊文化的一个特征。所以在埃及用于丈量土地的几何学传到希腊后，也被抽象为不占面积的点、线、面构成的抽象几何学。培根批判亚里士多德以及古希腊对超功利的理论（Theory）的推崇，明确提出，"真理和功用在这里乃是一事。各种事功自身，作为真理的证物，其价值尤大于增进人生的安乐。"① 因此，他要求知识要为人们的福利服务。②

通过这种改造，在培根的哲学中，实践开始转变含义，变成了技术（制作），技术则变成了科学的应用。于是，理论与实践的关系变成了理论（科学）如何应用于技术（实践）的问题，H-G. 伽达默尔认为，这是近两个世纪以来，人们对实践哲学的最大误解：它把实践理性降低到技术控制的地位。③

---

① 〔英〕F. 培根：《新工具》，许宝骙译，商务印书馆，1984，第99页。
② 〔美〕J. 杜威：《哲学的改造》，许崇清译，商务印书馆，1989，第17~20页。
③ 〔美〕R.J. 伯恩斯坦：《超越客观主义与相对主义》，郭小平译，光明日报出版社，1992，第49页。

在这里，科学不再是古希腊与技术应用无关的"理论"（Theory），而变成了技术原理，技术则是把科学原理应用于具体事件。这就构成了一种海德格尔所说的与古希腊致力于显现世界规则的世界观不同的新世界观，这种新世界观把自然当作人类的"资源库"。

科学—技术实践论的典型特征是它把传统实践哲学的实践由主体间关系置换为主客体间关系，作为获得知识（必然性）的一个中介。这一特征借用康德的话来说，就是用自然的必然性来规范意志的因果关系。这种实践处于理论理性的活动区域，所以，康德认为，科学—技术实践论实质上不属于实践哲学，而属于地道的理论哲学。科学—技术实践论以科学技术取代人类自由的实践，使科学技术行为不仅不为实践所制约，反而统治甚至取代了实践。这就从理论上为西方现代性危机埋下了伏笔。

科学—技术实践论是把亚里士多德的理论哲学中的科学部分和制作哲学中的技术部分突出出来，并在现代性的语境下，加以整合的理论形态。它成为亚里士多德伦理—政治的实践哲学传统的一种派生形态。这两种传统构成了现代西方"praxis"（伦理政治实践）和"practice"（科学技术实践）之争。林林总总的实践观、实践论和实践哲学都是这两种实践哲学传统的延伸形态。

现代西方哲学发生了一场实践哲学的复兴运动。海德格尔、伽达默尔、阿伦特、麦金泰尔、哈贝马斯、努斯鲍姆等著名哲学家都是这场复兴运动的中坚。现代实践哲学的复兴既有实践哲学自身发展的逻辑，也有现代性发展的社会历史背景。在实践哲学复兴的前提下，我们需要从实践哲学演化中，更加深入地思考实践哲学的元理论的建立及其问题域。

1. **在实践的知识内涵上：由伦理—政治的知识到人文科学的知识**

亚里士多德认为所谓实践即政治和伦理行为，实践哲学即伦理学和政治学。这一思想在西方思想界影响深远，在整个西方哲学史上，几乎所有被划进这一范围的思想，都被称为实践哲学。但是，我们注意到，19世纪末20世纪初的现代哲学家、新康德主义者W.文德尔班在《哲学史教程》中，对哲学进行分类时，拓展了实践哲学的范围。他同意亚里士多德把实践哲学限定在历史、伦理和政治领域，但是，他并不认为凡在这些领域的知识都是实践哲学的知识。他更进一步提出了在历史、伦理和政治领域划分理论哲学和实践哲学的原则，即对历史领域的研究可以从两个角度进行：其一是从探寻历史规律的角度来研究；其二是从探寻历史的目的和意义的角度来研究。前者属于理论的知识，后者则是实践的知识。这一原则总体上符合亚里士多德的思想，亚里士多德以这一原则区分自然领域和历史领域。但是，W.文德尔班却进一步把它引入亚里士多德传统的"实践领域"，在这一领域进行进一步实质性区分，这就使实践哲学的界限更加清晰了。按照这种划分，从意义和目的方面来看待的伦理学、社会哲学、法哲学、历史哲学、美学、宗教哲学都属于实践的知识。① 这已经把亚里士多德的伦理学、政治学领域扩展为整个人文科学领域。这种扩展得到了当代德国哲学家 O.赫费的响应，赫费在其著作《实践哲学》一书中，提出了与文德尔班完全相同的看法。② 这种看法的实质在于，它对实践的知识进行了拓展，把整个人文科学纳入实践的知识的范畴。

而在伽达默尔的思想中，精神科学（人文科学）合法性的承担者是实践哲学，同时他也有"实践科学"的提法。我认为，实际上，实践科学就是精神科学，而实践哲学就是关于精神科学的哲学。

这样，伽达默尔在分析精神科学的合法性基础时，就把实践哲学和实践科学区分出来。这种区分很有意义：它解决了为什么实践哲学不能实践、实践哲学该怎样实践的问题。

2.在实践的场域上：由"伦理—政治"领域转换为"社会"领域

亚里士多德把实践和实践哲学的场域限定在"伦理—政治"领域，这主要是由于在古希腊，劳动的主体是没有自由的奴隶，其不是实践的主体；而且，由劳动连接成的社会属于私人领域而非公共的实践领域。从此以后，伦理—政治领域几乎成为实践哲学的传统领域。现代政治哲学家 H.阿伦特特别严格地把实践和实践哲学限定在政治领域，提出人之为人的本质特征是政治

---

① 〔德〕W.文德尔班：《哲学史教程》（上），罗达仁译，商务印书馆，2007，第31~33页。
② 〔德〕O.赫费：《实践哲学》，沈国琴等译，浙江大学出版社，2011，"前言"第2页。

性，人在成为政治的动物之前才是社会的动物，"正因为这一点，它本质上就不是人的特征"。人类的社会联合"是生物的生命需要加在我们身上的一种限制"。① 所以，她认为，政治经济学是一个语词的矛盾。

然而，现代社会已经不再是古希腊的作为私人领域的社会，它已经演化成为横跨私人领域和公共领域的一个独特的领域。早在19世纪，马克思就已经把实践哲学拓展到社会领域，从而构建了"劳动—社会"的实践哲学。现代西方很多哲学家已经意识到实践的社会性，意识到政治领域是不能和社会领域截然分开的。J.哈贝马斯的实践哲学虽然具有重要的政治学意义，但是，他已经不仅仅在政治意义上谈论实践哲学了，而是把它拓展到广大的社会领域。当代哲学家R.伯恩斯坦曾对H.阿伦特进行了尖锐的批判，指出，H.阿伦特已经把社会和政治二元化了，使政治学研究的关注点局限于精英层面而无法深入到广大的社会领域；R.伯恩斯坦认为，阿伦特把"政治"与"社会"对立起来以及以政治为立足点的实践哲学，会导致难以解决的理论难题。② 在现代时空中，政治和社会是分不开的，任何政治问题都离不开社会问题，都与社会紧密结合在一起。其实，H.阿伦特也承认，早在古罗马时期，在社会作为人民为了一个特定的目标而结成的联盟意义上，社会已经有了"虽有限却清楚的政治含义"。③

可见，现代实践哲学已经不局限于狭窄的政治领域。

3.在实践的层次上：由伦理—政治实践转向劳动实践以及包括科学技术在内的全面实践

首先，在纵深上，由伦理—政治实践转向劳动实践。劳动在古希腊不被当作真正意义的人的活动，劳动的承担者是奴隶而不是创造性的主体。近代以后，资产阶级逐渐兴起，劳动作为财富的源泉，逐渐被重视起来。在意识形态上和理论研究中，劳动地位逐渐提高，新教伦理和古典政治经济学都

---

① 〔美〕H.阿伦特：《人的境况》，王寅丽译，上海世纪出版集团，2005，第15页。
② 〔美〕R.J.伯恩斯坦：《超越客观主义与相对主义》，郭小平等译，光明日报出版社，1992，第268页。
③ 〔美〕H.阿伦特：《人的境况》，王寅丽译，上海世纪出版集团，2005，第15页。

高扬尘世的劳动。如加尔文教赋予尘世的职业劳动以宗教上的合理性和崇高意义，古典政治经济学把劳动看作财富的源泉。黑格尔已经在某种意义上认识到劳动对于人之为人的意义。特别是马克思提出的"人是劳动的动物"与"人是政治的动物"相对，把劳动看作物质生产活动和人自身的建构活动的统一，把劳动提高为人的本质活动，从而以劳动代替了实践的基础地位。现代哲学家如J.哈贝马斯、H.阿伦特等批判了马克思劳动的实践哲学，认为，劳动是服从必然性的活动，从劳动中产生不了规范意义和批判精神。我认为，他们都没有认识到马克思"劳动"的物质生产和人自身建构的双重涵义，从而也没有看到劳动的实践意义。

其次，由单纯的伦理—政治实践转向包括科学技术在内的全面实践。虽然亚里士多德对理论、制作与实践做了严格的区分，但是，自中世纪起，实践和制作的关系就开始纠缠不清。到了近代，F.培根开始用科学技术替代实践，开创了技术实践论传统。伽达默尔认为，近两个世纪以来，人们对实践的最大误解就是把实践理解成科学的应用。而科学的应用就是技术，这说明科学技术一度被纳入实践的内涵。这成为西方现代性的一个根本特征。而在现代人类学领域、科学技术领域仍然存在技术实践论传统。但是，在亚里士多德实践哲学传统中，我们仍然可以提出一个问题：科学技术与实践没有关系吗？

技术实践论与道德实践论的对立根源于亚里士多德理论、制作和实践的对立，这种对立把科学技术排斥在实践之外，不仅使实践哲学失去了普遍性，而且在实践上也导致了科学技术的自我放纵，导致人与自然的关系的异化。

所以，我们应当对理论、制作和实践的关系进行反思批判，挖掘三者的内在统一关系。我认为这种统一关系应当是以实践为基础的统一关系。换言之，科学技术应当以实践的善为目的和宗旨，就如同生活世界是科学世界的基础，科学世界是生活世界的派生一样。

所以，实践哲学是一种普遍的哲学，实践是一个总体性概念。

4.在实践的形式上，由伦理—政治实践到文化实践

当实践进入更为基础全面的社会领域，由伦理—政治实践转向劳动实践

以及包括科学技术在内的全面实践后，一种文化实践已经在意味之中了。

一般来说，人类实践的形式会随着时代的发展而改变。当今时代，无论是从文化意义系统的认识论意义上，还是在当代全球化的现实文化冲突意义上，文化在生活中的意义都不同以往。具言之，文化本身由以往生活世界的随变因素，逐渐凸显整合生活世界的范式意义，以至于在当今时代任何一种事物，都要把它"镶嵌"在文化的"幕景"上才能理解其真正的内涵和意义。很多思想家如 S. 亨廷顿、O. 斯宾格勒、A. 汤因比以及一些文化人类学家都已经意识到这一点。如果说，实践哲学旨在探寻生活和历史的意义，促进人的完善，构建人的完整性，那么，这一宗旨在当今世界仅囿限于政治和伦理的实践形式是无法实现的，必须把传统的实践形式转换为文化实践。

文化是人的存在方式，人的本质即表现在自己的造物——文化之中。在现实中，人处于一种异化的分裂状态，处于主观性与客观性、精神与生命、主动与受动、自由与必然的分裂之中。这些也体现在文化之中，即文化的意义系统分裂和对立，以及地域文化分裂和对立。文化实践的宗旨就是克服这种分裂，使人的存在方式总体化。用马克思的话来说，即"它是人和自然之间、人和人之间矛盾的真正解决，是存在和本质、对象化和自我确证、自由和必然、个体和类之间的斗争的真正解决"。[①] 文化分裂的基础即生活世界的分裂，生活世界的分裂即人的存在的分裂。可见，文化实践的宗旨与实践哲学的宗旨是一致的，即生活世界的完整性和人的存在的完整性。

所以，我认为这样的命题是正确的：实践哲学是文化哲学的基础，文化哲学是实践哲学的当代形态。

丁立群
2020 年 4 月

[①] 马克思：《1844 年经济学哲学手稿》，《马克思恩格斯文集》第 1 卷，人民出版社，2009，第 185 页。

前　言		001
绪　论		001
第一章	精神科学问题的缘起及精神科学思想的发展	001
	第一节　精神科学问题的缘起	002
	第二节　精神科学思想的古典传统	013
	第三节　精神科学思想的发展历程	025
第二章	伽达默尔对19世纪精神科学思想的批判	047
	第一节　19世纪精神科学思想主旨	048
	第二节　19世纪精神科学思想的问题根源	065
	第三节　解释学的非方法论特性	081
第三章	伽达默尔精神科学思想内容	097
	第一节　伽达默尔精神科学思想的主要资源	099
	第二节　精神科学的产生基础	114
	第三节　精神科学的本质	133
	第四节　精神科学的理解之途	153
第四章	伽达默尔关于精神科学合法性基础的阐释	173
	第一节　亚里士多德实践哲学的特性	174
	第二节　理论与实践的关系及其现代转换	189
	第三节　实践"技术化"的现代弊端	204

目录

第五章 对伽达默尔精神科学思想的评价与思考   219

    第一节 对伽达默尔精神科学思想的评价   220

    第二节 对伽达默尔精神科学思想的思考   228

结　语   236

参考文献   244

致　谢   254

前　言

"精神科学"在产生之初被认为是自然科学的一个分支，随着研究的不断深入，它的地位被学界重新认识，开始作为与自然科学平等的科学出现。尽管如此，自然科学仍然对19世纪历史主义的精神科学产生了根深蒂固的影响，以至于精神科学仍然采用包括客观性、认识基础及方法论在内的自然科学模式来体现自身的科学性。

受亚里士多德、狄尔泰和海德格尔等人的影响，伽达默尔认为，精神科学与自然科学具有本质上的区别，前者是关于特殊性的知识，后者是关于普遍性的知识；精神科学追求的并不是科学成果的突破和进步，而是人类生存方式的深入解读，这使得人文主义传统成为精神科学赖以生存的土壤；精神科学的研究对象是历史及其传承物，而历史总是效果历史，效果历史意识预先规定了我们一切认识的可能性，这就使得"前见""传统""先行关系"成为精神科学中的重要因素；精神科学的真理是去蔽的真理，倾听传承物并使自己置身于其中，是精神科学行之有效的寻求真理的途径；衡量精神科学的学说有无内容或价值的标准，是参与到人类经验本质的陈述之中；精神科学的经验是生成和展开的经验，它是人类个体经验与人类基本经验相互阐释的结果，这种相互阐释表明精神科学具有一种具体的普遍性，因为它从人的经验的角度生成了一种能够适应各种变化的视域或处境，呈现了一切经验预先给定的基础，从这个角度来说，精神科学是自然科学的基础。

此外，伽达默尔对亚里士多德实践哲学的研究也为精神科学提供了合法性基础。亚里士多德将人的活动分为三种：理论沉思、实践、制作。其中实践是指与人类事务有关的活动，针对的是具体的、变动不居的事情，实践的逻各斯也是粗略的、不精确的。实践理性即实践智慧，其意义在于从整体的角度出发，以总体的善为前提协调人的所有活动，使人们能够在具体的情况下做出适当的行为，从而获得幸福，进而更好地从事理论沉思活动。从这个角度来说，实践是理论的前提，这一点在精神科学中体现为精神科学是自然科学的基础，实践智慧的协调过程也就是精神科学从共通感出发所实现的教化过程。

绪　论

一　科学从古希腊到近代的意义转换

（一）科学与哲学在古希腊时期的同一性

现代意义上的"科学"与"哲学"是两个完全不同的学科，科学不仅有自己的理论体系、方法论和应用领域，还有明确的门类划分，如理论科学、应用科学，或更具体的机械学、电工学、动力学……科学构成了人们日常生活中不可或缺的一部分，实际地、深刻地塑造着人、改变着人，成为人们生活的主导者和范式，形成了一种"言必称科学"的状态，以至于人们在生活中可以没有哲学但离不开科学，因为与科学相比，哲学更多的是一种高屋建瓴、理想的学问，不如科学更能解决人们的实际问题。

但在古希腊，哲学与科学是相通的。首先，二者都以知识为对象，这使得它们都与神话相对。因为在追问事物产生的原因时，哲学与科学考察的是"实是"（存在）的产生原因，神话学家们则将事物产生的原因诉诸神并以此来解释宇宙之内的各种事物。这是具有了理性精神的古希腊人所无法理解的，"他们将第一原理寄之于诸神，诞衍于诸神，他们说，万物初创时，凡得饮神酒、尝神膏者，均得长生不死……如欲凭彼等所传递之神话为我们阐述宇宙因果，我们总难领会其旨"（亚里士多德，1995：1000a）。其次，从哲学与科学本身而言，古希腊科学在某种意义上就是哲学，它"是对普遍的、必然的事物的一种解答"（亚里士多德，2003：1140b），通过追问事物产生的原因，以自上而下的方式探究世界以及世界中的各种事物，旨在从对事物的研究中挖掘出具有普遍性的东西，并根据不同类型的事物形成不同的科学。亚里士多德在探讨哲学的起源时使用的大都是科学的例子，甚至古希腊的"科学"一词也并不具有现代自然科学的意义，而只是灵魂的理智部分用于求真及确定性的活动方式之一，有时也指这种活动的结果，即知识。对于古希腊科学而言，作为活动本身抑或活动结果的区分并不重要，因为这种知识主要是针对事物的不变性质或本质，而获取这种知识的方式也是从"努斯"所提供的确定前提出发，经过归纳和演绎得到的结果，即仍然是确定不变的。此外，古希腊科学追求的始终是知识本身而不是对知识的应用，即以"学以致知"为目的，而非现代科学那种"学以致用"的目的，"人为求知而从事学术，并无任何实用的目的……我们不为任何其他利益而找寻智慧；只因人本自由"（亚里士多德，1995：982b），这也体现了古希腊哲学与科学的同一性。

（二）古希腊理论哲学与实践哲学的特性

亚里士多德根据事物产生的不同原因划分了理论哲学和实践哲学，二者泾渭分明。前者包括形而上学、物理学、数学，针对的是不动不变的事物，这类事物产生的原因在于自身；后者包括政治学、家政学、伦理学，针对的是变动不居的事物，主要与人类事务有关，它们产生的原因在于人的目的，"凡事物之被作成者，其原理皆出于作者——这是意旨，意旨之所表达，亦即事物之完成"（亚里士多德，1995：1025b）。在这两类哲学中，我们都能够清楚地看到一种自上而下、从整体到具体的思考方式，它在理论哲学那里，体现为形而上学对物理学、数学的优先性，在实践哲学那里，体现为政治学对伦理学和家政学的优先性。

亚里士多德在论述不动不变事物的原因和原理时是从物理学开始的，物理学研究的是那些"动静皆出于己"的事物。需要注意的是，亚里士多德在《物理学》中探讨的东西与他在《论天》《动物志》《天象学》等著作中探讨的不同，后者类似于现代自然科学，物理学则更接近于自然哲学，它并不研究某个具体的自然门类，而是以整个自然界为对象，研究自然界的总原理，论述物质世界运动变化的总规律。尽管如此，物理学仍然不是最高的学术，因为"它所理论的事物，都是那些容受动变的事物，其本体已被界说为不能脱离物质而独立"（亚里士多德，1995：1025b）。例如，物理学只能研究"凹鼻"的特性而无法研究"凹性"，而"凹鼻"的特性总要与"鼻"这种物质相结合。此外，数学同物理学类似，也是一种哲学，它并不研究各门具体数学学科的数学现象，而是研究适用于一切数学现象的普遍数理，但它也并不能保证其研究对象是不动不变且可脱离物质的。这意味着物理学和数学都不是最纯粹的哲学，因为它们的研究对象都不是最高的存在。在亚里士多德看来，"世间倘有一些永恒，不动变而可脱离物质的事物，关于这一类事物的知识显然应属于一门理论学术——可是这并不属之物学，也不属于数学，而应属之一门先于两者的学术"（亚里士多德，1995：1026a），他称这种学术为形而上学。形而上学是纯粹的哲学，研究独立又不动不变的事物，这类事物是宇宙中可引发日月星辰等天体运动的"神圣事物"，它是最高的科属，也是最高的存在，其本原具有永恒性，因此形而上学获得的是宇宙中最基本的原理，或者说是具有最高普遍性的东西，这使得形而上学超越物理学和数学，成为最高的理论哲学，或称第一哲学。

实践哲学以人类事务为研究对象，人所有的活动都趋向善/好（good）这一目的，因此实践哲学探讨的是属人的善的实现问题。对于人而言，幸福就是最高的善，这一目的决定了人应该如何进行自己的活动。人的幸福的实现是一个向最完善的幸福不断趋近的过程，其中，最完善的幸福是神的生活所能实现的，即理论沉思的生活。在亚里士多德看来，理论沉思是"最高等的一种实现活动"（亚里士多德，2003：1177a），它最为持久、最令人愉悦，含有最多的自足，是唯一因其自身而被人们所喜爱的活动，因而也是最完满的、具有最高德性的。人可以凭借自身中的神性部分即努斯，去领会和效仿神的生活，从而趋近最完善的幸福。但只有那些最具德性的人才能在这条路上走得最远，因为人不是神，人并不是先天就具有德性，而是要在后天的活动中获得。人的活动有很多，但并不都是德性的实现活动，还包括生存、交往等活动，这意味着，"德性的实践需要许多外在的东西，而且越高尚（高贵）、越完美的实践需要的外在的东西就越多。但是一个在沉思的人，就他的这种实现活动而言，则不需要外在的东西。而且，这些东西反倒会妨碍他的沉思。然而作为一个人并且与许多人一起生活，他也要选择德性的行为，也需要那些外在的东西来过人的生活"（亚里士多德，2003：1178b）。

在亚里士多德看来，最有德性的人，也是最善于筹划的人，他筹划自己的活动，做出适当的行为，获得最好的德性。可以说，亚里士多德实践哲学中的重要部分是筹划，这些是由实践智慧实现的，它也被称为明智，能够使人同时具有道德德性和理智德性，从而满足实现幸福的条件。对于道德德性而言，"明智似乎离不开道德德性，道德德性也似乎离不开明智。因为，道德德性是明智的始点，明智则使得道德德性正确"（亚里士多德，2003：1178a）。道德德性是养成的，它们最初是自然德性，如不分场合和时机的勇敢、公正等，明智能够使人掌握适度，从而掌握与具体情况息息相关的真正的勇敢、公正，使得人的自然德性成为严格意义上的德性，即道德德性，"严格意义的德性离开了明智就不可能产生"（亚里士多德，2003：1144b）。对于理智德性而言，明智和智慧是同时发挥作用的，"智慧与明智作为理智的两个部分的德性……它们事实上产生一种结果，即幸福"（亚里士多德，2003：1144a）。有智慧的人知道什么是好的，但这种好只是总体性的，是目的，还需要正确的手段在具体领域践行和实现好的目的，否则就不能说是真正意义上的好，好目的与好手段相结合所形成的整体上的好才能使人获得幸福，"人们要取得幸福，必须注意两事：其一为端正其宗旨，使人生一切行为常常不违背其目的。其二为探究一切行为的准则，凭以察识人生将何所规随才易于达到目的"（亚里士多德，1981：1331b）。好的手段也是由明智来实现的，例如，人需要做慷慨的事才能获得"慷慨"这一德性，但做慷慨的事需要有财产，而财产的获取必须通过正确的手段，否则就不能最终成为慷慨的人，同样,"公正的人需要用钱对他人进行回报(因为希望是看不见的,不公正的人也会装作想做公正的事);勇敢的人需要勇气,节制的人需要能力,如果他们要表现出他们的德性的话"(亚里士多德,2003:1178a),这些德性都需要通过由明智考虑出的正确手段才能获得。此外,明智还与高尚有关,如果仅从实现目的角度来说,"聪明"能够取得与明智同样的效果,但"它是做能很快实现一个预先确定的目的的事情的能力"(亚里士多德,2003:1144a),也就是说它要实现的是任何一个确定的目的,而无关目的本身的好坏。与之相比,明智是有选择的,要实现的也只是那些高尚的、高贵的目的,因为它是与智慧相关的,有智慧的人致力于努斯的实现活动,做的都是高尚、高贵的事情,这些也是神所青睐的,"如果神像人们所认为的那样对人有所关照,它们似乎会喜爱那些最好、与它们自身(即努斯)最相似的人们"(亚里士多德,2003:1179a)。

实践哲学以总体的善为目的筹划具体活动以达到适当,这一特性在实践哲学的三个学科之间的关系中也有所体现。它使得探讨城邦的善的政治学,优先于探讨个人的善的伦理学,以及探讨家庭的善的家政学,成为实践领域中的最高学科。一方面,亚里士多德认为,虽然个人既是个体,也是家庭和城邦中的成员,但人在本质上是政治的动物,因此城邦要优先于个人,"城邦(虽在发生程序上后于个人和家庭),在本性上则先于个人和家庭。就本性来说,全体必然先于部分"(亚里士多德,1981:1253a)。作为城邦的人,人自身的好坏都与城邦息息相关,"一个人的善,离开了家庭和城邦就不存在"(亚里士多德,2003:1142a)。只有在好的城邦中,才能有好的生活,为了实现这一点,个人不仅要筹划自己的活动,达到适当,从而获得德性,还要以城邦为目的,因为"一个城邦,一定要参与政事的公民具有善德,才能成为善邦"(亚里士多德,1981:1332a)。这意味着个人的善也要以城邦的善为目的,或者说,这表明城邦的善不仅来源于个人的善,还要高于个人的善。另一方面,对好的生活的追求也使得政治学成为最高的学科。人是政治的动物,政体就是人民的生活方式,最优良的政体就是最幸福的生活方式,但好的生活方式也需要外在条件的保障,"人类无论个别而言或合为城邦的集体而言,都应具备善性而又配以那些足以佐成善行善政的必需事物(外物诸善和躯体诸善),从而立身立国以营善德的生活,这才是最优良的生活"(亚里士多德,1981:1324a)。好的城邦需要好的筹划,与研究个人的善的伦理学相比,政治学除了研究公民、政体的善之外,还研究人口、疆域、海港、民族、社会结构、城市规划等方面的善,这种统筹规划能够保证个人的善和城邦的善得以实现。这种研究也使政治学具有了权威,因为它"规定了在城邦中应当研究哪门科学,哪部分公民应当学习哪部分知识,以及学到何种程度"(亚里士多德,2003:1094b)。

古希腊科学和哲学在理论领域和实践领域采用的从整体到具体、自上而下的思考方式,随着近代经验科学的出现,以及哲学在近代的意义转换而发生了彻底的变化。不仅整体与具体之间的紧密关联被消解了,自上而下解决问题的方式被转变为理论及其应用,甚至"理论"和"实践"自身的意义也发生了改变,更重要的问题在于,实践智慧失去了协调意义,成为达到目的的手段。

(三)科学与哲学在近代的意义转换及其影响

从文艺复兴时期开始,西方出现了一种与古希腊哲学完全不同的,以"假说—演绎—证明"为主要模式的认识世界的方式,它产生的原因"一方面是来自希腊哲学的恰当的概念和理论,以及来自中世纪经院哲学中训练的逻辑方法;另一方面是新近唤醒的对于开发和控制自然的兴趣"(希尔贝克、吉列尔,2016:192)。这种方式是近代科学得以形成的基础,与古希腊哲学从"实是"出发去探究世界所不同的是,近代科学从假说出发,初步认定假说为真,若据此演绎出的命题得到确认,则假说就得到充分证明并成为一种理论,这种理论产生的就是新的知识。在其中,"假说"通常是理想状态,如完全光滑的桌子、充分圆的球体等,这就使得检验假说的实验常常要对具体的、变化的非理想状态的条件进行控制以趋向理想状态,检验活动本身也以更系统的方式进行,从而确保证明的充分性和完整性。这就使得由"假说—演绎—证明"方式得到的知识越来越具有精确性、确定性、普遍性,那些具体的、变化的特征则越来越成为被控制或被排斥的对象。"假说—演绎—证明"法在洞见、控制、预测自然方面取得了卓越的成效,也由此产生了流传甚广的名言,即"知识就是力量"。培根在提出这一观点时,表达了通过技术控制自然的方法论理想,该方法论理想从掌控自然的意义上使人的主体性得到了确立,而在经历过中世纪教会的严厉统治之后,这种能够确立人的主体性的方式得到了迅速的认同和扩展。

从总体来看,近代科学所秉持的阐释世界的方式打破了古希腊哲学那种通过研究最高的存在去理解宇宙万物的范式。它以自然界服从数学构造为前提,而不以形而上学的知识作为基础,不是对"实是"进行研究,而仅仅以数学抽象为基础,通过量度、计算等手段去证实数学抽象,从而获得关于自然法则和自然规律的认识。这种范式体现的是一种"理论—应用"特性,它不仅重新阐释和构建了古希腊哲学探究的普遍性,还使在亚里士多德那里被明确区分开的、各司其职的理论、实践、制作这三种活动被重新整合。这种整合以技术为媒介,它在古希腊制作活动中仅负责产品生产,在近代科学中则一方面与理论结合形成技术理论,另一方面与实践结合形成技术理论在实际中的应用。这种由技术理论与实际应用相结合的方式是近代科学获取知识的主要方式,它表明近代科学开始尝试自己解决问题,而不再依靠形而上学,采用从整体到具体、自上而下的方式解决问题。

近代科学对世界的重新阐释与建构引发了哲学的危机,使哲学转变为一种自然科学理想,即虽然仍然坚持自上而下地解释宇宙的理论,但不再仅仅是为了求知,更多是为自然科学奠定基础。这种危机既导致了哲学的自然科学化,也导致了哲学的形而上学化,使得在古希腊作为统一体的哲学科学分裂为形而上学和经验科学,也使得古希腊哲学所具有的整体性被综合意义上的科学体系所替代,"它们把不相容的东西结合起来,并试图把在科学研究的分化状态中正变得愈来愈细碎的东西,汇集到我们世界经验的总体"(伽达默尔，1988a：139）。

在近代科学与古希腊哲学关系的发展过程中，受到影响较大的是实践领域。古希腊的学术研究是以从总体到部分、从完善到不完善的方式进行的，人并不是最高的存在，既不是自足的，也不是完满的，因此与人有关的研究总是从具有神性的灵魂开始的。灵魂不能独立存在，必须与生命躯体相结合才能发挥作用，但生命躯体是不完满的，不能完全展现灵魂特性，因此实践活动就是人对自身进行整体的、正确的、实际的、可践行的筹划，使得人具有更多的德性，最大限度地发挥自身的神性部分。这种模式在近代被打破了，一方面，近代科学的产生改变了以神性的、最高的存在来解释世界的模式，并通过增强人对自然的掌控确立了人的主体性地位，这些虽然针对的是理论沉思活动，但同时也消解了古希腊实践的意义；另一方面，培根对"实践"一词的改造进一步加剧了这种消解，他采用自然科学的方式去界定形而上学、物理学和实践，认为形而上学研究的是自然永恒的和基本的法则，物理学研究的是自然的一般和通常的过程，实践则分为两个部分，一部分是物理学之下的机械学，另一部分是形而上学之下的"幻术"。这种界定方式使"实践"成为理论的应用，并在"假说—演绎—证明"中以"证明"的意义发挥作用，确立了"理论—应用"模式的权威地位。同时，培根还将这种模式扩展到了社会领域，在他看来历史是进步的，并且是受人引导的，因此可以将改变和控制自然的能力用于改变当下社会。培根认为，古希腊人过于信赖心灵的力量，在遇到问题时倾向于将所有事物都诉诸艰苦的思维，试图通过对心灵的不断运用来解决问题，但心灵本身的不确定性无法为人们提供正确的结论，因此古希腊的哲学家对好的社会的构建都是过于理想或不易实现的，而中世纪的哲学家更是放弃对当下世界的实际改变，将好的社会置于一种纯粹的构想之中。在培根看来，要想实际地建立好的社会，就要消除不确定性，他以"完美理论在实际中应用必然得到完美结果"为观念的方法论，为近代科学提供了一条通往准确性的道路，实践在其中的意义只是为实现准确性提供现实的环境和条件。

除了"实践"一词的意义之外,在近代科学背景下发生较大变化的还有明智。古希腊时期的明智是以总体的善为目标,以实现高尚的、高贵的目的为己任,在总体层面和具体领域之间发挥协调作用,寻找出一条基于实际情况的、趋向高尚的、本身是适当和可践行的、能最大限度地发挥现有条件从而获得更多道德德性的道路。然而,在马基雅维利对政治领域中目的与手段关系的重新解读之下,明智成为一种纯粹的手段。马基雅维利把道德作为君主的意志,将"正当"交由君主来界定,以使君主取得并保有权力,从而去维持国家的稳定。事实上,亚里士多德早就探讨了城邦正义与个人正义之间的关系,"一个政治家或立法家怎能设想到非法的事情?掌握了权力就不顾正义,这种不问是非(义或不义)的强迫统治总是非法的"(亚里士多德,1981:1324b)。培根与马基雅维利对实践的改造消解了实践在整体观照方面的意义,在伽达默尔看来,这种整体观照"包括了我们的实践事务,我们所有的活动和行为,我们人类全体在这一世界的自我调整"(伽达默尔、杜特,2005:67~68)。

除了明智在古希腊的意义被消解之外,明智在道德德性获得过程中所发挥的作用也被消解了,其结果是道德德性的形式化。在亚里士多德那里,最高的善是总体层面的,是与最高的存在有关的,属人的善是具体层面的,它的获得要以最高的善为目标,以具有道德德性为前提,这两者都需要通过明智来实现。对于道德德性,"我们先运用它们而后才获得它们"(亚里士多德,2003:1103a),只有在具体领域做出正确的行为才能获得相应的道德德性,"我们通过做公正的事成为公正的人,通过节制成为节制的人,通过做事勇敢成为勇敢的人。这一点也为城邦的经验所见证"(亚里士多德,2003:1103b)。古希腊实践领域中的正确并不是来自对理论的遵从,而是来自对"适当"的把握,需要从总体到具体的筹划,这种筹划不仅仅是理念上的,更是行动上的,因此明智的意义就体现在总体与具体的协调之中。然而,近代科学消解的正是明智的这种协调意义,它导致在属人的善的方面,总体与具体相分离,最高的善成为纯粹的理想层面,与具体的、实际的情况相脱离，表现为与具体情境相分离的、具有理论意义的道德律令的要求。这一点在康德的道德形而上学中体现得尤为明显。在康德看来，无论是自然领域还是道德领域，都应该把经验性部分和理性部分区分开，并将理性部分置于经验性部分之前。道德问题不是经验事实，而是一种既定事实，或者说是理性事实，不属于认识对象，这种事实一开始就具有立法的性质，是无须证明的。道德法则要想作为一种责任的根据生效，就必须是先天地来自纯粹理性的概念，而不是来自人的本性或人在世界中表现出的种种状态，也就是说必须具有绝对的必然性。康德将这种无须加以思考、无须外在事物的控制而能独立实现的原则称为"绝对命令"，它实质上就是人善良意志的自律，善良意志并不仅仅在于追求具有特定内容的价值，如忠诚、诚实等，更在于它以善良自身为目的，摆脱一切经验因素，包括社会的约束力、自然情感以及个人好恶等。绝对命令提供的是区分道德与不道德的标准，即个人行为能否成为普遍行为准则。

由此可见，近代科学开创的以"理论—应用"为核心的解释和改造世界的模式，取代了古希腊以最高存在为核心的仅解释但不改造世界的模式。在这一过程中，人类事务意义上的"实践"被改造为理论应用意义上的"实践"，在总体的善与具体的善之间发挥协调作用的明智被改造为手段。这导致在古希腊作为整体的实践活动断裂为两部分：一部分是道德命令，它虽然源自总体的善，但并不具有在具体层面可践行的特性；另一部分是人文领域的各种具体研究，如历史科学、文化科学、社会科学等，它们是在近代科学主导的"理论—应用"观念的影响下形成的人文科学，由于缺乏总体层面的维度和视角，它们彼此并不关联，唯一的共同点在于，它们都是在近代科学的背景下以自然科学的特性为目标发展自身的。在这样的背景下诞生的精神科学，不可避免地成为以自然科学为模板构建自身的人文科学。

（四）精神科学作为一种实践科学

古希腊实践哲学的整体构成和发挥作用的方式，在近代科学开创的"理论—应用"的世界解释模式下发生了不可逆的消解和转变,但古希腊实践哲学所面对和尝试解决的问题从本质上而言仍然存在,包括在人类事务中对总体层面和具体层面的认知、具体层面的践行、总体与具体层面协调后所形成的目标,以及从总体出发对各个环节和活动的考量等,因为这些都是处于生活世界中的人所无法回避的问题。从另一个角度来说,这些问题也是在回答人是什么、如何理解人、如何成为人等问题,正是对这些问题的思考才会使得科学世界不会在凌驾于生活世界的情况下发展自身。

在现代社会,这些问题是精神科学的研究对象,可以说,精神科学具有与古希腊实践哲学相同的问题视域。但在"精神科学"一词诞生之时,这种视域仅仅表现为精神科学是与人有关的科学。从狄尔泰开始,精神科学的实践特性才逐渐得到重视。狄尔泰提出,精神科学的出发点是要在人文领域建构一门总体意义上的、与各个具体人文科学都相关的科学,使其与"自然科学"这一以自然事实为研究对象的各门学科的统称相对。狄尔泰的精神科学具有自己专属的"社会—历史"领域,他要强调的正是这一领域中各个具体学科之间的关联。在他看来,"以社会和历史实在作为研究主题的各种科学,都在比以往更加深入细致地寻求它们相互之间的体系性联系、寻求它们与它们的基础的体系性联系"(狄尔泰,2002:14)。在这个意义上,狄尔泰的"精神科学"具有了古希腊实践的特性,但并没有体现出古希腊实践的本质,因为狄尔泰对于科学的理解仍然是自然科学意义上的,这也使得他的精神科学仍然没有摆脱近代科学的禁锢。例如,狄尔泰认为,关于人的科学探讨的是变化不定的事物,只有找到引发这些变化的牢固基础,才能确定精神科学的普遍逻辑结构,说明各种具体精神科学的认识论价值,产生关于精神世界实在的普遍有效的知识,得到与精神科学相关的方法论,表明精神科学的客观性,使精神科学成为一门独立于自然科学的真正的科学。狄尔泰的这些观点表明,他仍然是在遵循认识论、方法论等自然科学对科学性的要求的意义上,探讨精神科学的科学性。

精神科学的实践本质,是在伽达默尔那里得到呈现的。为了彻底消解

"精神科学"在诞生时就被烙印的近代科学的模式,恢复被"理论—应用"模式狭隘化了的"实践"和"科学"的本来面目,他以古希腊意义上的实践为目标,重构了实践哲学和精神科学。这种重构的实践哲学即哲学解释学,它从视域融合、效果历史等角度,强调总体与具体之间的相互阐释,精神科学则将这种阐释结果作为出发点和目标,在具体情境中筹划,这一过程所体现的正是古希腊实践活动中明智的作用,因此伽达默尔认为"解释学是哲学,而且是实践哲学"(伽达默尔,1988a:98)。这种重构还将精神科学理解为一种实践科学,以古希腊实践哲学作为其合法性基础,追溯作为其来源的人文主义传统,使其彻底摆脱了近代科学范式和框架的桎梏,真正体现了自己的本质特性。从这个意义上来说,与19世纪历史主义将解释学视为精神科学的方法论相比,伽达默尔的这种重构实质上也是一种"哥白尼革命"。

二 伽达默尔精神科学思想的研究意义

在精神科学思想研究的道路上,伽达默尔可谓独树一帜,他兼收并蓄,推陈出新,从本质上对精神科学的特性进行了论述。研究伽达默尔精神科学思想能够捍卫精神科学的独立性,阐明精神科学不同于自然科学的本质特征,使精神科学独立发展成为可能。此外,伽达默尔还在亚里士多德的实践哲学中看到了精神科学的合法性基础,这使得精神科学的理论变得更加完善。因此,对伽达默尔精神科学思想的研究不仅能够使精神科学思想研究在整体上得到深化和提升,还能够促进关于伽达默尔解释学、实践哲学、经验观的研究,以及为我国道德体系的重建提供理论参考,为解决文化普遍性与文化特殊性之间的矛盾提供思路,缓解当代社会的文化危机,促进文化自身发展。

(一)阐明精神科学不同于自然科学的本质特性

自然科学与精神科学是与人息息相关的两种科学,二者无论是在所属领域还是自身特性上都完全不同,但它们的最终目标都是实现人的本质及自身价值，或者说它们是人类实现自身全面发展不可或缺的两个方面。然而，目前一个相当触目的现象是，不仅在科学世界，甚至在生活世界中，自然科学都始终作为中心存在，迫使精神科学长期处在边缘地带。自然科学在近现代的迅速发展使其逐渐成为科学的典范，其自身的特性也成为衡量其他科学有无科学性的参照，甚至是规范和标准，这就使得与之迥然不同的精神科学因无法为人类的精神生活提供一个像自然科学那样对世界及其规律的精确说明而被边缘化，以致被视为自然科学框架下的一个分支，并被称为"不精确的科学"。"胡塞尔指出，欧洲诸民族病了，然而迄今为止的精神科学却完全无能力提供一个精确的解答，那种表面上繁荣的精神科学至多只相当于一种所谓的'自然疗法'，'事实上我们已经被各种天真而浮夸的改革提议的洪流淹没了'。"（魏敦友，2005：4）面对精神科学的这种困境，伽达默尔的精神科学思想开出了一剂良方，不仅能够为精神科学寻找发展方向提供思路，使其走出追随自然科学的歧路，还能够从实践哲学那里获得精神科学的合法性基础，真正捍卫精神科学的独立性。

古希腊时期的科学指的是广义的学问，并非当代科学所指向的自然科学，在古希腊人看来，自然科学并不能被称为学问，因为单纯的经验只"知其然"而不"知其所以然"，真正的科学还应该包括对人类心智活动的研究。伽达默尔指出，"如果构成现代科学的是技术在全球的适当形式（成形、制造、改变、构建），而不是随意的后续利益，那么古代哲学的遗产就仍然会支持它，这很明显，因为我们既希望也需要看到我们的世界是可理解的而不是被统治的。现代科学的建构主义被认识和理解的唯一理由是它能够重现，与之不同的是，古希腊的科学概念用physis（自然）来表示，即那种能够规范自身并从外部表现自身的事物的秩序所存在的视域。古希腊遗产与现代思维相对抗所产生的问题在于，这种古老的遗产在现代性的特殊认识论条件下对真理的隐藏达到了何种程度"（Gadamer，2001：121）。

"精神科学"是与人心智活动有关的科学，从其诞生之日起，就与自然科学是相对的，二者本属不同的领域，但近现代自然科学的迅速发展掩盖了精神科学的光辉,甚至将精神科学视为自然科学框架中的一部分,作为"不精确的科学"出现,使精神科学的发展受到了束缚。很多哲学家都意识到了这个问题,并从不同角度区分了精神科学和自然科学。例如,维柯(Giovanni Battista Vico)从历史的角度为精神科学做出辩护,提出人只能理解自己创造的历史,理性的证明和推论并不能穷尽一切知识;李凯尔特(Heinrich John Rickert)将价值作为区分自然和文化的决定性标准,认为自然是没有价值的,不需要从价值的观点对其加以考察,而文化产物是具有价值的,如果撇开文化现象所固有的价值,每个文化现象都可以被看作与自然有联系,甚至必然被看作自然;卡西尔(Ernst Cassirer)认为精神科学的对象是由人构成的"人格世界",人格的特点在于其有"表达"的诉求,而非某种物理性质,因此他反对"抽象的唯理文化",认为精神科学所面临的根本问题是自然科学的强大压力所导致的人类"物化"危机;狄尔泰(Wilhelm Dilthey)则明确了精神科学的所属领域,提出建立精神科学体系,与自然科学分庭抗礼,但他实质上采用的仍然是自然科学的模式,保留了"只有服从自然才能征服自然"的思想。事实上,这些观点并没有使精神科学获得彻底的独立性,精神科学自身不同于自然科学的科学性也没有得到深入的探究。

伽达默尔的精神科学思想弥补了这一不足,他从亚里士多德的实践哲学思想中为精神科学寻找到了合法性基础。此外,他晚期以积极的入世态度对现代的人、社会、科学及其相互关系等问题的分析,不仅是其精神科学思想在现实生活中的展现,也是精神科学自身特性的进一步丰富和扩展。伽达默尔认为,精神科学之为科学与自然科学之为科学的意义是完全不同的,从本质上而言,精神的存在是与"教化"观念联系在一起的,或者说,精神科学是随教化一起产生的,教化使人脱离直接性和本能性的东西,成为一个普遍的精神存在,并获得了精神的理性方面,这意味着精神科学并不像自然科学那样是通过客观性、认识基础、方法论来体现自身科学性的。在伽达默尔看来,在精神科学之中重要的是与对象的先行关系,对精神科学的理解要求人们深深扎入自身存在的历史性之中。历史性是人的基本属性,效果历史意识和解释学经验表明历史是开放的,人不仅不能摆脱历史传统,还必须要在传统中谋求对传统的理解;历史不是对象,人不能在与历史的分离中对其进行了解和研究。精神科学的真理是显现的真理,而非符合的真理,正是在开放性的"问答逻辑"中,真理才被显现出来,因此伽达默尔非常欣赏柯林伍德①(Robin George Collingwood)的"问答逻辑"这一提法,但"他比柯林伍德走得更远,他指出这种逻辑是在批评的或友好的对话中实实在在地存在的,是一种游戏结构,当理解通过问与答之间的来回往复而产生和发展时,事物自身就会生成这种问答逻辑"(Dostal,2002:186~187)。

(二)为精神科学找寻合法性基础,完善精神科学理论

精神科学思想自古希腊时期就已经存在了,在漫长的发展过程中,人们从思考与人有关的问题开始,逐渐步入精神科学思想的核心问题,伽达默尔的精神科学思想则处于这一过程中的最新阶段。与其他人的精神科学思想相比,伽达默尔的研究视野更广,他不仅看到了精神科学与自然科学的本质区别,还追溯至人文主义传统,阐明了精神科学不同于自然科学特性的来源。此外,他并没有将精神科学思想研究仅仅停留在理论层面,而是将其扩展至生活世界来思考精神科学与生活世界之间的关系。伽达默尔精神科学思想的独到之处还在于,他从亚里士多德的实践哲学中看到了精神科学的合法性基础,这使得他的精神科学思想更加完善,也使得精神科学思想研究在整体上得到了深化和提升,对我们改善人与人之间的关系、人与自然之间的关系,以及人的全面发展都具有积极意义。

在伽达默尔之前的精神科学思想研究中,人们主要是针对精神科学而论述精神科学,竭力要体现的是精神科学与自然科学的区别,并将这些区别总结起来作为精神科学的特性,但并没有追溯这些特性作为精神科学特性的合法性基础。这一点在伽达默尔的精神科学思想中得到了补充,也使精神科学

---

① 柯林伍德(1889~1943),英国历史学家、哲学家。

理论得到了完善。

伽达默尔将精神科学问题追溯至亚里士多德，在《尼各马可伦理学》中，亚里士多德从伦理学视野出发突出论述了实践—政治的生活理想，他所创立的实践哲学为深化精神科学的意识提供了合法性证明。实践在古希腊是指与人类事务有关的活动，人的活动总是变动的，因此它针对的也总是具体的事情，需要把握具体情况的无限多的变化，因此实践的逻各斯只能是粗略的、不精确的，与确定的、普遍的理论逻各斯不同。亚里士多德指出，我们不能对相同题材的研究要求相同的确定性，也不能对不同题材的研究要求相同的确定性，而应该要求该题材所具有的，并且适合于该研究的确定性。当题材和前提"基本为真"时，我们也只能得出"基本为真"的结论，因此，由于实践并不包含确定不变的东西，我们也只能从不确定的前提来谈论人的行为这类题材。在伽达默尔看来，实践不仅是反思，还是活动，这种反思活动构成了实践理性。实践理性的意义就在于从总体的角度出发去判断具体情境中人的行为，进而指导人的活动以达到"适当"，它只有在人人都参与的活动中才能发挥作用。这意味着，在人的生活世界中，实践理性是社会理性形成的条件，或者说，在生活世界中，只有从实践的角度出发才能保证理性和真理。从精神科学的角度来看，精神科学的本质是同对象的先前的关系，要衡量精神科学的学说有无内容或价值，就必须要参与到人类经验的真正陈述即对话中，这种对话是人人共同参与以期获得真理和善的对话，也是实践哲学的理想。因此实践哲学同时也是对话伦理学，对话是人类共同体的对话，这些共同体都有一定的信念、价值和习俗，依靠它们，人就可以选择一定的生活方式，择善而从之。

此外，在亚里士多德那里，统一的经验是从许多个别的知觉中推导出来的，它涉及的是许多个别观察的无差别的共同的东西，是一种共相的统一，这表明经验所处的位置介于个别知觉和概念普遍性之间。概念的普遍性是一种本体论上在先的东西，它和科学的普遍性一样都是以经验的普遍性为基础的，并且这种普遍性并不是一成不变的普遍，而是始终处于变化之中的一种具体的普遍性。在实践哲学中,"总体的善"所表现的正是这种处于变化之中的普遍性,它总是适用于具体情况。实质上,"善"本身就是一个综合性的概念,是属人的善,它在人的每种活动和技艺中都不同,具有很强的包容性,因此才能述说所有范畴,而不是某一个范畴。实践智慧需要总体的善的引导,因为实践智慧是一种精神品性,它不仅是一种能力,更是社会习俗存在的规定性,这种规定性需要道德品性才能存在。实践智慧能够帮助人们区分应当做和不应当做的事情,但这只是一般智慧的体现,只有在总体的善的指引下,涉及关于适当和不适当的区分,并且由此假定一种继续加深这种区分的社会习俗上的态度,才是具有哲学意义的实践智慧的体现。在这里,总体的善可以说是一种人类的基本经验,个体经验需要经过人类基本经验的引导才是真正有意义的,二者的关系在伽达默尔精神科学中表现为"教化"。教化和共通感作为精神科学人文主义传统中的重要因素,是伽达默尔精神科学思想的重要来源,因此,亚里士多德的实践哲学为伽达默尔精神科学思想奠定了重要的合法性基础。

(三)促进其他伽达默尔思想研究领域的发展

第一,对伽达默尔精神科学思想的研究能够促进伽达默尔解释学思想研究的发展。精神科学思想始终贯穿于伽达默尔解释学和实践哲学的思想之中,可以说是他的"问题情境"。解释学发展到了19世纪历史主义解释学时期,其特点是突出解释学循环,解释学循环有一种逻辑的要求,即整体与部分的理解能够相互依从。尽管从表达形式来看,这是一种矛盾或悖论,但它在实质上却是现实的、实在的,并且体现了一种"和谐的生命"。根据解释学循环,"部分"只有在它所从属的"整体"中才能被理解,而这种整体在19世纪的历史学派那里被转换成一个特定时代的历史背景或上下文,历史主义的基本学说就以此为依据,并从这里引出它的原则,即对任何历史的现象或事件都必须根据它们所处的时代背景去理解。这就带来了一个问题:作为历史中的人,我们对于以前时代的理解和认识必然带有我们自己时代的特征。这是一个历史性解释学循环所带来的悖论,也影响了解释学普遍性的发展。事实上,解释学循环所表现的不仅仅是整体对部分的指导,还意味着部分对整体的构成,并且这种构成是动态的,而非一成不变的。

与以往的解释学相比,伽达默尔的哲学解释学完全不同,它"既是一种创新,也是一种回应,这种回应表现在它反对那种将说话者和参与者锁定在世界观之内的相对历史主义;反对自然科学那种压倒一切的威势和它的成功所引发的对方法论的坚持;反对新康德主义哲学那种'苍白的学术式哲学思考',以及它的那些始终针对哲学史的'宏大问题'"(Dosta,2002:225)。伽达默尔通过重新与精神科学对话,超越了历史主义的问题及其推论,利用解释性的科学做例子证明普遍有效性的知识观念站不住脚,从而回避了历史主义提出问题的方式,避免了与历史主义的冲突。此外,他还通过对"方法论"的批判驳斥了在19世纪普遍流行的"解释学作为精神科学方法论"的观点,使解释学转向了更大的普遍性,即本体论的或哲学方面的普遍性。

第二,对伽达默尔精神科学思想的研究也能够促进伽达默尔实践哲学思想研究的深化。实践哲学是关于人类事务的科学,它与精神科学的发展息息相关。亚里士多德将人的活动分为三种主要形式:理论沉思、实践和制作。理论沉思是对不变的、必然的事物或事物的本性进行思考的活动;实践和制作针对的都是我们可以改变的事物。二者的区别在于,制作是生成某物的活动,其目的在于活动之外的产品,而实践是伦理或道德的活动,其目的在于活动本身。现代科学中产生的实践是在反对经院哲学、反对教条机械的理论学说的背景中诞生的,这种实践被定义为理论的对立物或理论的应用,它主张按照科学思路行事,与古希腊实践哲学所说的那种重视实际生活经验的实践大相径庭,这种转变也导致了自然科学对精神科学独立性的抑制。伽达默尔所要批判的正是变成控制方式的科学对现代文明的侵袭,他的精神科学思想就是要反对自然科学的统治地位,使人们认识到除了自然科学以及通过方法获得的知识之外还有其他值得人们认识的学问,从而使人摆脱对科学技术的依赖,重拾与自身活动能力相关的自由,实现实践哲学的目标和理想。此外,伽达默尔提出的精神科学人文主义传统中的教化,也体现了实践哲学中总体的善与实践智慧的关系问题,进一步促进了伽达默尔实践哲学思想研究的深化。

第三,对伽达默尔精神科学思想的研究还能够扩展伽达默尔经验观研究的领域。在近代二元认识论的传统哲学中,感觉与理性分离,经验与自然分离,经验被认为是外在事物对人的感觉刺激所形成的表象,其意义只在于向理性提供感觉材料。在笛卡尔(Rene Descartes)看来,经验是导致幻象和谬误的根本原因,因此不能产生知识,真正的知识只能来源于理性,来源于天赋观念。即使是在将经验作为知识来源的经验论派中,经验也仍然被视为人的感官对外物的知觉、人的直接感受和行动体验,在经验的获得过程中,经验的实质是一种外在经验,人只是外界刺激作用的被动受体。在由培根(Francis Bacon)所开创的归纳逻辑中,对自然科学起主导作用的经验概念具有一种显著的缺点,即缺乏内在历史性,这一点在自然科学中体现为客观性通过可被重复的经验来保证,并且一切经验只有在被证实时才是有效的。这种意义上的经验意味着它需要取消自己的历史性,这样,所谓经验就只是科学经验,与这种经验理论相应的真理观也就是符合性的真理观。

在现象学中,胡塞尔将经验与先验的主体意识联系起来,提出一种"内在经验"。在他看来,内在经验就是我们意向结构之内的经验,主体对认识对象具有一种选择,而非总是被动接受,先验主体意识为经验提供了一个统一的背景联系,自我以一种主动的方式纳入经验对象,统摄外在经验。与休谟(David Hume)主张的与主体的纯粹意识结构无关的内在经验相比,胡塞尔更加注重人及生活世界在经验获得过程中的重要性,他试图返回到生活世界去寻找真正的纯粹经验,因为"经验作为生命世界的经验在它被科学理想化之前就存在"(伽达默尔,2010a:491)。在他看来,对象世界需要我们去体验,"经验最终意味着个体对象的自身被给予性"(胡塞尔,1999:368)。杜威(John Dewey)也反对缺乏"人"的维度的经验理论,他认为经验就是作为生命有机体的人与周围环境相互作用的产物，无论是人的生活还是环境，都不是现成已有的状态或是自在地存在的物质或精神存在物，而是始终处于活动过程中，与作为生命有机体的人息息相关。

在伽达默尔看来，经验一般本质的特征在于，"经验只有在它不被新的经验所反驳时才是有效的"（伽达默尔，2010a：494），这并不意味着存在一种确定不变的永恒的经验，而是表明我们通过经验获得的是关于经验对象的更好的知识，同时也获得了对于事先已经知道的关于某种共相的更好的知识。因此，这种否定实质上是一种肯定的否定，或者说，经验的产生实质上是一种辩证的过程，"即通过连续的错误的概括被经验所拒绝，以及被认为典型的东西被证明不是典型的"（伽达默尔，2010a：499）。事实上，在强调人的意义的经验理论中，伽达默尔走得更远，他意识到的不仅是经验与生活世界的关系，还有经验的内在历史性、开放性和语言性，它们实质上所反映的是人的有限性，以及个体经验与人类基本的世界经验之间的关系，这就表明与人有关的经验具有其他经验所没有的独特性。伽达默尔认为，传统经验理论的缺点在于，它总是与认识论联系在一起，使得人们习惯于从自然科学的角度出发将经验视为科学实验，并得出客观化、普遍化的经验。

伽达默尔指出，除了自然科学的经验之外，还有另外一种经验，即生活经验，它存在于精神科学之中。这种经验是具体的并且是不可重复的经验，与被用来证实的带有肯定性意义的自然科学经验相比，精神科学的经验是否定性的，确切地说是肯定的否定性的经验。"在伽达默尔看来，（经验）是人类自身有限性的一部分，因此原则上对经验的超越在人类事务中是无法实现的"（Dostal，2002：129），真正的经验是使人类认识到自身有限性的经验，这表明人类个体经验是有限的，它在经过人类基本经验的教化、对更普遍的观点敞开自身、把握到自身差异的意义上而言才是有效的。经验的产生过程是人类基本经验对人类个体经验的一种肯定的否定过程，从精神科学的人文主义传统的角度来说，这一过程就是教化的过程。精神科学本身就意味着生活经验的生成和展开，在这一过程中，并不存在理论应用，而只是个体性与普遍性之间的视域融合,因而精神科学的经验也可以说是一种解释学经验。在日常生活中,人类基本经验表现为"传统",是经验内在历史性的一种外在表现,个体总是需要传统的引导,传统作为前有、前见和前把握,是个体经验正确发展的前提和基础。因此,我们需要与传统对话,获得关于我们自身的历史性的经验,在伽达默尔看来,这种经验才是真正的经验,并且它虽然不是科学本身,"却是科学的必要前提"(伽达默尔,2010a:495)。

(四)伽达默尔精神科学思想研究的现实意义

1. 为我国道德体系的重建提供理论参考

自然科学与精神科学的对立使得认识自然与具有道德精神似乎是两个完全不相干的事情。对于世界的统一性,自然科学倾向于采取自然主义的还原论立场,认为一切意义、心灵、感觉都可以还原为物理状态,既然世界统一于物质,那么所有存在的都只是物质对象,意识、精神只不过是物理过程中产生的一种副现象,而不是存在论意义上的实体。这种立场取消了意义和心灵,使道德成为自然科学的装饰,处于一种可有可无的境地,而这种情况对于处在社会转型时期的中国表现得更加明显。在中国的传统文化中,道德占有极其重要的地位,是人们安身立命的根本,但由于科学技术的发展对生活产生了实实在在的好的影响,人们对自然科学的信赖程度与日俱增,同时,改革开放使得迅速涌入的外来文化对我国传统文化产生了冲击,旧有的道德体系逐渐无法适应新的社会发展,新的道德体系亟待重建。伽达默尔的精神科学思想对我国道德体系的重建具有积极的参考作用,使得新的道德体系在建设过程中能够意识到自然科学的影响,从而寻找到适当的方式,在积极发展科学技术的同时又坚持对人性的弘扬,使其不至于为了迎合自然科学而丧失了本来的面目。

2. 为解决文化普遍性与文化特殊性之间的矛盾提供思路

文化普遍性与文化特殊性之间的矛盾由来已久,西方发达国家认为本国文化具有普遍意义以及成为世界性文化的能力,其他国家应以西方文化为目标发展本国文化,而广大发展中国家则强调本国文化的特殊性,以此来对抗西方国家文化霸权主义的入侵。伽达默尔精神科学中所体现的个体经验与人类基本世界经验的关系为文化普遍性和特殊性之间的矛盾提供了解决思路。对于人类整体而言,必然存在一种人类基本文化,它反映的是作为整体的人的生存方式。这种文化并非固有的,而是能够随着人类的发展和进步而不断变化的,因而它所具有的普遍性也是具体的普遍性,而非抽象的普遍性。这种文化既来自各个国家和民族,又不隶属于某个国家和民族,它是全人类创造的结果。从这个角度来说,无论是西方发达国家,还是发展中国家的文化在本质上都是个体文化,它们与这种普遍的文化的关系是辩证的,个体文化丰富普遍文化的特性,普遍文化则从人类整体的角度指导个体文化的发展。

3. 缓解当代社会的文化危机

斯诺（Charles Percy Snow）在《两种文化》中认为整个西方社会的智力生活已日益分裂为两个极端的集团,一极是文学知识分子,另一极是科学家,二者之间存在互不理解的鸿沟,他们都荒谬地歪曲了对方的形象,"非科学家有一种根深蒂固的印象,认为科学家抱有一种浅薄的乐观主义,没有意识到人的处境。而科学家则认为,文学知识分子都缺乏远见,特别不关心自己的同胞,热衷于把艺术和思想局限在存在的瞬间"（斯诺,1994:5）,二者对待问题的态度全然不同,甚至在感情方面也难以找到共同的基础。这种状况实质上就是精神科学与自然科学发展不平衡的结果。随着科学技术的发展,以及全球化的迅速扩张,这种状况已经不仅仅是西方社会所独有,而是全人类都需要面对的一个问题。伽达默尔对精神科学独立性的论述,使精神科学摆脱了自然科学框架的束缚,真正获得了自由的发展,其自身不同于自然科学的特点得到了发挥,成为与自然科学并列的独立的科学,缓解了二者的对立以及由此产生的文化危机。

4. 促进文化自身的发展

伽达默尔所论及的精神科学与对象的先前关系也可以被视为文化的特征,

这就意味着文化不应采用主客体的方式来认识，而应该用解释学的方式来描述，或者说不应将文化视为符合某种理论的结果，而应让自由发展的文化本身向我们显现其特性。文化的历时态特征表明文化总是逻辑上在先的，文化的共时态特征则表明文化对人和社会具有规范意义，同时也是产生共同意义和理解的基础。此外，文化的普遍性与特殊性是文化矛盾产生的根源，需要有一个总体性的目标将二者结合起来。伽达默尔所强调的教化、同对象的在先关系、作为原则和前提的事实、为实现团结而形成的对话共同体、总体的善和幸福等内容，都体现着一种总体性的考量。精神科学作为众多以人类心智活动为对象的学问的统称，需要一种总体性的目光对其进行研究，而这种在伽达默尔精神科学思想中处处蕴含的总体性，对文化的发展具有非常重要的意义。

三 伽达默尔精神科学思想的研究现状

国外对伽达默尔的研究主要集中在三个方面：哲学解释学及其应用、伽达默尔同其他哲学家的思想碰撞、解释学与人文科学。这三个方面相互关联。国内对伽达默尔的研究主要是从哲学解释学开始的，并逐渐扩展到美学、实践哲学，近年来又开始注重伽达默尔哲学思想对现实问题的影响。从精神科学思想研究的角度来说，国内外对伽达默尔精神科学思想的研究都不多，而是主要集中在对狄尔泰精神科学思想的研究上，这与伽达默尔并没有像狄尔泰那样将精神科学明确地作为一个研究对象而提出有关。事实上，我们稍加留意就会发现，伽达默尔的解释学和实践哲学思想都是以他的精神科学思想为前提的，这对伽达默尔精神科学思想的研究具有非常重要的意义。

（一）国外研究现状

1. 国外对伽达默尔思想研究的总体情况

国外对伽达默尔思想的研究主要集中在哲学解释学及其应用、伽达默尔同其他哲学家的思想碰撞、解释学与人文科学这三个方面，它们之间并非完全独立，而是彼此相关的，例如在将伽达默尔与其他哲学家进行比较时，主要内容就是解释学思想的比较，同时也涉及人文科学的内容，以及这些思想在现实生活中的意义和作用，强调的就是解释学家之间的对话，展现的是解释学思想之间或相似、或对立的关系，例如，*Hermeneutic dialogue and social science: A Critique of Gadamer and Habermas*（by Austin Harrington，New York：Routledge，2001）、*Postmodern Platos: Nietzsche, Heidegger: Gadamer: Strauss: Derrida*（by Catherine H. Zuckert，Chicago：The University of Chicago Press，1996）、*Knowledge and Hermeneutic Understanding: A Study of the Habermas-Gadamer Debate*（by Demetrius Teigas，Lewisburg：Bucknell University Press，1995）、*Hermeneutics and the Disclosure of Truth: A Study in the Work of Heidegger, Gadamer, and Ricoeur*（by James DiCenso，Charlottesville：University Press of Virginia，1990）、*Praxis, Truth, and Liberation : Essays on Gadamer, Taylor, Polanyi, Habermas, Gutierrez, and Ricoeur*（by Terry Hoy，Lanham：University Press of America，1988）、*Dialogue and Deconstruction: The Gadamer-Derrida Encounter*（edited by Diane P. Michelfelder，Richard E. Palmer，Albany：State University of New York Press，1989）、*Hermeneutics and the Humanities: Dialogues with Hans-Georg Gadamer*（by Herman Paul，Madeleine Kasten，Rico Sneller，Leiden University Press，2012）、*Gadamer: Between Heidegger and Habermas*（by Ingrid Scheibler，Lanham：Rowman & Littlefield Publishers，2000）等。

2. 国外对伽达默尔精神科学思想的研究情况

在精神科学思想的研究上，这种比较的倾向同样存在，较为常见的方式是将伽达默尔视为狄尔泰的后继者，同时强调二者在解释学发展脉络中与其他解释学家的关系。例如，在丸山高司的《伽达默尔——视野融合》（刘文柱等译，河北教育出版社，2002）一书中，作者在前言中就明确提出，此书的目的是"分析伽达默尔的《真理与方法——哲学的解释学要纲》"，以使伽达默尔的"理解的逻辑"被人们所理解,使人们在被时代或社会的成见所规定的同时,还可以超越它,开拓新的视野。作者是在第一章论述哲学解释学的形成和发展中的第二节里提到精神科学的,标题是"狄尔泰——精神科学的方法论",他将狄尔泰—海德格尔(Martin Heidegger)—伽达默尔作为解释学的发展谱系,在他看来,狄尔泰和伽达默尔的解释学内容有很大差异,但在"精神科学"问题上二者有共同之处,虽然伽达默尔是以海德格尔的存在论为基础,超越了狄尔泰的方法论,但他"与狄尔泰一样,拥护精神科学,把它放到了主题的位置"(丸山高司,2001:28)。丸山高司认为,狄尔泰是伽达默尔最重要的批判对象和超越对象,尽管伽达默尔在《真理与方法》的第二部中严厉地批判了狄尔泰"生命"与"学问"的分裂,以及狄尔泰从施莱尔马赫(Friedrich Schleiermacher)那里继承来的立足于主观性立场的浪漫主义诠释学,但在恢复"人文主义传统"这一点上,伽达默尔还是同狄尔泰相一致的。此外,伽达默尔也继承了狄尔泰"人类是历史的存在"这一命题,其"客观精神"在伽达默尔那里也作为"成见"再现了出来。

在沃恩克(Georgia Warnke)的《伽达默尔:诠释学、传统和理性》(商务印书馆,2009)一书中,这种继承性的思想仍然存在,但更多的是从伽达默尔对狄尔泰精神科学思想的批判角度来呈现的。沃恩克的目的是要"通过重构伽达默尔工作曾经——实际或实质上地——参与的争论来阐明伽达默尔的立场"(沃恩克,2009:1),她在第一章"诠释学与历史"的第四节中论述了解释学与精神科学的关系,对伽达默尔和狄尔泰的思想进行了比较和分析,从狄尔泰对精神科学与自然科学的区分入手,提出与伽达默尔的不同观点。沃恩克认为,狄尔泰转向解释学理论是为了区分精神科学与自然科学确立基础,而对伽达默尔来说,狄尔泰的贡献就是他不像新康德主义者那样,认为二者只是经验对象的区别,而是承认这种区别是经验方式的区别。伽达默尔认为这种承认表明狄尔泰开始对历史形成了正确的理解,但他假设精神科学的合法性需要方法论为基础却破坏了他关于经验的历史性或时间性这一洞见,形成了"生命哲学与笛卡尔客观主义的矛盾"。

阿佩尔（Karl-Otto Apel）将这种比较的方式做了最大限度的发挥，他在 *Understanding and Explanation：A Transcendental-pragmatic Perspective*（translated by Georgia Warnke，Cambridge, Mass.：M.I.T. Pr.，1984）一书中从先验论—实用主义的哲学观点出发，考察了近代和现代西方哲学中关于说明与理解的论争，并在这个问题上将所产生的一系列观点分为两大派。一派是"统一科学派"，从实证主义者孔德（Auguste Comte）、穆勒到波普尔（Karl Popper）、亨普尔（Carl Gustav Hempe）、内格尔（Ernest Nagel）等哲学家，他们大多强调自然科学和社会科学在方法论上的统一性，认为社会科学的进步取决于它是否采用自然科学的方法和标准。在他们看来，采用自然科学方法对人的行动等社会现象做出因果性的说明之所以是科学的，是因为这种说明是建立在一些通过观察实验可以证实的规律和理论之上的。另一派是"精神科学派"，阿佩尔把19世纪古典解释学家（如施莱尔马赫、狄尔泰）、新康德主义弗莱堡学派的某些人物（如文德尔班 Wilhelm Windelband、李凯尔特）、20世纪哲学解释学代表人物（如伽达默尔）、"后维特根斯坦新二元论"的代表人物（如冯·赖特 Gerog Henrik von Wright）等都包括在这一大派之内。这一派的基本特征在于强调精神科学与自然科学的对立、理解方法与说明方法的对立，同时又强调社会科学与人文科学的联系，认为人的信念和实践、规范和价值都与人的主观意向和文化传统有密切的联系，因此，社会科学的任务不是研究人类行为的不变规律，而是要使人类行为成为可以理解的，最终目的是要阐明人类行为的合理性。

对于伽达默尔，阿佩尔认为他是从哲学解释学的立场出发，对理解理论提出一些新的见解，认为理解活动是人的存在最基本的模式，而不是主体用于认识事物的某种主观意识活动。阿佩尔指出伽达默尔也强调自然科学和人文科学的区别，认为自然科学研究的课题往往同人没有什么内在的联系，而人文科学研究的课题与人的经验直接相连，或者说，人文科学的关键问题在于理解人的存在，理解人生活于其中的社会现实。在阿佩尔看来，伽达默尔虽然认为社会科学理解或历史理解应当放弃对科学客观性的要求，但他并不赞同把科学的客观性概念完全归入自然科学，而是认为需要有一种扩大的科学合理性概念。

真正看到精神科学在伽达默尔思想中发挥作用的学者是格朗丹（Jean Grondin），他的《哲学解释学导论》（何卫平译，商务印书馆，2009）围绕着"解释学的普遍性"这个中心议题，追溯了解释学的整个发展过程，包括17世纪西方新教神学开始通行使用hermeneutics一词以前的解释学、17世纪和18世纪的理性主义的解释学、19世纪的浪漫主义解释学和历史主义解释学、20世纪以来的新解释学，包括海德格尔、伽达默尔的解释学，以及哈贝马斯（Jürgen Habermas）、德里达（Jacques Derrida）、利科（Paul Ricoeur）等在相似背景下提出的解释学观点等。在论述"伽达默尔与解释学的世界"时，格朗丹开篇就提出，为了理解解释学中本体论的或普遍的转换的内涵，需要回到《真理与方法》所表达的基本问题，即精神科学的问题或与它们相关的解释学问题中。与其他学者不同的是，格朗丹没有从论述狄尔泰精神科学思想入手探讨伽达默尔精神科学思想的不同之处，也没有将精神科学作为伽达默尔解释学思想的应用，而是将其视为伽达默尔思想中一个重要的问题进行探讨。这个问题实质上在海德格尔那里就已经提及了，但他在最初开始基于事实性的设想之前，就已经坚定地将精神科学的理解降低为一种次要的或派生的地位，因为在海德格尔看来这只不过是历史主义自己陷入一种迷惘状态的表达。

在格朗丹看来，19世纪下半叶解释学的一个重要特点是突出与精神科学的联系，因此精神科学可以说是伽达默尔解释学思想的基础和出发点，精神科学合法性问题就是伽达默尔思想中的核心问题。海德格尔通过将人自身置于有限性的层面来探讨作为一种积极的本体论的理解性质的先见结构，从而超越了历史主义的问题及其推论，即狄尔泰的精神科学方法论。伽达默尔重新提出精神科学，并不是要推翻海德格尔的观点，为精神科学方法论正名，而是将海德格尔的观点沿用至精神科学，用精神科学中的各门学科做例子，证明普遍有效性的知识观念无法立足。对历史主义的批判只是海德格尔的次要兴趣，在伽达默尔那里却是主要任务。伽达默尔反对那种由历史主义和实证主义培育起来的观点，即精神科学在确立自己的科学地位之前，必须要有适合自己的方法。与此相反，伽达默尔的问题是精神科学何以要通过自然科学来理解自身。事实上，伽达默尔是通过追问方法要求是否适合精神科学，从而在根本上提出了质疑，并由此跳过了整个关于精神科学方法论特殊性的讨论，而新康德派、狄尔泰、韦伯（Max Weber）等人对这种讨论十分着迷，他们认为精神科学要成为科学必须要有其自身的独特方法，并为该种方法是什么而争论不休。

格朗丹指出，伽达默尔认为精神科学的科学性从人文主义传统比从科学方法论的观念出发更容易得到理解，它使得公正评价适合于精神科学认识要求的那些概念得以形成。这一传统在康德以前还鲜明地活着，但后来受到异于它的方法概念的压制而逐渐衰落，以至于被越来越占支配地位的自然科学及其方法论观念所取代。对于这种状况的产生原因，伽达默尔将其归结为人文主义的基本概念，尤其是判断力和趣味（它们最早是具有认识功能的）的致命审美化。康德的《判断力批判》将趣味主观化和审美化，否定它的认识价值，无论什么，只要不符合客观的或方法的自然科学的标准就被认为是"主观的""审美的"，也就是要被逐出实在的知识领域，或者说，除了自然科学之外，任何理论的知识都是不可信的。康德将趣味和判断力的主观化、审美化使得精神科学的人文主义传统被放弃，因此精神科学在理论化的过程中不得不依赖自然科学的方法论。伽达默尔还指出，精神科学的这种损失对语文学和历史学的影响不大，因为通过自然科学方法去寻求它们方法论的基础是这二者充分自我认识的唯一可能来源，这就使得精神科学的本质问题被一再忽略。

此外，实践哲学作为关于人类事务的科学，对精神科学的发展也起到重要的作用。亚里士多德在不同于理论知识、技术知识的实践知识层面，指出实践是关于人类实际活动与生活的反思行为，实践哲学也就成为专门探讨人类实际存在行为的一门理论反思性学问，与精神科学的发展息息相关。然而，目前国外对伽达默尔实践哲学的研究主要是从解释学的研究角度展开的，如 *Gadamer and Practical Philosophy*: *The Hermeneutics of Moral Confidence*, 而在伽达默尔精神科学与实践哲学之间建立联系的学者并不多。

（二）国内研究现状

1. 国内对伽达默尔思想研究的总体情况

国内对伽达默尔的研究大抵开始于20世纪80年代末，近年来开始逐渐增多，从近20年对伽达默尔研究的趋势来看，20世纪90年代到2000年，国内对伽达默尔的研究成果并不多，2000年之后，国内对伽达默尔的研究呈逐渐上升趋势。目前将伽达默尔作为直接研究对象的著作主要有：《走向解释学的真理：伽达默尔哲学述评》（严平，东方出版社，1998）、《伽达默尔传》（章启群，河北人民出版社，1998）、《理解的真理：解读伽达默尔〈真理与方法〉》（洪汉鼎，山东人民出版社，2001）、《通向解释学辩证法之途：伽达默尔哲学思想研究》（何卫平，生活·读书·新知三联书店，2001）、《理解的实践：伽达默尔实践哲学研究》（张能为，人民出版社，2002）、《艺术的背后：伽达默尔论艺术》（黄其洪，吉林美术出版社，2007）、《对话与和谐：伽达默尔诠释学思想研究》（潘德荣，安徽人民出版社，2009）、《伽达默尔科学技术反思研究》（何平，人民出版社，2010）、《伽达默尔现代性思想研究》（王业伟，中央民族大学出版社，2010）、《走向共同的团结：伽达默尔实践哲学思想研究》（赵全洲，黑龙江教育出版社，2010）、《伽达默尔的诠释学美学思想研究》（孙丽君，人民出版社，2013）、《伽达默尔教化解释学研究》（黄小洲，人民出版社，2016）、《伽达默尔伦理思想研究》（胡传顺，上海人民出版社，2018）。这些著作的特点是将研究重点集中在伽达默尔的解释学、实践哲学、美学等问题上。

此外，将伽达默尔哲学思想作为研究体系的一个方向或一个部分的著作多达百余种，这些著作的主题涉及哲学、宗教、社会、文化、科学、教育、语言等多个方面。从这些主题的发展过程可以看出，国内对伽达默尔的研究主要是从哲学解释学开始的，并逐渐扩展到美学、实践哲学，近年来又开始注重伽达默尔哲学思想对现实问题的影响。这表明伽达默尔思想研究在国内已经扩展至多个领域，或者说伽达默尔思想内涵在多个领域得到了丰富和扩展，而伽达默尔思想研究也对我国社会多方面发展起到了积极的作用。

目前国内研究伽达默尔的文章有上百篇，同著作相类似的是，这些文章论述的重点也主要围绕解释学、实践哲学、美学、语言等方面展开，同时包括伽达默尔思想在现实生活中的运用。此外，还有很多文章从不同侧面对伽达默尔精神科学思想进行了探索，例如，《诠释哲学：从狄尔泰到伽达默尔》（潘德荣，《江淮论坛》，1992，4）、《伽达默尔哲学解释学中的精神世界》（何平，《求索》，2006，2）、《走向生存论意义的方法论——关于伽达默尔哲学诠释学的方法论沉思》（彭启福，《天津社会科学》，2008，1）、《伽达默尔的"理性"与"科学"》（张留华，《社会科学论坛》，2010，10）、《作为精神科学重要特征的教化——伽达默尔关于"教化"的诠释学诠释》（韦海飞、周妍，《传承》，2010，6）、《科学之为启蒙的工具——伽达默尔对现代科技理性之批判》（梅景辉，张廷国，《华中科技大学学报》社会科学版，2011，5）、《伽达默尔教化解释学与古代实践智慧》（黄小洲，《武汉大学学报》人文科学版，2012，5）、《伽达默尔的实践哲学与生活世界》（张能为，《高校理论战线》，2013，3）、《一个诠释学经典范例：伽达默尔对柏拉图的解释》（洪汉鼎，《河北学刊》，2017，3）、《西方实践哲学传统与当代新发展——从亚里士多德、康德到伽达默尔》（张能为，《中国高校社会科学》，2018，2）、《略论伽达默尔对"解释学循环"的贡献》（何卫平，《社会科学战线》，2019，1）等。

2. 国内对伽达默尔精神科学思想的研究情况

据伽达默尔考证，"精神科学"一词起源于德国。穆勒在《逻辑学体系》一书中首次提出 moral sciences（道德科学）一词，在该书的德文版中，该词被翻译成 geisteswissenschaften，并在德国成为一个通用词，后被汉译为"精神科学"。关于 geisteswissenschaften 的意义及发展过程，田方林和李敏在《试析狄尔泰的"Geist"和"Geisteswissenschaften"》(《广西社会科学》, 2004, 7)一文中已经进行了比较详细的论述, 即狄尔泰在将精神科学作为自己的研究对象时, 其目标是要建立一个庞大的精神科学体系, 在他看来, "精神"一方面是指抽象思维、逻辑推理、概念判断等理性的思辨能力和创造能力, 另一方面是指这种能力所生产和形成的一切东西, 既包括人类特有的理智、文化现象, 也包括社会、历史等多方面的内容。狄尔泰的精神科学就是要研究人的精神能力及其产物, 揭示历史和社会的真实性。这一体系包括了诸多研究人的学科, 如哲学、文学、心理学、社会学等, 但那些研究人的自然属性的学科则不包括在内。

作为与人有关的科学, 精神科学可以说就是人文科学。精神(geist)在德语中有"人人生而皆有, 并且可以经过学习和社会化而扩大"的意思, 但在英语世界却没有与之完全相匹配的词。伽达默尔认为, 在德国, 正是美学上的人文主义传统在现代科学思想的发展中起到了有力的作用, 才使得德国的人文科学与其他国家的人文科学有所区别。因此, "精神科学"一词更能够体现出德国哲学中那种不同于英美哲学的丰富的"人文"之意。然而, 对于"精神科学"的这种理解, 目前国内的学术界尚未形成统一的认识, 因此精神科学研究显得较为分散, 有的是从心理学角度探究人类精神的作用, 有的是从科学分类的角度探究自然科学、人文科学、社会科学之间的关系。

目前国内直接论述精神科学的哲学研究主要集中在对狄尔泰的研究, 包括《走向精神科学之路: 狄尔泰哲学思想研究》(谢地坤, 江苏人民出版社, 2008)、《生命洪流的奔涌: 对狄尔泰哲学的叙述、分析与批评》(陈锋, 黑龙江人民出版社, 2010)、《理解生命: 狄尔泰哲学引论》(李超杰, 中央编译出版社, 1994)。其他研究更多的是将精神科学作为背景性知识或补充性观点进行阐释, 例如, 魏敦友在《回返理性之源: 胡塞尔现象学对实体主义的超越及其意义研究》(武汉大学出版社, 2005)中, 从胡塞尔的视角论述了精神科学受自然科学压制的艰难处境, 以及精神科学问题如何成为近代欧洲理性危机的起源之一。洪谦在《维也纳学派哲学》（商务印书馆，1989）中介绍维也纳学派的哲学思想时，沿着新康德主义的思路区分了自然科学与精神科学，认为"自然科学之为实际真理的理论体系，精神科学之为文化生活的体验方法，从人类立场观之，却是同样'有价值的''有文化意义的'。只有对于科学缺乏正确认识的人方才认为自然知识能给精神的信仰的生活以压迫，精神科学能解放这种压迫至少能减轻这种压迫；其实'知识'与'生活'之为整个生活的两部分，自然科学与精神生活是同样重要的，所以我们认为他们若不是对于自然知识毫无认识，就是对于精神科学也只有错误的观念而已"（洪谦，1989：132）。洪汉鼎在《当代西方哲学两大思潮（下）诠释学转向：哲学诠释学导论》（商务印书馆，2010）中为了阐述伽达默尔把解释学称为经验的原因，曾提到精神科学的独特性质，以及精神科学不同于自然科学的把握方式及其本质特征。

由于在伽达默尔的著作中，精神科学并没有作为一个明确的问题被提出，因此在研究伽达默尔思想的文献中，对其精神科学思想的研究很少同对狄尔泰那样具有独立的论述。但精神科学作为伽达默尔的问题情境却始终存在于他的思想之中，隐藏在解释学、实践哲学、美学、修辞学等思想的背后，并在许多论著中被反复提及。值得一提的是，何卫平教授注意到了伽达默尔论述精神科学独立性的意义，他在《从人文科学地位之确立看西方解释学的发展》（《云南大学学报》社会科学版，2003，4）、《解释学与认识论：一种历史眼光的透视》（《人文杂志》，2004，3）、《伽达默尔的教化解释学论纲》（《武汉大学学报》人文科学版，2011，2）、《试析伽达默尔的"审美无区分"思想的理论意义》（载《通向解释学辩证法之途：伽达默尔哲学思想研究》，生活·读书·新知三联书店，2001）等文章中探讨了伽达默尔对精神科学与自然科学所做的区分。他指出，"西方解释学发展到19世纪下半叶的一个重要特点是与精神科学相结合，这同后者的自我意识的觉醒是分不开的，'精神科学'一词由单数变为复数（Geisteswissenschaften）而成为与自然科学相对应的'学科群'就说明了这一点"（何卫平，2009：78）。尽管如此，在理论上，人们对精神科学本质的认识仍未能摆脱自然科学的影响,例如,"精神科学"在穆勒那里只不过被看成一种"非精确的科学",他用齐一性、规则性、可预测性来界定精神科学,并用归纳法来贯穿自然科学和精神科学这两个学科群。然而,精神科学的科学本质不能完全用自然科学的方法和标准去衡量,社会历史的经验不能完全通过自然科学的归纳程序上升为科学。在伽达默尔看来,世界上并非一切都是科学的对象或能够成为科学的对象,历史认识中的经验与自然科学认识中的经验是不同的。精神科学并非要受自然科学的支配,它更多地隶属于一种人文主义传统,或者说是同人文主义传统的四个主要概念有关,即教化、共同感、判断力和趣味。伽达默尔实际上是要用这四个概念来说明赫尔姆霍茨[①]（Hermann von Helmholtz）以一种素朴的方式表达的作为精神科学认识特点,即"机敏"的根据,并进一步追问这种体现为精神科学认识特征的"机敏"背后的基础是什么。此外,罗久在《精神科学真理的困境——论伽达默尔对历史学派的批判》(《德国哲学》2010年卷)中,也对伽达默尔精神科学思想进行了较为透彻的分析。他认为,"《真理与方法》的真正起点是伽达默尔在现象学解释学的基础上接续了狄尔泰所提出的精神科学合法性的问题。为了解决这个问题,伽达默尔尤其着重讨论了历史学派历史哲学的思路,指出这些解决办法都囿于一种方法论的偏见,希望精神科学能够像自然科学一样获得最终的确定不移的客观真理。可是在伽达默尔看来,客观性的方法并不是精神科学真理的本质。对于一个好的解释学家来说,没有最后的定论,有的只是不断地教化培养,使人成为人的过程"(《德国哲学》编委会,2011:363)。

除著作和文章之外,一些博硕论文也从不同侧面促进了伽达默尔精神科学思想的研究,例如博士论文:《作为整体的精神科学及其认识论与逻辑学》(陈锋,复旦大学,2001)、《后现代人文视野中的科学:论利奥塔、福柯、罗

[①] 赫尔姆霍茨(1821~1894),德国自然科学家,19世纪精确科学的重要代表,对生理学、光学、电动力学、数学和气象学均有十分重要的贡献,著有三卷本《生理光学手册》(1856~1866)、《音乐的生理学理论》(1863),并在生理光学的研究过程中发明了检眼镜。

蒂与伽达默尔的科学观》（杨艳萍，北京大学，2001）、《走向主体间性的理解：历史理解的普遍有效性探究》（杨金华，华中科技大学，2007）、《解释学视域中的"实践智慧"：从亚里士多德到伽达默尔》（邵华，武汉大学，2008）、《伽达默尔"审美无区分"思想研究》（何小平，北京师范大学，2011）、《伽达默尔文本思想的美学探析》（吴寒柳，武汉大学，2013）。硕士论文：《论伽达默尔的教化概念》（黄小洲，武汉大学，2006）、《试论狄尔泰的历史主义的意义：从其为精神科学的理解奠基的角度看》（李岩，武汉大学，2006）、《论哲学解释学的效果历史原则》（龙祁周，武汉大学，2006）、《伽达默尔论精神科学与教化的关系》（庄贝贝，兰州大学，2012）、《伽达默尔前见思想的存在论意蕴》（杜中豪，南昌大学，2013）、《论伽达默尔对人性问题的关怀与深入拓展》（杨琦，吉林大学，2014）、《伽达默尔实践哲学的解释学进路》（王卓，黑龙江大学，2017）、《伽达默尔的解释学普遍性理论研究》（郑景，安徽大学，2018）。

此外，在伽达默尔精神科学思想与实践哲学关联方面，国内同国外的研究一样，并不丰富。严平在《走向解释学的真理：伽达默尔哲学述评》（东方出版社，1998）中，张能为在《理解的实践：伽达默尔实践哲学研究》（人民出版社，2002）中，都仅仅简略地提到了二者之间的关系，并未详加论述。

四　本书的结构框架

本书正文部分共分为五章。第一章介绍了精神科学问题的缘起及精神科学思想的发展。精神科学一词由穆勒以"道德科学"之名提出，在传播到德国时被译为"精神科学"，穆勒在提出该词时将其视为"不精确的科学"，认为精神科学只有遵循自然科学的模式才能具有科学性，这就使精神科学陷入了一种丧失独立性的先天困境之中。维柯、康德、黑格尔看到了占统治地位的自然科学及其方法论的有限性，为凸显精神科学的本质特征奠定了基础，这使得他们的思想可以称得上是精神科学思想的古典传统。精神科学思想在发展过程中，主要经历了三个阶段：在第一阶段中，精神科学自身不同于自然科学的特征得到认可；在第二阶段中，精神科学获得了自己的社会—历史领域；在第三阶段中，精神科学作为自然科学基础的特性得到了凸显。第二章主要论述了伽达默尔对19世纪精神科学思想的批判，特别是"解释学作为精神科学方法论"的观点。该观点流行于19世纪，是近代关于精神科学思想研究的主要成果，然而它却并不意味着精神科学研究得到了本质性的进展，一方面是由于历史主义对精神科学的科学性的论断标准仍然是以自然科学为蓝本，另一方面是由于精神科学自身的特性被各种因素掩盖而没有得到有效发挥，此外，哲学解释学本身所具有的哲学特性也表明解释学并非一种方法论，因此，精神科学既不需要方法论，解释学也不应被视为一种方法论。第三章论述的是伽达默尔精神科学思想内容，包括其思想源流、精神科学的产生基础、精神科学的本质以及精神科学的理解之途。在亚里士多德、狄尔泰和海德格尔的影响下，伽达默尔认为应从本质上区分精神科学与自然科学，对精神科学特性的探寻应追溯至人文主义传统，精神科学的真理并不是符合性的真理，而是去蔽性的真理，在精神科学中重要的不是客观性而是先行关系，精神科学的经验是不断生成和展开的经验，它是人类个体经验与人类基本经验相互阐释的结果，这就使得精神科学具有了一种具体的普遍性，在这个意义上，精神科学是自然科学的基础，精神科学的理解实质上是前见与事物自身所形成的理解循环，在理解的过程中，历史扮演了中介的角色，而只有在相互参与着的对话中，精神科学的理解才能真正获得。第四章论述的是伽达默尔对精神科学合法性基础的阐释，包括实践哲学的特性、理论与实践的关系及其现代转换、实践"技术化"的现代弊端。在亚里士多德的实践哲学中，人的活动被分为理论沉思、实践和制作三种，实践与人的事务有关，人的多样性使得实践智慧总是要处理变动不居的事情，因此实践的知识总是具体的。在古希腊时期，实践是作为理论的前提而出现的，随着近代科学的兴起，古希腊时期的实践与科学发生了技术转向，经验科学具有了权威性和功利性并开始统治人类社会，使得人类社会的发展丧失了总体的善的目标，只为了追求具体的善而形成了部分合理而总体矛盾的状态。第五章论述的是对伽达默尔精神科学思想的评价及思考。精神科学思想可谓伽达默尔思想的问题情境，他早期对古希腊哲学的研究、中期对哲学解释学体系的创建、晚期对人类社会及理性等问题的分析，可以说是精神科学思想从萌芽到成熟的整个发展过程。伽达默尔精神科学思想打破了客观主义和实用主义对精神科学的自我理解，揭示了一种在自然科学方法论以外的探究精神科学真理的方式，但也有哲学家认为他过于贬低方法论的意义，因为无论哪种研究总是需要使用方法。此外，伽达默尔精神科学思想研究还对文化和社会科学的研究和发展具有一定的启示和积极的促进作用。

第一章　精神科学问题的缘起及精神科学思想的发展

现代社会是一个对自然科学的信念业已达到迷信的时代，自然科学那种通过客观认识克服主观经验的偶然性、通过概念的单义性克服语言多义性的要求，已经扩展至生活世界的各个领域并被奉为经典，自然科学的方法论、认识基础和客观性特征几乎成为衡量所有科学的标准，确定性、普遍性、说明性、有效性也成为知识的主要特征。伽达默尔指出，"现代经验科学追求的是知识的确定性和可控性，靠放弃崇高的亚里士多德式风格的全面知识来保证它们的发展道路。因为经验科学使可观察到的东西屈从于数学的量化方法，它发现了有关自然规律的新观点，并在各个方面依靠试验和假设逼近科学知识"（伽达默尔，1988a：127）。从这个角度来看，与自然科学相对的精神科学就成为一种"不精确的科学"，因为它并不具备自然科学那种令人羡慕的确定尺度，可以从有目的的伪装和隐藏中区分出真实的、正确的东西。这种不确定性使得精神科学在当代的历史和社会力量中总是表现出局限性，或者说这个时代要求确定性的意志对于精神科学所具有的权力和施加的压力，以及精神科学毫无实际的自卫能力，都使精神科学的发展陷入了危机。

虽然自然科学的确定性为我们形成了一种相对安定和可控的环境，但自然科学的本质以及从它的进步规则中生长出来的计划和技术的世界，仍然使我们处于技术化的困境之中。自然科学的认识方式导致了理论知识和实际运用之间缺乏正确的仲裁，于是科学本身就成为技术。而在以技术发展为特点的现代文明中，人类变成了技术的附庸，产品被制造的目的是刺激消费而非满足人的需求，人们首先要放弃自己的活动能力和自由意志，才能享受到技术带来的舒适生活。技术的角色从掌握自然力量异化为掌握社会生活，从改善人类生活异化为统治人类社会。技术已经成为双刃剑，既造福人类又对人类产生威胁。

面对深深地影响和决定了我们生活世界的科学，哲学首先开始持怀疑态度，认为自然科学的研究相对于人的生活世界具有局限性，自然科学的专门化是有界限的，而不是可以普遍推广的。在生活世界中应该存在另外一种科学，它应该能够反映人的本质并更好地指导人的活动，从而将人们从技术的迷梦中解放出来，这种科学就是伽达默尔意义上的精神科学。对于这种具有重要意义和地位的精神科学，我们有必要首先探究其概念的来源、特点，及其古典传统和发展历程，以使我们对伽达默尔精神科学思想具有更为明确和清楚的认识和理解。

第一节 精神科学问题的缘起

精神科学思想的产生可以追溯至古希腊，但精神科学问题的产生则是从近代开始的，这一问题伴随着"精神科学"概念的产生而出现，因而可以说是精神科学的源生问题，也是它的先天困境。在这个困境中，精神科学首先就被视为自然科学的一个分支，不仅要采用自然科学的方式来看待自身，更是被称为"不精确的科学"。但事实上，这种"不精确"正是精神科学的特性，或者说是与人有关的科学的特性，这是人自身的特点所决定的，这意味着精神科学是一种不同于自然科学的科学，这一点在精神科学及其相关概念中都有所体现。

一 精神科学概念的产生

据伽达默尔考证,"精神科学"一词的通用是从穆勒 1843 年提出的"moral sciences"一词在 1863 年被德译为 geisteswissenschaften 时开始的。"精神科学"并不是唯一一个被用来表述与人有关的科学的概念,早在 19 世纪该词诞生之前,很多哲学家就已经提出了类似的观点,例如休谟在《人性论》中使用"道德学"(moral subjects)一词来表述关于人的学问。在他看来,与人性有密切关系的学问包括逻辑学、道德学、批评学、政治学,它们涉及了人类心灵的各个方面。例如逻辑学的目的在于说明人类推理能力的原理和作用,以及人类观念的性质;道德学和批评学研究人的鉴别力和情绪;政治学研究在社会中结合并且互相依存的人类。休谟认为,一切科学都与人性有关,即使是数学这样的自然科学也要在某种程度上依靠人,因为它们总是在人的认识范围内,并且是根据人的能力和官能而被判断的。"任何重要问题的解决关键,无不包括在关于人的科学中间"(休谟,1996:引论 7~8),一个完整的科学体系的"唯一牢固的基础"就是关于人的科学。然而,即使关于人的科学处于如此重要的地位,在休谟看来,其本身与自然科学相比仍然具有一个"缺点"或者说是"不利条件",即"不能说明最终原则"。在自然科学中,人可以客观地观察到两个物体之间的相互影响,并得出确定的结论,但在关于人的科学中,人既是观察者也是考察对象,观察者的任何思考都会对考察对象产生干扰,从而无法得出确定性的结论。

穆勒认同休谟的观点,他认为应该通过凸显科学的特征来改善关于人的科学的这种缺点,因此他将自己的研究称为"道德科学"(moral sciences)。在他看来,科学总是与规律有关,"任何事实本身都适合于作为科学的主题,它们依照不变的规律而前后相继地出现"(密尔,2009:15),有些规律是终极的,具有极大的普遍性,有些则是这些规律派生出来的。如果掌握了所有的先行条件,就可以对整体上的现象做出说明,包括可能出现的变化,甚至预测未来的任何情况。对于那些不能通过规律来掌握的科学,穆勒称其为"不精确的科学",认为它们是有待完善的科学类型,在这种科学中有些规律还没有被发现,或者说是以我们现有的资源和条件无法发现,因而只能精确观察和测量到产生现象的主要原因,无法精确观察到次要原因,在结果上也只能说明和预测其主要部分,无法彻底说明和预测结果的变异调节部分,而"关于人性的科学就是这种类型的科学"(密尔,2009:18)。

在《逻辑体系》(*A System of Logic*)一书中,穆勒首先对名词与命题、推理、归纳、归纳推理方法、谬误进行了详尽的研究并得出诸多理论,然后将这些理论应用到最后一卷关于人的研究中,试图通过规律在精神科学中的体现而使其成为名副其实的"科学",并且运用"经过适当扩展和概括的物理科学方法"来改变精神科学与自然科学相比的"滞后状况"。在穆勒看来,精神科学的目标是寻找支配人类思想、感受和行为的规律,它对科学的"理想的完善性"体现在能够预测每个人一生中会采用的思考、感受或行为方式。但在现实中,个体行为通常无法以自然科学意义上的精确性被预测到,对此,穆勒给出的原因是人无法预见个体所处的全部环境,也就无法得出关于人性科学的完善理论,而即使得到这种理论,个体性格的诸多变化也如同无法给全的数据一般,使人们既不能做出精确的预测,也不能提出普遍的命题。此外,在人的思维、感受和行为方面,终极规律总是离具体现象太远,影响现象的因素也过多,因此精神科学在预测方面就只能得到近似的结果。

在穆勒看来,精神科学的研究之所以没有体现出科学的特性,并且滞后于自然科学,其根本原因是没有选择正确的方式。精神科学必须要将近似的结果与终极规律联系起来,才能具有科学所要求的那种精确性和可预测性,因而精神科学也应同自然科学一样,将所有的学科分为理论与应用两类,以便分别获得观察结果和规律。例如心理学和性格学可以作为基础学科,研究支配现象的基本原理;历史学、社会学等可以作为具体学科,研究心灵原理在具体思维和行为中的应用。此外,不同的学科应有不同的方法,例如心理学可以直接获得人性规律,适用于观察和实验的方法;社会中的人遵循整体等于部分之和的规律,因此社会科学适用于具体的演绎法,即从普遍的人性规律演绎出一些假说,然后利用观察予以证实或证伪;在追溯人类行为产生原因时,可以使用逆向演绎法,即通过考察历史总结经验规律,然后证明这些规律是人性规律派生出来的,并将其与终极规律联系起来,从而获得科学真理的地位。

显然,对于穆勒来说,科学的完善性就体现在对现象的精确说明和预测上,或至少要在现象的主要部分实现这一点,为此,不仅要有能说明规律的完善理论,还要有能帮助预测的具体的完善数据。他通过归纳法得出具有概念意义的规律,使这一规律能够完全说明现象,或者说是具有普遍性,再将这种规律与完全给出的具体情况相结合,经过演绎推理得到最终结果。在穆勒看来,这是使任何研究都能够成为科学的唯一方法,关于人的研究只有使用这种方法才能摒弃种种不确定性因素带来的不利影响,得到确切的最终原则,具有成为科学体系所需要的牢固基础,或者说成为严格意义上的科学。不难看出,科学在穆勒那里的全部意义遵循的都是自然科学的模式,精神科学必须以自然科学的研究方式为模板构建自身,才能在关于人的思维和行为领域中得出确定的结论。然而,这种模式的前提是精神科学的研究对象必须同自然科学一样是不动不变的,但人与其他生物的区别正在于他的多样性,如果将精神科学视为寻找确定性结论的工具,那么也就是将人视为固定不变的对象。狄尔泰正是基于这一点批判穆勒"为了使历史实在适合于自然科学的概念和方法,对这种实在进行了删节和肢解"(狄尔泰,2002:5),伽达默尔则将穆勒的精神科学思想称为"关于社会的自然科学理想",认为他"不是要承认精神科学有某种自身的逻辑,而是相反地表明:作为一切经验科学基础的归纳方法在精神科学这个领域内也是唯一有效的方法"(伽达默尔,2010a:12)。

二 精神科学的先天困境

穆勒采用的是现代科学的模式来描述精神科学的科学性,例如他认为精神科学中的陈述的可信程度类似于长期的天气预报，特别是采用经验科学概念进行推论的方式，这意味着穆勒实质上并不是在体现精神科学本身的特性，而只是表明了自然科学的模式是如何在精神科学领域扩展的。在他看来，任何一门科学，或者说"科学性"本身的意义就在于认识齐一性、规则性和规律性，以及预测个别的现象和过程，道德科学也不例外，因此，他的精神科学思想的目标就是要将其塑造成人文领域的自然科学。为此，穆勒通过归纳法扩大精神科学可确定的范围，以此相对地缩小其不确定的范围，使其能够最大程度地说明最终原则，从而体现出客观性并改变它滞后于自然科学的状态。不难看出，穆勒的精神科学思想中包括了两个前提。第一，科学应该带给人们的是确定的、普遍的、客观的知识，以便人们能够用其来抵御事物的不确定性。事实上，"人们所不喜欢的不是不确定性的本身而是由于不确定性使我们有陷入恶果的危险"（杜威，2005a：5），正是自然科学使摆脱这种危险成为可能，因此自然科学就成为科学的完美体现。第二，任何研究若想成为科学必须以自然科学的特性为标准，例如具有可观察的现象、明确的规律、确定的结论、逻辑的方法等，精神科学滞后于自然科学的原因就在于它在上述这些方面的表现与自然科学相距甚远。

然而，正是这两个前提使精神科学具有了一种先天困境：一方面，从"与人有关"这一点来看，精神科学竭力要体现出人之为人的根本特征，即"自由、创造性、社会性、超越性、目的性等"（衣俊卿，2004：30）；另一方面，从"科学"的角度来看，精神科学所具有的那些与人有关的特征又完全不同于自然科学的确定性、普遍性、规律性，并因此成为一种"不精确的科学"。这两个前提自相矛盾：精神科学要想成为"科学"，首先要改变或者摒弃的就是自身的特性，但这将使精神科学成为另一种形式的自然科学，这就不仅仅是精神科学发展受阻的问题，而是精神科学是否存在的问题。作为"精神科学"一词的提出者，穆勒虽然看到了这种矛盾，但他并不认为忽略精神科学自身的特性对于精神科学的发展而言是一个重要的问题，或者说，在他看来，精神科学本就存在于占统治地位的自然科学尚未扩展到的领域中，是一种有待完善的"自然科学",它自身的特性并不具有独特的意义而只是一种"非自然科学的特性",它的最终目标是具有自然科学的特性,或者是成为自然科学。为此,穆勒认为,精神科学需要以自然科学作为模板重塑自身,使用自然科学的方法,遵从自然科学的思维模式,以自然科学特性为目标,消除与自然科学的差距。然而这种观点必将彻底改变精神科学的本质,使其成为一门与人无关的"关于人的科学"。

"精神科学"的先天困境使这一概念在诞生时就包含了一种与自然科学相对的意义。如果说精神科学在古希腊时期还具有与自然科学相对的可能性,那么随着近代经验科学的产生,这种可能性也逐渐消失,"精神科学"在概念上被自然科学彻底同化了。自伽利略(Galileo Galilei)采用数学语言来描述机械学原理,从而开创了以因果关系和可计算性为特征的现代科学传统以来,笛卡尔的"方法"成为人们探寻真理的唯一有效途径。方法优先于事物的思想使得科学的对象首先必须要具备方法上的可知性,在这种背景之下,人们不再关心精神科学的自身特性,而是关心如何使精神科学的对象也具有方法上的可知性。19世纪的历史主义在这一点上走得更远,他们在自然科学思维的主导模式下,将解释学作为精神科学的方法论进行探究,并进一步挖掘所谓的精神科学的客观性和认识基础。自然科学与方法论的日益强大使精神科学显示出了一种软弱性,这种软弱不是因为合理的物质强行限制并削弱了自己的意志而表现出的软弱,而是面对一种超人力量的畏惧而感到的软弱,可悲的是这种超人力量并不是自然科学或方法论本身蕴含的,而是人们赋予它们的,这种赋予打破了自然科学与精神科学的平衡,可以说是人本身对关于人的科学的一种轻视。因此,"捍卫精神科学的独立性、使其摆脱先天困境"成为众多哲学家的努力方向。

事实上,自然科学与精神科学的关系问题在历史上始终受到关注。例如,亚里士多德在古希腊时期就提出理论智慧与实践智慧的区别,前者与不动不变的事物有关,得到的是普遍的知识,后者针对的是变动的、与人类事务有关的事物,得到的是特殊的知识,两种知识完全不同,需要不同的智慧来获得；赫尔姆霍茨虽然是一位自然科学家，但他仍从归纳逻辑的角度指出，精神科学所使用的是完全不同于自然科学的"机敏"；狄尔泰则完全区分了自然科学与精神科学，在他看来，精神科学具有与自然科学完全不同的独特性，精神世界是一个独立的世界，具有自然界所没有的特性，如人类行为的目的性、人对事物的价值评判、人类世界的规范对人及社会潜移默化的约束、人类生活的历史性等，人类精神生活的各种变化既不是来自外部世界的影响，也不是外部世界在人的意识中的设定，相反的是，自然界的所有法则都要受到人意识条件的支配，因此精神科学并不从属于自然科学，而是属于与自然科学同等但完全不同的"社会—历史"领域，是一个包括各种以社会实在和历史实在为主题的学科整体。

在关于精神科学的诸多研究中，真正探究到精神科学本质的是伽达默尔，他指出精神科学与自然科学的不同不仅体现在所属领域、内容特点，更重要的还体现在获得真理的方式，这一点从本质上区分了自然科学与精神科学，表明它们从根本上而言属于两个立场，"如果我们没有注意到自然科学和精神科学之间那种属于两个立场的根本区别，那么对我来说，约翰·斯图亚特·穆勒与威廉·狄尔泰之间在逻辑上的争论就仍然是基于同一种前提的，即要求方法的客观性。在这种前提之下，所有事物都变成了客观化方法的反衬"（Gadamer，1998b：30）。在伽达默尔看来，自然科学的真理只是一种"符合"的真理，但对完整意义上的真理而言，其本质是"去蔽"，是将事物的遮蔽性和人话语的掩饰性剥除后才能显露出来的真理，"符合"只是"去蔽"的方式之一，而获得精神科学真理的前提就在于对那些真理遮蔽物的判断和理解。对于精神科学的认识，伽达默尔认为应该从人文主义传统入手，从这个角度来说，历史主义可以说也为精神科学本质的显现提供了助力，因为"即使当它脱离了德国的浪漫主义并渗透了现代科学精神时，仍然保存了一种人文主义的遗产，这种遗产不仅使它区别于现代所有其他的研究，而且使它接近了完全是另外一类的非科学经验"（伽达默尔，2010b：553）。历史主义者们虽然并没有使精神科学摆脱先天困境，但他们为保留人文主义所做的努力，使得他们与穆勒那种尽可能地消除精神科学的非自然科学特性，从而将其纳入自然科学的方式完全不同。

三 精神科学相关概念辨析

精神科学的先天困境使其总是以与自然科学相对的形象出现，但与"自然"相对的传统却并不是从精神科学这里开始的，因为那些与自然相对的概念早已存在，有些概念甚至已经成为欧洲的学术传统。关子尹在《人文科学的逻辑》中列举了与自然相对的四个概念：约定、技术、文化、精神。它们出现于不同时期，其中前两个概念早在希腊时期就已被提出，后两个则是近代文明的产品。这四个概念本身看起来大相径庭，但共通点在于"都必与人的活动有关：例如约定指的是人类彼此间的协定；技术乃至艺术都是出于'人为'，而所谓精神者总离不开人的思想；而文化说到底亦不外是人的种种活动的总称而已"（卡西尔，2004b：译者序 8）。这四个概念显示了人们在历史发展过程中对自身问题的不断关注，以及不断变换的观察角度，这既反映出人自身的多样性，同时也表明在关于人的科学方面，很难找到一个统一的术语与自然科学相对应。关于这个问题，李凯尔特和狄尔泰都曾经在自己的著作中表述过，这表明他们都是从与自然科学相对的角度来谈论精神科学的。

除了与"自然"相对的概念外，学术界还存在很多与"自然科学"相对的概念。关子尹指出，在德语世界中，迄今为止曾经用于表达与人有关且与自然科学相对的概念主要有四种，即历史科学（geschichtswissenschaften）、精神科学（geisteswissenschaften）、文化科学（kulturwissenschaften）、人文科学（humanwissenschaften）。第一种曾被文德尔班使用，是在思维方式上表现与自然科学相对。在文德尔班看来，对人生的科学的理解和判断"不能靠先天的逻辑结构，而只能靠对事实作全面的、毫无偏见的调查研究"（文德尔班，1997：4）。第二种是从人的精神、人的特性角度来体现与自然科学的相对性，它以狄尔泰为主要代表，并在伽达默尔那里被进一步丰富和完善。二者的不同之处在于，狄尔泰实质上是以自然科学为模板构建精神科学的认识基础和方法论，可以说，与穆勒相比，狄尔泰更加接近了精神科学的本质，但与伽达默尔相比，狄尔泰仍然徘徊在精神科学本质的边缘地带，因为伽达默尔强调的是精神科学从根本上就不同于自然科学，对于精神科学本质的探究应从人文主义传统和实践哲学那里寻找答案。第三种以李凯尔特、卡西尔为主要代表，李凯尔特的出发点是文化相对于自然更具有人的目的性，他认为"精神"一词主要是指心灵的存在，由于心理生活与物理世界相对立，因此"精神科学"这个词不足以作为一个专门学科来说明非自然科学的特征，只有"文化科学"一词才能阐明与自然科学相对的概念，因为它"能规定非自然科学的经验学科的共同的兴趣、问题和方法，并且能与自然科学家的共同的兴趣、问题和方法划清界限"（李凯尔特，2007：5）。卡西尔从反对自然科学的统治地位这一角度出发，认为自然科学"把人类的所有其他心灵上的与精神上的能力加以奴役与压抑"（卡西尔，2004b：17），因此应从人作为文化缔造者的心智活动去考虑构成"人格世界"，以及在此基础上形成的文化科学。第四种属于英文 human sciences 的德译形式，这种表达着重体现"人"与"自然"的区别，在内容上与自然科学相对。但从"科学"一词的本意而言，德语的"科学"（wissenschaft）与英语的"科学"（science）有所区别，wissenschaft 由 wissen（知识）衍生而来，包含知识、学问的意义，体现思辨的研究方式；science 则更多地具有经验科学和认识论的意义，与 wissenschaft 相比更加强调实验证明和方法的使用，从这一点来说，human sciences 更加接近穆勒意义上的人文科学。

严格地说，"精神科学"一词在英语世界中并没有与之完全相符的词，因为精神科学注重的是人的内在部分，即"精神"。德语的精神（geist）是指"一个人人都有的、能扩大充实的、有一定意向的精神"（德罗伊森，2006：129），它不同于人的心理和生理上的精神，而是有目的、有方向的精神动向，并且可以通过学习和社会化而扩大。英语中表述精神的词主要有 spirit、intelligence 和 mind，但在这三者中，spirit 并不包含目的和意义，intelligence 是根据禀赋的不同有所区别，有的人多，有的人少，mind 则多指固定的、静态的心，三者都不能完全表达 geist 所蕴含的意义。从词意所表达的内容上来说，"humanities"（人文科学）是与"geisteswissenschaften"（精神科学）最为接近的表达，因为它们都将"人"及其创造物作为自己的核心特征。伽达默尔指出，"在盎格鲁—撒克逊语言中，humaniora 旧有的人文主义概念已被转换成以'人文科学'为标志的语义学语境。这表明，在这些科学中，被研究的对象不是客体的世界而是人对自己、对他的创造物世界的认识，在这个世界中他储存了知识"（伽达默尔，1988a：129），这种知识才是真正与人有关的知识。在穆勒那里，"精神科学"虽然在提出时被命名为"道德科学"（moral sciences），但穆勒并没有从道德的本质去考虑这个问题，他所要获得的知识也主要是关于 science 一词所代表的归纳法如何在 moral 领域应用。但这也并不意味着"精神科学"与道德无关，事实上，伽达默尔认为，如果从实践哲学的角度考虑到精神科学与道德的关系，将其称为"道德科学"也并非没有道理，或者说，"道德科学"也可以作为"同精神科学这个概念等价的英语词"（伽达默尔，2010b：569），因为"在这里认识的并不是某个特定对象领域，而是人类本身对象化的总体：包括人类的行为、痛苦及其持久的创造物"（伽达默尔，2010b：411）。

即使是在德语世界，对于"精神科学"一词的使用，不同的学者也有不同的观点。例如，狄尔泰认为精神科学研究的是精神，虽然他"是在孟德斯鸠所谓法的精神、黑格尔所谓客观精神，以及伊埃林所谓罗马法的精神之同一意义上使用'精神'一词"（狄尔泰，2010：78），但"精神"一词并没有完全表达出他的研究主题，因为"它实际上并没有把人类精神的各种事实与人类本性的生理心理统一体区别开来。任何一种旨在描述和分析社会实在和历史实在的理论，都不能局限于这种人类精神而无视人类本性所具有的这种总体性"（狄尔泰，2002：17），正是这种模糊的表达使得精神科学隐藏在自然科学的光辉所投射出的阴影中,没有恰如其分地体现出其自身与自然科学的明确界限,以致人们很容易将其混淆于自然科学之中。然而,即便如此,狄尔泰仍然使用了"精神科学"一词为自己的研究命名。为此,他解释说,一方面是因为席尔(Schiel)将穆勒的《逻辑体系》翻译为德文后,geisteswissenschaften一词广泛流传,甚至成为习惯用语而得到了人们的普遍接受;另一方面是因为在他所能选择的各种各样的术语中,"精神科学"一词的不适当程度似乎最低,与社会科学、文化科学、道德、历史等过于狭隘的表达相比,"精神科学"虽然不是最理想的选择但仍有其优势,即"能够适当地表现这种由事实构成的核心领域,而人们实际上正是根据这个领域设想由这些学科组成的统一体、勾勒它们的领域,并且从已经确立的各种自然科学出发为这些科学划分界限的——无论这样做多么不完满,情况都是如此"(狄尔泰,2002:18)。

在伽达默尔那里,"精神科学"一词的适当程度并不是他的思考重点,他专注的是精神科学与自然科学的不同之处,并且这种不同并不是以自然科学为标准经过比较所形成的不同,而是精神科学本身所特有的与自然科学在本质上的不同。"在自然科学看来,由于人类在漫长的宇宙历史中占有一席之地,因此道德和精神领域的科学也应该归属于自然科学。这是完全错误的,是关于精神科学史实的歪曲理解。我们不能以研究者那种依循可靠理论的视角去观察人,也不能将人降低为进化论的对象从而去理解人。人在历史中面对自身,他的经验、对话的形式、相互理解的方式——所有这些都在根本上不同于自然研究,也不同于那种对基于进化论的世界和智人的研究。"(Gadamer,1998b:29)伽达默尔认为,自然科学是关于不可改变东西的知识,它依赖于证明,是纯粹的理论科学,能够被任何人学习,而精神科学的对象是人及自身所知道的东西,这里的人是行动者意义上的人,而不是人类学中作为观察对象的人。作为行动者的人总是与那种能够发生变化的东西打交道,这种东西使他能够找到他必须参与行动的场所,他认识自身所形成知识的目的并不是想发现什么东西存在,而是为了指导他的行动。精神科学的独特之处就在于，它保留了一种人文主义传统，使其更加接近艺术、哲学等非科学的经验，在伽达默尔看来，这也是为什么精神科学的本质在德国会得到更好的揭示，因为在德国，"正是美学上的人文主义传统在现代科学思想的发展中继续起着有力的作用，而在其他一些国家或许是政治意识更多地进入了那里的'人文学科''文学'，简言之，即进入了人们以前称之为'人学'的一切东西"（伽达默尔，2010b：553）。德国的精神科学与其他与人有关的科学有着更深刻的区别，这也使得"所谓的精神科学在德国比任何地方都更强烈地兼有科学的功能和世界观的功能——或者更正确地说，它的自身兴趣所具有的世界观和意识形态的规定性是如此彻底地隐藏在它的科学程序的方法意识背后"（伽达默尔，2010b：630~631）。

第二节 精神科学思想的古典传统

如同早在古希腊时期就出现的解释学思想直到17世纪才获得"解释学"这一专有概念一样，精神科学思想也并不是在"精神科学"一词诞生之时才开始发展的。早在18世纪就有哲学家看到了笛卡尔的唯理论及其方法论的有限性，在这个时期，精神科学自身虽然没有得到任何发展，但精神科学由之而来的人文主义传统以及自然科学的统治地位所带来的弊端却受到了重视，这也间接促进了精神科学思想主旨的形成和发展。从这个角度来说，它们可以称得上是精神科学的古典传统，在这一传统中，维柯、康德、黑格尔的思想具有代表性意义，它们对精神科学思想的发展产生了重要影响。

一 批判法的界限

在维柯生活的时代，"精神科学"这一概念还没有被明确提出，但他对人文主义的推崇、对笛卡尔批判法①（critica）的质疑、对共通感的援引、对古代修辞学雄辩理想的重视等，在现在看来都可以说是对精神科学的一种捍卫，正是这种捍卫使人们注意到了精神科学这一不同于自然科学的领域。

对于科学研究，维柯认为，我们不应一味追求最高智慧，而应关注我们的智慧能达到何种成就，因为成就并不仅仅通过最高智慧来体现，而是多种多样的。例如，每个时代都有每个时代的优势和劣势，同古代相比，我们的成就并不比他们更多，虽然我们发现了很多古代人一无所知的东西，但古人也知道许多我们根本无从知晓的东西；古人耕耘着某些我们忽略的艺术，而我们也在与他们漠视的事物打交道；我们能够在某个学科获得成功，他们也有深谙其他学科的能力；他们的一些学科是我们某些学科的结合，我们的一些学科则是他们某些学科的分解。在历史的变迁中，许多学科在外表和名称上都发生了变化，但这并不能明确究竟哪个时代的研究方式更加合理。维柯在这里推崇的是那种因地制宜、顺其自然的研究方式，也就是说首先要了解某物是什么样的，然后再针对其特点进行研究，而不是不分对象地采用统一的方法来对待。事实上，在维柯看来，也并不存在这种统一的方法。

在《论我们时代的研究方法》中，维柯指出，"人类能够认识的东西总是有限的和不完善的，就像人类自身一样"（维柯，1997：65），因而并不存在一种可以使人类通晓万物的方法。在他看来，研究方法主要由三部分构成：工具、辅助物和目标。目前所有的研究都只有一个目标，即真理，笛卡尔的批判法正是由于能够给予人们所追求的真理，因此成为唯一行之有效的方法。在笛卡尔看来，这种方法的起点是第一真理，它不能因被怀疑而受破坏，为此他"先把一切不可靠的东西推倒，腾出地基"（笛卡尔，2000：ix），然后在此基础上建立可靠的新科学。在维柯看来，这种获得真理的法则并不能保证对一切事物的认识，特别是它对所谓的不可靠的东西的否定也是无法被确保的，因为使用批判法研究事物本性的前提在于这种本性是确定的，而人的

---

① 维柯将源自古代修辞学的方法称为"论题法"，将现代的新方法称为"批判法"，前者主要由西塞罗（Marcus Tullius Cicero）传承，后者则以笛卡尔为主要代表。

本性正好相反，是不确定的，并且由于自由意志，人的本性变得更加不确定，因此批判法并不适用于对人的认识和研究，"人类事务的主宰是机会和选择，而它们捉摸不定，每每受伪装和掩饰支配，两者都极具欺骗性。例如，那些仅仅关心真理的人发现很难把握住社会生活的手段甚至目的……人的行为不能按照一条抽象而固定不变的道德品行法则来评判"（维柯，1997：74~75）。

在维柯看来，竭力推崇批判法而忽略其他方法是不恰当的，批判法固然有其积极意义，但同时也具有明显的界限和弊端，例如批判法使我们过于注重自然科学而忽略了精神科学，特别是"涉及人类心灵及其激情的本性以及它们之同公民生活和雄辩术的关系的那部分学说"（维柯，1997：74）。此外，这种方法还忽略了伦理学的另一个部分，即关于美德与恶行的特征，善与恶的艺术，由年龄、性别、条件、命运、种族和国家等决定的习惯特点，以及合乎礼仪的行为这一难度最大的艺术等，并且这种忽略还使得政治学这门高尚而显要的学科被放弃和轻视了。此外，维柯还认为，批判法在教育方面也有很大的弊端，因为青年需要形象去想象，具有想象力是未来天才的重要标志，因此教育不能走批判研究的道路。但在现代批判精神下，批判法的拥护者们把自己的真理置于一切具体形象之前，或者凌驾于它们之上，并且过早地将其传授给青年人，从而剥夺了他们想象的能力和自我判断的能力。此外，批判法还会使青年人不善辞令，"批判法使我们占有真理，而论题法则使我们善于辞令"（维柯，1997：72），因此被批判法所占据的青年人，既不能以足够的智慧参与社会生活，也不能充分了解如何使辞令充满道德性且富于情感，因为这些都是不确定的，而他们学到的只是在固定不变情况下如何使用既定的原则。

维柯对批判法的质疑并不是为了对其进行彻底否定，而是要指出批判法自身的不足之处，或者说是提醒人们关注批判法无法发挥功效的那些领域。伽达默尔认为维柯强调的是一种区别，这种区别不仅仅存在于必然知识与或然知识之间，更是存在于亚里士多德的理论知识与实践知识之间，或者说是存在于理论智慧与实践智慧之间。实践知识是另外一类不同于理论知识的知识,它的重要特征在于它针对的是具体情况,因此它必须把握情况的无限多的变化,这也正是维柯所关注的东西。在维柯看来,理论智慧不同于处理人类事务的实践智慧,"那些在知识方面出类拔萃的人寻求用一个原因来解释许多自然结果,但那些在实践智慧上出众的人则寻求用尽可能多的原因来说明一个事物,以便通过归纳来达到真理,产生这个差异的原因在于知识追求最高真理,而实践智慧追求最低真理"(维柯,1997:75)。在维柯看来,把适用于理论智慧的批判法转移到实践智慧领域是错误的,因为前者是按照理论理性的推理来判断事务的,但人并不总是受理论理性支配,因此理论理性也无法成为真理规范。批判法总是按照事物应当如何来判断它们,但事实上,事物往往随机发生,应然与实然之间常常并不相符。

为补充笛卡尔主义批判法的不足,维柯提出了论题法,认为论题法在获得真理时更具优势。"论题"的希腊文是 Topos,指地点或地方,亚里士多德用其表示在思想中相似种类论据的所在之处。论题法是发现论据的技巧,它的目标是找到一条提问的路线,使人们能够从摆在面前的任何主题的可辩驳的观点中进行推理,并且一旦人们提出一个论点,这条路线还能够帮助人们避免自相矛盾。在维柯看来,批判法"可能是真实演说的艺术,而论题法则是雄辩演说的艺术"(维柯,1997:71),演说术的优越性就在于它论说全面,洞察一切,能够满足听众的愿望,雄辩的演说家通常由于已经了解了争论中所有论证的论据,因此有能力及时抓住在特定场合下可以论证的东西,这就像在法庭为案件进行辩护一样,需要掌握所有论据和辩论时机,才能使自己的辩护具有强烈的说服力。论题法形成的是一种对于可信事物的感觉,这种感觉是本能地并即时地进行,不是自然科学所形成的固定不变的结果。这种感觉就是共通感,共通感与或然的东西有关,作为对合理事物和公共福利的感觉,共通感存在于所有人之中,它实质上是一种通过生活的共同性获得,并为这种共同性生活的规章制度和目的所限定的感觉。

维柯援引的"共通感"是古罗马的共通感概念,"罗马人特别擅长于处理实践智慧方面的事务"(维柯,1997:76),作为最富政治性的民族,罗马的古典作家们在这一概念中倾注了他们自身政治和社会生活传统的价值和意义，因此他们的共通感概念中也具有一种反对理论思辨的批判性声调。从这个角度而言，共通感概念对生活具有决定性意义，也正是因为如此，精神科学的研究方式与共通感概念之间出现了共通之处。精神科学的对象，即人的道德的和历史的存在，正如它们在人的行为和活动中所表现的那样，其本身就是被共通感所根本规定的，因此"基于共相（普遍性）的推论和根据公理的证明都不能是充分的，因为凡事都依赖于具体情况"（伽达默尔，2010a：38）。理性的抽象普遍性并不能给予人的意志以方向，能够表现一个集团、民族、国家或整个人类共同性的应该是具体的普遍性。对具体情况的重视在维柯那里表现为返回到古代人对于智慧与口才的培养，返回到"修辞学"，并援引人文主义的雄辩理想，这些都是古代传授智慧时所需的要素。伽达默尔也认同这一点，他指出"人们所从事的古老的关于人的知识，传统的洪流，是修辞学"（伽达默尔，1988b：65），"绝妙的讲话"作为修辞学的理想，不仅意味着讲得妙，还意味着讲出了正确的东西，即真理。

维柯对共通感的援引、对或然性事物权利的维护、对古代修辞学传统的遵循和超越，都使我们接近了精神科学的核心要素，但这些要素不会在19世纪的精神科学中出现，因为它们是以自然科学为模板所进行的自我审视。维柯生活在一个尚未中断的修辞学—人文主义文化传统中，他认识到了理论理性的证明和教导不能完全穷尽知识的范围，因为在获得知识的过程中共通感、论证、讲话缺一不可，他需要做的就是重新肯定这种修辞学—人文主义传统。因此伽达默尔指出，维柯所"依据的是一种深远的一直可以追溯至古代的关系，这种关系直到现在还在继续起作用，而这种继续存在就构成了我们今天的课题"（伽达默尔，2010a：40）。

二 理性与道德

康德在精神科学思想发展过程中的重要意义在于，他与源于近代自然科学的一切决定论倾向相反，指出了科学理性不能证明人的自由和价值，而只能证明必然性和人的有限性，此外，他还为自由概念之下的思想开辟了新的合法性，他的理性道德观弥补了笛卡尔以理性反对非理性思想中道德问题的缺失，使得精神科学没有像自然科学那样与生活世界相脱离。

近代自然科学使得某种基于方法论的认识方式，与在生活经验领域对世界的认识和科学的认识之间，形成了一种对峙。17~18世纪的哲学家们试图在从概念出发的理性科学和经验科学之间寻求平衡，但都徒劳无功，唯有康德找到了解决方法，他利用英国的形而上学批判，批判性地把理性和理性的概念认识限制于经验范围内所与的东西上，并把自由作为理性的唯一要素。在康德看来，如果不承认自由，那么人的实践理性以及人类道德此在和社会此在都是不能设想的。他区分了理论理性与实践理性，认为"前者只处理认识能力，其客观实在性须依赖于直观经验，后者则处理意志（即欲求能力），所谓意志就是自己实现对象的能力，所以纯粹实践理性本身就具有作用于对象的实在性"（康德，2003：中译者序2）。张志伟教授认为，康德"以限制理性的认识能力的方式，突出了实践理性的优先地位，从而将形而上学的对象从理论理性的认识领域转移到了实践理性的道德领域，以道德实现自由的方式来满足人类理性试图超越自身有限性通达自由境界的终极关怀"（张志伟，2004：2）。康德的做法一方面造成了形而上学这一独断的理性科学的崩溃，另一方面又在严格的实践理性自律原则之上创建了道德哲学。

启蒙运动将知识与人的自律性联系在一起，在启蒙思想家那里，知识是有理性的人对于世界的规律性认识，人的理性同知识之间具有双重的循环关系：人是理性的存在者，可以通过自身的独立性和自觉性运用自己的理性，实现对世界的规律性认识，总结出关于世界的各种知识；反过来，知识是理性的产物，是理性的理论系统性的表现，掌握的知识越多，个人的理性能力就越能得到提升，人类理性的发展就越能得到推动。因此，知识和理性是相互推动、互为条件的，掌握和运用知识就成为实现人性解放，达到个人独立自主性和高度自觉性的必要条件和最关键的中介手段，一些启蒙思想家因此认为知识的发展标志着人类自律性的提升。然而，在康德看来，人的自律性同感性经验世界的客观规律以及理智世界的规则都有密切的关系。人作为理性的生存者，不仅隶属于感性世界，也隶属于理智世界，对于感性世界中的人而言，他要服从自然法规，对理智世界中的人而言，他生活在独立的自然规则之中，但这些规则并不是立足于经验，而是理性。具有理性的人会遵循理性的原则，并且能够在行动和生活的不同领域内，依据不同类型的理性遵循不同的理性原则。人只有充分掌握和顺从感性经验世界以及理智世界的规律和规则，才能实现自身的自由行动，达到真正的自律。

在康德看来，自律是以自由为基础的，它是不受任何外在东西决定的存在，自由这种无条件性的意义在于它除了自身之外没有其他的目的。一切以自身为目的的合理要求，都有一种普遍的形式，即符合普遍规律的规则。任何行为规则都来自自身的判断，但这种判断也要符合理性的普遍要求，从另一个角度来说，使自身的规则成为普遍规律的前提是将行为的合理性作为自身目的。康德认为，这种个人行为准则同普遍具有立法价值的原则的符合是实践理性的最高原则，即"仅仅以你会愿意同时又可以变成普遍法则的那种原则去行动"（高宣扬，2007：210），也就是说，作为社会成员的个人，其行动要以对社会其他成员负责为基础，并且这种负责是自愿和自觉地形成的。康德指出，要实现这种具有道德性质的符合，不应是强制性的，而应是出自理性的自然要求，使理性自己充分独立地去履行。他强调，纯粹意志的人的真正自由体现在无须任何外在条件或强制性因素，就可以实现自己向自己发出普遍有效的命令，并自然自觉地遵循实践理性的原则。

康德认为，人之所以能够做到这一点，是由人性的最高本质所决定的，他将这种无须加以思考，无须外在事物的控制而能独立实现的原则称为"绝对命令"，即"使得你的意志的准则任何时候都能同时被看作一个普遍立法的原则"（康德，2003：39）。绝对命令实质上就是人善良意志的自律，善良意志并不仅仅在于追求具有特定内容的价值，如忠诚、诚实等，更在于它以善良自身为目的，摆脱一切经验因素，包括社会的约束力、自然情感以及个人好恶等。绝对命令提供的是区分道德与不道德的标准，即个人行为能否成为普遍行为准则，从某个角度来说，这种观点与中国古代的"己所不欲，勿施于人"，以及基督教的"爱人如己"等思想有异曲同工之妙。

康德认为，正是人的实践理性使人成为一个道德的存在者。道德原则是不变的，它仅仅将其要求加诸自由和能动的存在物身上。道德问题不是经验事实，而是一种既定事实，或者说是理性事实，不属于认识对象，这种事实一开始就具有立法的性质，是无须证明的。如果道德原则在理性上是可以证明的，那么它们就是独立于经验的偶然事件，它们对人也会是一种束缚力，而无法体现出自由的特征，因此道德要求是无条件的、绝对的。道德的独特性并非来自道德感或情感、欲望、激情等，而是来自理性。假如道德要求是由人类情感来决定，那么它们就会以实际拥有那些感觉和欲望的人类环境为条件，并且在原则上也是可以随着人类情感的变化而变化的，这样的话，我们的行为就是我们欲望的结果，就成为自然的因果链条的一部分，被自然所决定，而不是自由的行为。

康德的理性道德观直接影响了作为精神科学来源的人文主义传统，特别是共通感的意义。在诸多哲学家那里，共通感是一种与人有关的"健全理智"或"共同感觉"。例如，维柯认为共通感传达的是某种特有的肯定性认识，能够对人的意志给予方向并对生活产生决定性影响；沙夫茨伯里[①]（Anthony Ashley Cooper, 3rd Earl of Shaftesbury）看到了共通感的道德特性，认为共通感是"一种对共同体或社会、自然情感、人性、友善品质的爱"（伽达默尔，2010a：41），是一种精神的和社会交往的品性；厄廷格尔[②]（Friedrich

---

[①] 沙夫茨伯里（1671~1713），英国政治家、哲学家、自然神论者，主要著作有《人、风俗、意见与时代之特征》（1711年）。沙夫茨伯里的哲学思想带有浓厚的柏拉图主义观点，主张我们所看到的美或真乃是绝对的美或真的影子，他将英国自然神论思想传入德国，甚至康德也在一定程度上受到了他的影响。

[②] 厄廷格尔（1702~1782），德国路德新教神学家，他强调精神和物质的相互联系以及生命的首要性，从而突出共通感，反对笛卡尔主义和理性主义。厄廷格尔的观点对于施瓦本虔信派（Schwaben pietism）和黑格尔有影响，其共通感学说被伽达默尔作为精神科学的解释学思想的前史加以强调。

Christopher Oetinger）认为共通感是"一种对于生命的真正幸福所依赖的东西的自然渴望"（伽达默尔，2010a：47），它推动人们去认识与人的幸福和生命有密切关系的东西，这就使得那种对共同真理的感受与不考虑生命的真理区分开来，这种感受在一切时间和地点适用于所有人的感性真理，它的存在表明真理并非只是理性真理，也存在感性真理，这一点正是自然科学的界限，也是精神科学的意义所在。

但在康德看来，道德的形成与人的感觉和情感无关、与人类共同体无关，更与维柯等人意义上的共通感无关。在他看来，绝对命令具有合理性、普遍性和自足性，它规定了一切道德规则所必需的普遍形式，因此有成为普遍行为准则的可能性。至于其是否会成为普遍行为准则，康德认为这并不是个问题，因为道德范围内的行为不属于认识问题，因此没有必要提出"为什么要做"的问题，而只会提出"应该如何做"的问题，凡是"应该做"的，都是以"能够做"为前提的，"应该"本身就是人性向自身提出的。此外，康德还将共通感置于美学领域，认为真正的共同感觉是趣味鉴赏，这就使得精神科学人文主义传统中以共通感为基础的判断力和趣味都失去了认识论意义，而只有美学意义。精神科学的人文主义传统因此衰落，精神科学不得不遵循康德关于知识和自然科学的观点，走上并不适合自己的方法之路，直到伽达默尔主张恢复人文主义传统，精神科学才重新获得了自己的发展空间。在伽达默尔看来，精神科学的知识并不是对先天规则的应用，而是通过在具体情况中的应用得到创造性的补充和发展，"美"也并不是只有在自然和艺术领域中作为对美的崇高东西的判断才是创造性的，自然和艺术中的美应当被那弥漫于人的道德现实中的美所充实。

三　自然与精神

精神科学目前所面临的问题主要是与自然科学的关系问题，对这一问题的理解我们可以从黑格尔那里得到启示。尽管黑格尔以绝对精神为核心构建的哲学体系饱受争议,但他对精神、自然、以及二者关系的论述,使我们在那些"精神科学应以自然科学为模板构建自身"的论述中,听到了不同的声音。

在黑格尔那里,自然与精神的关系是建立在绝对精神的基础上的,对后者的论述主要体现在他的《精神现象学》中,正如马克思所说,"'精神现象学'是黑格尔哲学的真正诞生地和秘密"(马克思,2012:124)。在《精神现象学》中,黑格尔研究了意识的自我发展及普遍发展,回答的是如何认识到绝对精神的存在,或者说是关于绝对精神的知识是如何发生的问题。在他看来,科学是真理的真正形态,真理的认识和获得是绝对精神的自我形成、自我发展和自我完善的过程,而绝对精神的发展过程也是意识达到科学真理的认识过程。黑格尔认为,只有从知识起源的角度来论证关于"绝对"的知识的可能性和现实性,才能使绝对精神不至于成为无源之水、无本之木。严格地说,黑格尔并不完全是从知识论的角度进行论述的,他的基本立场是:因为我在历史中创造了、改造了、理解了我所生活的世界,我才有可能认识"绝对",获得绝对知识。赵敦华教授认为,黑格尔"在这里已经突破了近代认识论只研究个人意识的局限性,把劳动、实践、历史、人与人的社会关系和社会意识形态等存在方式引入知识发生过程"(赵敦华,2001:300)。

在黑格尔看来,绝对知识的形成实质上是一个从低级到高级的发展过程,其中包括意识、自我意识、理性、精神等阶段。意识的最初形式是感性认识,它的对象是个别事物的存在,感性认识看起来好像是最丰富的知识,但实际上却是最抽象、最贫乏的知识,因为它只能用简单的语言表达出关于感性对象存在的真理,黑格尔将这种真理称为"感性确定性",认为它是意识的基本形式,是语言所揭示的关于存在的最初的知识。感性确定性只能停留在指称个别事物的阶段,如果我们要对个别事物进行判断,就需要把事物"知觉"为承担多种性质的存在者。知觉是用概念对事物进行判断的过程,其特点是用一般概念来把握个别事物,在知觉的过程中,自我是与事物相互联系的对象意识,当意识关注于知觉对象,沉浸在对象之中而忘记自我时,就进入了"知性"的状态。"知性"的特点是用抽象的共相对事物加以思考，这种共相被认为是无条件地适用于一切知觉的对象，例如物理学中"力"的概念，因此知觉是物我的原初统一，知性则是通过对物的沉思来消解自我。按照辩证法物极必反的规律，知性发展到极点就会意识到，一个能够揭示事物本质的东西自己也必须存在，这就是自我的存在，这就意味着意识开始从外物返回到真理的家园，进入"自我意识"领域。在黑格尔看来，"自我意识"无非就是被意识到的存在，"自我意识是从感性的和知觉的世界的存在反思而来的，并且，本质上是从他物的回归"（黑格尔，2009a：131）。当意识达到了抽象的普遍性，自我意识达到了外在的个别性时，"理性"就出现了。"理性"是意识与自我意识的合题，"当意识获得了个别的意识自身即是绝对的本质这样的思想时，意识便返回到了它自身"（黑格尔，2009a：174），达到了理性知识的阶段。理性并不仅仅止于个体意识的结束，而是要继续发展为"精神"，当"理性已意识到它的自身即是它的世界、它的世界即是它的自身时，理性就成了精神"（黑格尔，2009b：1）。在黑格尔那里，意识、自我意识和理性属于主观精神，当主观精神外化为社会组织和历史进程时，就变成了客观精神，而经过主观精神和客观精神的发展之后，精神就达到了主客观统一的作为纯概念知识的"绝对知识"，"绝对知识是在精神形态中认识着它自己的精神，换言之，是（精神对精神自身的）概念式的知识"（黑格尔，2009b：301）。

　　当精神达到了绝对理念，即成为绝对精神，就意味着它穷尽了自身的纯范畴。但在黑格尔看来，精神只有在纯范畴的领域之外才能继续发展，也就是说，绝对精神必然要出入自身，这种"出"和"入"构成了黑格尔体系的另外两个部分：自然哲学和精神哲学。自然界是绝对精神必然要经历的领域，"自然哲学扬弃自然和精神的分离，使精神能认识自己在自然内的本质"（黑格尔，1986：20），正是由于始终贯穿着精神的运动，自然界才能够成为一个活生生的系统，并按照正反合的形式，经历了由低级到高级的辩证发展，因此，自然哲学"必须以对精神概念的必然性的证明为其最后结果"（黑格尔，2006：11）。对绝对精神而言，不经过自然界的发展，就没有外在的丰富形态，不能成为真正自由的精神，黑格尔认为，与纯概念相比，扬弃了外化形式的精神的特点就是自由，"自然界是自我异化的精神。精神在自然界里一味开怀嬉戏，是一位放荡不羁的酒神"（黑格尔，1986：21）。自由是指能够在否定中肯定地保住自己并成为自身同一，这一点使自然和精神区分开来，"自然里不是自由而是必然性在统治；因为必然性在其严格意义上正是彼此独立的实存之间的一种仅仅内在的，因而也是仅仅外在的联系"（黑格尔，2006：12）。精神在与自然的对立中取得自由，它扬弃了自然的外化，与人类精神同一，也就是返回了自身，达到自我认识、自我实现和自我完善的最高发展阶段。精神的这一发展过程是辩证的发展过程。首先，精神通过认识自身而取得自由，形成主观精神，包括灵魂、感觉、意识、理智和意志等内在意识状态。其次，精神通过创造世界而自由，形成客观精神，包括财产关系、家庭、社会、国家和历史等，这两者都有片面性，都没有意识到自身。在最后的高级阶段，精神克服了二者的片面性，在自在自为的存在和自我创造的统一性中实现自由，形成无限的、完全自由的绝对精神，包括艺术、宗教和哲学，此时的精神达到了主客体高度统一的绝对精神，既认识了自己，也包含了一切对立物，因而成为绝对真理的象征。

在自然与精神的关系上，黑格尔指出，"对我们来说，精神以自然为它的前提，而精神则是自然的真理，因而是自然的绝对第一性的东西。在这个真理中自然消逝了，而精神则表明自己是达到了其自为存在的理念"（黑格尔，2006：10），由此可以看出，在黑格尔那里，自然与精神是互为前提的，"从目的论上讲，精神可以是在先的，但是从时间上讲它是在后的"（奥康诺，2005：633）。但这一点却被忽略了，因为黑格尔哲学的主旨是试图将西方哲学的各个领域，包括本体论、认识论、逻辑学、伦理学、美学所讨论的所有重大问题，以及原来的自然哲学、艺术哲学、道德哲学等分支，均包括在"绝对精神"的系统内，或者说，使一切哲学的内容及其基本问题，都成为绝对精神这个体系的各个环节和有机组成部分。相对于这个伟大目标，自然与精神的关系并不是讨论重点。

此外，黑格尔对自然的论述也使得人们对他关于自然与精神关系的论述颇有疑虑。在《自然哲学》中，虽然黑格尔认识到自然哲学要以自然科学为基础，他的学说也不乏对自然科学材料的合理总结，但他的许多论断与当时及其后的科学理论相违背，例如，他关于光本性的论述基本上沿袭了歌德的颜色学，并试图恢复古代的四元素说来说明化学和气象的现象。黑格尔自然哲学的不足，虽然与当时科学发展水平有关，但更主要的是与他总试图用正反合的模式去套用自然科学的材料，以及使用绝对唯心论的思辨语言为自然现象下定义有关，例如，他认为"声音是观念的东西在他物的这种暴力下发出的控诉，但同样也是对这种暴力的胜利，因为这种特殊的己内存在在这种暴力下保持了自己"（黑格尔，1986：189），这种套用的方式与精神科学被自然科学化的情况相反，得出的只是削足适履的结果。

黑格尔对自然的论述可以说是一个非自然科学领域的学者对自然科学所做的系统总结，其专业性当然比不上自然科学家所做的研究，特别是现代科学技术的发展以及人们对自然更加深入的了解，使黑格尔的论述变得与自然的本质更为疏远。但值得我们关注的并不是这种总结的内容，而是它所表明的自然与精神的关系。虽然将自然视为绝对精神的外化并不是一个令人信服的观点，自然与精神互为前提的观点也仅仅是一种潜在的思想，但我们至少可以在黑格尔的思想中找到这样一种观点，即自然并不是精神的来源和范本，这一点足以成为精神科学获得独立性的有力支撑。

第三节　精神科学思想的发展历程

精神科学思想的发展主要分为三个阶段。在第一阶段中，精神科学的特性不再被视为使其无法成为"精确科学"的障碍，而是作为不同于自然科学的特性得到认可。在第二阶段，精神科学从自然科学领域中独立出来，获得了自己的专属领域，即社会—历史领域，从范围上与自然科学区别开来。在这两个阶段中，精神科学不同于自然科学的特征虽然得到凸显，但这种凸显仍然是以自然科学的科学性为标准进行比较的结果，也就是说，它们需要以自然科学为参照来说明精神科学与自然科学的不同，并且这种不同只是内容和形式上的不同，而不是本质上的区别。当胡塞尔的现象学问世后，形而上学主客二元对立的传统思维模式被打破，精神科学得以脱离由认识论、方法论以及符合真理观组成的衡量科学性的标准体系，走上一条自由的发展之路，并由此进入了精神科学发展的第三阶段。在这一阶段中，人们认识到了精神科学的本质特征和基础性地位，即精神科学是与人有关的科学，自然科学是一种属人的活动，因此具有一种人本前提，这表明自然科学是精神科学的一部分而不是凌驾于精神科学之上的科学，精神科学只有在真正脱离自然科学框架的意义上才能获得自己的独立性。

一　两种不同的科学

19世纪末到20世纪初，新康德主义的历史哲学理论在德国广为流传。弗莱堡学派的创始人文德尔班认为，科学是依据认识目的来分类的，有些科学的目的是发现一般规律，有些则是寻找个别的历史事实，并且不同的目的形成不同的思维和研究方法，例如在自然科学中形成的是综合思维和规范化的方法，在历史学中形成的则是个别记述思维和表意化的方法。新康德主义的思想使得精神科学不再被单纯地视为自然科学的分支，而是作为与自然科学不同的科学出现，这为精神科学摆脱自然科学的束缚、获得自身的独立发展奠定了坚实的基础。

作为弗莱堡学派的代表人物之一，李凯尔特继承了文德尔班的观点，从科学分类的角度提出了他的历史哲学理论。他从研究对象和研究方法入手对经验科学进行分类，提出"质料分类原则"和"形式分类原则"，前者对应的分类是"自然"和"文化"，后者对应的分类是"自然科学"和"文化科学"。在质料分类原则中，李凯尔特认为自然"是那些从自身中成长起来的、'诞生出来的'和任其自生自长的东西的总和"，文化则"或者是人们按照预计目的直接生产出来的，或者是虽然已经是现成的，但至少是由于它所固有的价值而为人们特意地保存着的"（李凯尔特，2007：20）。在形式分类原则中，李凯尔特提出了"现实的连续性和异质性原理"，他认为，现实中的一切事物，或者说每个占有一定时间和空间的形成物都是在连续地、渐进地转化，而每个现实之物又都有自己的个别特征，这就表明现实中的一切事物不是绝对同质的，也就是说，现实正是由于具有连续性和异质性，才无法如实地包含在概念中。在李凯尔特看来，现实是非理性的，科学不能如实地认识现实，或者说，科学不能完全区分现实的连续性和异质性，而只能在概念上把二者区分开，使其成为同质的连续性，或是异质的间断性，只有这样，现实才会成为理性的现实，科学概念也才能获得对现实的控制力。相应地，在科学中存在两种截然相反的形成概念的方法：一种是数学采用的方法，即把现实的异质连续性改造为同质的连续性，这种方式注重现实的量而非现实的质；另一种是历史学采用的方法，即把现实的异质连续性改造为异质的间断性，这种方式通过分割现实的连续性来保持现实的异质性。

  与这两种方式相对应，李凯尔特把科学分为自然科学和历史的文化科学。自然科学的对象与任何价值都不相关，它注重发现普遍有效的联系和规律，采用的是普遍的方法，例如物理学、心理学等。这些科学既不包含与评价、价值有关的观点，也不考虑个别的、特殊的东西，而是把大多数对象所共有的东西包括到自己的概念之中。对于历史的文化科学来说，它包括作为文化的科学和作为历史的科学两部分，前者的研究对象与普遍文化价值有关，而后者则必须从对象的特殊性和个别性来叙述对象的一次性发展。因此，只有那些在个别性方面对于作为指导原则的文化价值具有意义的事物，对历史的文化科学而言才是本质的，而那些与其他文化事件相同的因素对历史的文化科学而言是非本质的，只有使一个文化事件区别于其他文化事件的特性才能使这一文化事件具有意义。

对于自然科学与历史的文化科学的关系，李凯尔特从一般和个别的形而上学对立出发，将二者对立了起来。在他看来，文化领域涉及的是个别的东西，自然领域涉及的是一般的东西，后者中的个别东西可以看作一般概念或一般规律的事例，而前者中的个别东西却不能这样理解。以自然领域为研究对象的自然科学所要形成的是普遍的概念，在这种概念中不包含任何一个单一对象的特殊性和个别性，"自然科学只是在从个别之物中发现那种可以把个别之物隶属于其下的普遍之物的情况下，才去注意个别之物"（李凯尔特，2007：42）。自然科学采用的是普遍化的方法去形成普遍的、规律的概念，相反，以文化领域为研究对象的历史的文化科学的任务则是叙述一次性的、特殊的和个别的事件和现象，并且它需要采用个别化的方法来完成这项任务。二者的对立关系还表现在，如果用自然科学的方法看待文化事件，那么文化将被置于普遍概念或规律之中，成为一种具有普遍性的通用事件，有可能被其他同类事件所代替，从而丧失了自己的独特性和意义。

李凯尔特认为，区分自然和文化的决定性标准是"价值"，其"实质在于它的有效性，而不在于它的实际的事实性"（李凯尔特，2007：78）。一切自然的东西都不具有价值，而一切文化产物则必然具有价值，于是，是否具有价值就成了考察自然与文化的重要切入点，在李凯尔特看来，这是区分二者的唯一方法，因为如果抛开价值，文化就可以被视为等同于自然。李凯尔特认为，价值能够用来区分本质成分和非本质成分，因此是历史学家挑选材料时的凭借标准，只有通过考察历史对象同文化所固有的价值联系，才能寻找到本质的、重要的、有意义的历史事件。李凯尔特将这种方式称为"价值联系原则"，并把历史科学的个别化方法称为"与价值联系的方法"。此外，李凯尔特还将价值与评价区分开来，在他看来，价值是超验的，它在主体和客体之外形成一个完全独立的王国，是经验的认识所不能达到的。价值与现实之间的关联方式包括两种，一种是直接与对象产生联系，使其成为"财富"，另一种是与主体活动产生联系，使其成为"评价"。从逻辑实质而言，评价和价值是有根本性区别的两种活动，历史学家所做的只是遵循价值原则来确定历史事件是否是本质的或有意义的，而不是对历史事件做肯定或否定的评价。

尽管李凯尔特看到了精神科学与自然科学的不同，特别是看到了方法论的局限性，认为"对于方法论研究的偏爱，曾经为现代自然科学奠定基础带来丰富的成果，而在文化科学上却很少取得什么成果"（李凯尔特，2007：11），但他将自然科学与精神科学在形而上学层面上的对立、对历史进行有条件的筛选、将价值作为区分二者的标志等，都表明"价值"在李凯尔特那里是一种受精神科学重视而自然科学根本不关注的对象，因而并不具有本质性的、足以从根本上将自然科学与精神科学区分开的意义。与狄尔泰相比，李凯尔特远没有认识到自然科学与精神科学的真正区别，海德格尔指出，"李凯尔特和文德尔班只不过是狄尔泰开始从事的具体研究中的一个支脉而已，而且手段要远为逊色得多"（海德格尔，2009：74），伽达默尔也认为，"新康德派的任务是在事实科学的含义上构想经验的客体"（伽达默尔，2002a：378）。李凯尔特就是把精神科学的经验等同于自然认识领域中的经验，并试图把精神科学包含在重新构造的批判哲学之中，他实质上只是把自然科学的认识构造应用于历史认识领域，并以价值哲学的形式出现。

李凯尔特精神科学思想中的问题在卡西尔那里得到了改善，同李凯尔特一样，卡西尔也将"精神科学"表述为"文化科学"，但不同的是，他将文化科学视为一个包含语言、宗教、艺术等各种学问的整体，并采用复数形式 Kulturwissenschaften 来表示这一领域，而李凯尔特为了强调文化科学是与自然科学完全相对的一个概念，只是采用单数形式 Kulturwissenschaft 来表达。二者更重要的区别在于，卡西尔并不是为了建立一种与自然科学分庭抗礼的科学，而是旨在通过对文化符号的探讨去反对"惟理"文化所导致的"暴君式的专断"。值得注意的是，卡西尔反对的并不是理性，而是反对抽象的"惟理"文化，他指出，为了使"理性"获得胜利，这种惟理文化"把人类的所有其他心灵上的与精神上的能力加以奴役与压抑"（卡西尔，2004b：17），孤立的理性或许能够对自然科学加以说明，但要想充分理解文化科学的对象，就要先摆脱"惟理性"的桎梏。卡西尔在《人文科学的逻辑》一书中所使用的"逻辑"一词，效仿的是维柯的"诗性的逻辑"概念，目的是反对笛卡尔以数学理论为基础的理性逻辑，同时也是为文化科学领域中的各种学问，如语言、神话、诗歌、历史等，建立逻辑基础。

卡西尔认为，对文化科学特质的理解，不能只停留在表面观察，而必须从人作为文化缔造者的心智活动去考虑。在卡西尔看来，感知通常主要涉及主体、客体，或者我与对象这两极，对象在自然主义那里指的是"事物世界"，但在文化科学中则是指与作为观察者的人具有同样素质的其他人，也就是说，文化科学的对象是由人构成的"人格世界"，其特点并不在于具有何种物理性质，而在于具有人格特性。自然科学与文化科学之间最大的张力，就在于自然科学的盛行使得文化科学的学者不得不开始采用自然科学的方法量化自己的研究对象，以彰显其"人格"特性，结果导致了人类的"非人格化"甚至"物化"的危机。然而，卡西尔也很清楚，人文世界不可能脱离自然世界独立存在，人文对象就像绘画一样必须要有自然物料作为支撑才能表现出具体内容，但人文对象从本质而言是属于人的活动而不是属于自然的活动，因此研究人文对象除了要考虑其"物理存在"的层次和"对象表现"的层次之外，还要考虑"人格表达"的层次。三个层次共同发挥作用，"这三个层次中任何一层次一旦缺如，或者吾人的观察于任何一层面一旦被封锢，则吾人只能显出文化的一个平面图像，而皆不足以透显人类文化之真正深层向度"（卡西尔，2004b：71）。

因此，在探讨文化科学与自然科学的区别时，卡西尔并不是将二者视为完全对立的关系，他提出了两个主要观点：第一，文化科学概念的普遍性并非存在意义上的普遍，而是方向和使命上的普遍；第二，形式问题和原因问题并非分别专属于文化科学和自然科学，而是对两种科学同样有效。在卡西尔看来，在概念问题上，"一切概念，只要彼宣称能为吾人提供任何一种有关实有的知识，终究而言，都必须于直觉中获得'兑现'：这几乎是今天所有知识论立场所不置疑的共法。然而，这一项原则不单只对于每一个单独的概念生效；它更对于吾人于建立科学过程中所碰到的各种不同的概念类别生效"（卡西尔，2004b：91）。在论及文化科学概念的逻辑时，卡西尔凸显了"普遍"在文化科学与自然科学中的不同意义，他指出，不能把文化科学概念简单地归入文德尔班那种描绘性的或纯属历史性的"事态科学"中，因为文化科学并非只求认识历史性的个别事件，作为一门具有科学性的学问，文化科学在处理事件时，必须先建立自己的概念，而这些概念必须要具有一种"普遍性"，以使特殊的事物能被纳入普遍概念之下，否则文化科学的概念就根本没有理论效力可言。但文化科学概念的"普遍"与自然科学概念的"普遍"又有所不同，文化科学概念并不具有自然科学概念那样严格的性质恒常性和法则恒常性，但也并不是个别历史事例的堆积，而在于能显示出不同的人文活动与人文对象可表现出形式结构上的类同性。例如，当人们把达·芬奇、费奇诺[①]（Marsilio Ficino）、米开朗基罗等人称为"文艺复兴人"时，并不是指他们的活动遵循同一种法则或他们的作品有同样的物理属性，而是指他们各展所长、各司其法地表现出了同一种时代精神，分担了同一种时代使命，为广义的人文生活内容缔造了同一种价值。

在"形式"和"原因"方面，卡西尔认为，它们是我们理解世界的两个最典型的角度，二者分别对应于"存在问题"和"变化问题"。自然科学总是从简单的元素或质点开始追问事物的理由和原因，却对只谈形式结构的理论表示怀疑，文化科学则只注重系统性的形式结构对比，而不考虑系统的起源问题。在卡西尔看来，作为人类理解的两极，形式问题和原因问题对自然科学和文化科学同样产生影响，因为存在与变化、形式与原因虽然角度不同，却可以互相补充，关键是在何种场合采用何种角度。例如，在文化科学中，

---

① 费奇诺（1433~1499），文艺复兴时期欧洲学者，新柏拉图主义的捍卫者。他用拉丁语翻译了柏拉图和其他希腊学者的著作，为文艺复兴时期的人文主义发展做出了卓越的贡献。

语言这一现象的起源问题虽然难以追寻，但我们可以从语言心理等特定的和适合的场合中去追寻因果；当物理学发展到了量子力学，生物学发展到了突变理论之后，自然科学就需要从内部发展出对其传统因果理论思维的深刻反思。

在人类的文化活动与自然科学相比谁能带给人类更多幸福的方面，不乏对人类文化活动的否定，例如卢梭（Jean-Jacques Rousseau）认为艺术在道德层面上削弱和软化了人类，所有文化价值都是虚幻的，因而必须要予以否定。齐美尔（Georg Simmel）进一步指出，人类文化活动的最大悲剧在于这些活动的结果最终与作为文化创建者的人自身日益疏离。一方面，原本具有创意的文化活动的果实被对象化为一些毫无创意的固定产品；另一方面，文化活动日积月累的结果被客观化地形成制度文明，不仅不能由文化创造者本身去享用，还成为人类存在的威胁。但在卡西尔看来，这些人类文化活动的悲观思想源于对文化发展机制的不全面反省，以语言为例，语言作为文化成果的固定性与作为文化创作媒介的革新性具有同样重要的意义，因为一切能被理解的语言首先要被约定为一种具有固定意义的体系，这才会使创造和进一步变革成为可能。同样，其他文化活动表面上的异化问题也必须从文化传统的世代传承这一角度去理解，因为这种传承使文化具有了一种可理解的基础，关子尹教授认为，"卡西尔的这一番反省，和日后伽达默尔的诠释理论可谓异曲同工"（卡西尔，2004b：译者序 22）。

在精神科学思想的发展过程中，卡西尔与其他哲学家相比更加注重精神科学思想的本质特性，无论是对精神科学思想本身的理解，还是在精神科学与自然科学的对比等方面，卡西尔都非常注重人类及其心智活动本身。他从概念的普遍性这个角度，看到了精神科学不同于自然科学的独特之处，并且他所提出的精神科学概念的普遍性并非抽象的普遍性而是具体的普遍性。虽然伽达默尔在论述精神科学思想发展过程中未曾提及卡西尔，而只是将以李凯尔特和文德尔班的思想为主要内容的观点统称为"新康德主义"并加以批判，但这并不影响卡西尔精神科学思想的价值。事实上伽达默尔的精神科学思想与卡西尔有很多相似之处，例如二者都十分赞赏赫尔德[①]（Johann Gottfried von Herder），卡西尔认为赫尔德敢于对抗从沃尔夫[②]（Christian Wolff）到康德偏重理性的传统，伽达默尔则注重赫尔德将"教化"从自然造就之意转变为人的自我造就之意所做出的贡献，而这两者都是精神科学本身所具有的重要特征。

二 社会—历史领域的科学

新康德主义在精神科学发展过程中的意义在于，它使精神科学不同于自然科学的特性得到了凸显，但这种凸显只是对精神科学特性的一种非否定意义上的认同。总体来说，新康德主义实质上就是将康德的先验反思结构扩展到人的领域，形成了精神科学研究，但这些研究并没有关注精神或人本身的特性，而只是纯粹地从认识论视角出发去看待精神科学。从这个角度来说，狄尔泰对精神科学的研究则更进一步，因为他明确地提出了精神科学所属的社会—历史领域，为精神科学摆脱作为"不精确的科学"而独立发展奠定了坚实的基础。

狄尔泰认为，精神科学与历史有关，这一点在实证主义那里被忽视了，但无论是对"科学"还是"历史"的理解，实证主义都是从自然科学的角度进行的。例如，"科学"在实证主义那里的意义是从某种关于知识的界定之中被推导出来的，而这种界定通常产生于以自然科学为主导的角度，于是知识的来源就逐渐变得以物理事实为主，而由人、历史、社会所构成的精神事实则被忽视，甚至直接被排斥在知识之外。在狄尔泰看来，实证主义者们的观

[①] 赫尔德（1744~1803），德国批判家、哲学家、路德派神学家，浪漫主义运动先驱，主要著作有《论语言的起源》《关于人类发展的另一种历史哲学》《人类历史哲学纲要》等。他认为语言是人类本性的真实图像，只有通过语言才能产生对人性的认识，他的著作为德国的启蒙运动，特别是文学上的狂飙突进运动奠定了深厚的基础。

[②] 沃尔夫（1679~1754），德国哲学家，18世纪德国学院派形而上学的主要代表，他继承了莱布尼茨和笛卡尔的观点，试图把唯理论和数学方法应用于哲学，在德国哲学史上开创了莱布尼茨—沃尔夫时期。

点表明，他们为了使历史实在适合于自然科学的概念和方法而对其进行了删节和肢解，这种不基于实在的判断正是狄尔泰所极力反对的。此外，狄尔泰还看到了历史学派思想中不具有哲学基础的弊端，指出历史学派对历史现象的研究和评价与意识事实的分析毫无关系，因此显得过于抽象，并且历史学派在历史见解和各种比较程序上缺乏说明方法，使得它的知识不具有任何根基，因而导致精神科学始终无法被承认为科学。

在狄尔泰看来，"科学"表示的是一个由各种命题组成的复合体，这些命题经过完全界定，在逻辑上永远普遍有效，并且命题之间相互联系，是为了沟通而联结成为一个整体。狄尔泰认为，科学应是一种"科学体系"，它以某种在人的经验之中给定的实在为研究主题，"通过发现实在的各种因果联系，按照实在在经验之中给定的那样对实在加以研究"（狄尔泰，2002：229）。这些因果关系是一种自然法则，可以说明那些在实在的变化之中保持不变的问题，因而也被视为认识论的基础，无论是关于自然领域还是社会—历史世界之中实在的科学体系，都是根据这种认识论基础建立起来的。精神科学正是由于缺乏一个普遍有效的认知基础，才丧失了其在哲学上的合法性，并受到自然科学的控制，无法作为独立的科学而存在。因此，狄尔泰将自己的精神科学研究称为"历史理性批判"，即"对人类认识自己、认识他所造成的社会和历史的能力的批判"（狄尔泰，2002：191）。可以说，狄尔泰是想在社会—历史领域建立能够体现人的特性的、类似康德纯粹理性批判的思想体系。

基于这种想法，狄尔泰认为，他首先要寻找的是一个牢固的认知基础，因为这是使研究能够成为科学的前提，此外还应该有明确的方法来保证在这个基础上形成知识，而自然科学那种计算和推理的方法不适用于关于人和历史的精神科学，因此精神科学必须要有自己的方法。狄尔泰认为，关于人的科学探讨的是变化不定的事物，只有找到引发这些变化的牢固基础，才能确定精神科学的普遍逻辑结构，说明各种具体精神科学的认识论价值，产生关于精神世界实在的普遍有效的知识，得到与精神科学相关的方法论，表明精神科学的客观性，使精神科学成为一门独立于自然科学的真正的科学。

狄尔泰首先从内在经验或意识事实中寻找精神科学的认知基础，在他看来，科学本身就是经验的科学，而经验的一致性和有效性就源于我们意识的先天结构，因此正如康德指出的纯粹自然科学的基础源于纯粹知性的原则那样，精神科学的有效性和客观性的条件也应在内在经验中寻找。狄尔泰认为，外部世界始终是某种现象，对于进行意志活动、感受活动和表现活动的整个人类而言，外部实在是同时给定的，并且与人的自我具有同样的确定性。外部世界和其他各种生命单元是与人的生命单元一起给定的，那些独立于人存在的东西是作为生活的组成部分被给定的，而不是作为某种单纯的表现被给定的。人对外部世界的认识不是从结果出发推论原因的过程，因为无论是原因还是结果，都只不过是从人行使意志的生活出发而进行的抽象。意愿、感受、思维都是生活过程的不同侧面，是不能通过对某种先天之物的严格假定来认识的，而关于自然界的整体的观念也只不过是某种隐含的实在投下的阴影，只有通过内在经验给定的各种意识事实，才能切实地把握这种实在。因此，"所有科学都是从经验出发的；但是，所有经验都必须回过头来与它们从其中产生出来的意识条件和意识脉络联系起来，都必须从这样的条件和脉络之中把它们的有效性推导出来——也就是说，它们必须与我们的本性所具有的总体性联系起来、它们的有效性必须出自这样的总体性"（狄尔泰，2002：5）。既然一切实在都受人意识条件的支配，那么只有对精神科学的心理学基础进行反思，才能为精神科学知识的客观性奠定基础。

因此，在狄尔泰看来，社会—历史世界的组成要素就是一种"心理生命单元"，而在其中结合起不同功能的关联体就是一种"心理结构"，他的心理学所要揭示的就是这种结构，这也正是伽达默尔对狄尔泰的赞赏之处，"狄尔泰在哲学探讨中援引结构概念是一种卓越的尝试。这标志着精神科学对自然科学方法论入侵的首次反击。在这样一个认识论占主导地位的时代，狄尔泰敢于站起来反对那种将归纳逻辑与因果关系原则作为理解事实的唯一模式的主流趋势"（Gadamer，1998b：22）。需要注意的是，狄尔泰在这里提出的心理学并非那种对纯偶然的心理现象进行说明的"说明心理学"，而是从人生命关系的整体出发,通过精神生活诸方面的内在结构来描述精神现象的"理解心理学"。"说明心理学"只是试图将现象追溯到基本的心理或者生理因素,或者说是将人的整个内心生活归结为一些单纯确定的因素,通过假设这些因素的相互作用从而将心理功能概念化。在狄尔泰看来,这种假设缺乏实际有效的证明,得不到自然科学那样的确证,只有在"理解心理学"中,生命关系的整体才能在人的经验中被给定,从而使人们根据这种整体去理解某些方面的精神现象。精神现象的优势在于,它可以通过内在经验被直接理解,不需要通过在认识外在世界时作为中介的感觉就可以被如其所是地思考。因此,对内在经验的直接意识能够直观而且客观地得到一个固定的结构,这就为理解心理学提供了明确的、普遍的基础,这种基础使得心理学获得了方法论的意义,于是"心理学成了精神科学的基础,就像数学是自然科学的基础一样"(格朗丹,2009:142)。

伽达默尔认为,"狄尔泰以结构这种方式来看待事物,是想捍卫精神科学的独立性和自主状态。在精神科学中的确存在一种明显的结构联系,对这种联系的理解方式与自然科学所使用的方式完全不同(那个时候自然科学是用机械术语来解释的)"(Gadamer,1998b:23)。这种区别在狄尔泰的心理学中表现为对意识事实的体验和理解的强调,这种理解是"一个诉诸自我反思的方向,一个由外向内的理解途径"(狄尔泰,2010:75),这一过程是将外在经验作为理解手段返回到自我意识,或者说是从感性给定的外在物出发去把握造成外在表现的内在物的过程,它实质上体现的正是从斯多葛学派到施莱尔马赫的整个传统解释学目标。在这个阶段中,解释学主要表现为工具和方法,于是"解释学取代了心理学作为精神科学的方法论的基础"(格朗丹,2009:145)。此外,为精神科学寻找方法论也是19世纪末20世纪初的哲学家们所要实现的目标,这就使得这一观点变得更加牢固,以至于海德格尔和伽达默尔不得不首先批判将解释学作为方法论的观点,然后才能提出自己的解释学观点。

狄尔泰精神科学思想的意义在于突出了人的地位,将多样性视为人的本质特性而不是一种根本性的弊端。他看到了精神科学与自然科学的不同特性并为其找到了专属的"社会—历史"领域,由此对生活世界表示了认同。但他试图仿照自然科学,通过方法来获得精神科学统一规律的方式却阻碍了他进一步深入精神科学的本质,因为这种方式遵循的是自然科学的科学性的要求,这就使得狄尔泰的精神科学思想最终也没有摆脱自然科学根深蒂固的影响。以获得统一性为目标的方法虽然在自然科学中占有统治地位,但用在与人有关的事物中却只能使人远离自身。此外,作为历史主义的代表人物之一,狄尔泰也没有摆脱历史主义难题的困扰,他虽然看到了人的认识的普遍历史性,却认为是历史制约了人的理解,需要将二者区分开,把历史放置到相应的时代背景中,才能够获得确定的基础和绝对的知识,也就是说,狄尔泰是以排除主观性的方式来显示客观性,从而达到知识的要求。这种思想的问题在于:第一,人始终生活在历史中,很难完全区分历史的主观部分和客观部分,而这种通过消除主观来体现客观的观点是19世纪普遍存在的一种偏见;第二,历史并没有制约人的理解,而是形成了人的理解,它渗透到人之中,是真实的存在。这意味着,狄尔泰在追求精神科学认知基础的同时,也是在消除自身与生命的联系,形成了人自身与历史的距离。在伽达默尔看来,这种方式并不意味着可以获得科学认识,相反地,它"使新的科学概念和传统的知识形式以及我们对于世界的实际看法形成一种尖锐的对峙"(伽达默尔,1988b:92),精神科学与方法论之间并无必然联系,或者说精神科学的真理与方法并无必然联系,"在精神科学领域中,科学并不因其方法论而能保证其真理性"(伽达默尔,2010b:46),精神科学自身所蕴含的多样性也无法被统一的方法所阐释。

三 自然科学的人本前提

当精神科学不同于自然科学的特性得到凸显、精神科学回归到其专属的社会—历史领域时,精神科学的本质特征才开始显露出来,但只有当人们看到精神科学的基础性地位,或者说意识到精神科学是自然科学的前提和基础时,才可以说是真正触及了精神科学的本质,这一点则是从胡塞尔那里开始的。

胡塞尔认为,伽利略将人、精神、文化从他的数学化世界中排除了出去,使事物成为实在对象,或者说是纯粹的物体,这种抽象思维实质上形成的是一种与古希腊自然观完全不同的新观念,即"客观世界"的观念,在这种观念中,"客观"主要是指那种与人无关并且在现实和理论方面都是自我封闭的状态。这种状态为笛卡尔主义的发展开辟了道路,"作为实在的自我封闭的物体世界的自然观是通过伽利略才第一次宣告产生的。随着数学化很快被视为理所当然,自我封闭的自然的因果关系的观念相应而生。在此,一切事件被认为都可一义性地和预先地加以规定。显然,这就为二元论开道铺路。此后不久,二元论就在笛卡尔那里产生了"(胡塞尔,1988a:71)。从人之为人的特性来看,二元论所开启的主客二分模式是对人思维的一种禁锢,或者说是对人自身特性的忽视,它决定了精神科学需要遵循自然科学模式来彰显自身的科学性。

胡塞尔认为,现象学理论可以使人们摆脱这种禁锢,他把现象学的世界称为"生活世界",旨在反对那种被自然科学化或者说是客观化了的世界概念。可以说,胡塞尔的生活世界思想为精神科学的发展提供了有力的支撑,使精神科学彻底摆脱自然科学的束缚而独立发展成为可能。在胡塞尔看来,生活世界并非一个固定不变的世界,它所拥有的被给予性是无限的、变化的,因为时间和空间产生了不同的世界,不同的东西在其中以毫无疑问的自明性运行着。人被世界的视域所包围,因此在这样一个实质上独一无二的世界中的生活必然不是固定的。此外,生活世界并非一个对象性的世界,而是一个"人"的世界,是一个共同的世界,它包括其他人的共在,而共在总是自然而然地被预先设定为正当的。这意味着,"生活世界"是与一切客观主义相对立的概念,它本质上并不只是一个"现在存在着的世界",而是一个历史性的概念。在生活世界中,我们虽然可以探究那种包括一切人类经验在内的世界可能经验的结构,但这个世界仍然不是在自然科学的设计理想中所呈现的那种完美无缺的世界，因为一个无限的真实世界的观念是不能从历史经验中，或者说是从人类历史世界的无限进展中被有意义地创造出来的。因此实际的生活世界完全不同于理想的自然世界，存在于其中的我们从本质上而言是历史存在物的整体，而不是某个概念的对象。

胡塞尔意在使被自然科学排斥的生活世界现象具有合法性，因而他的现象学中具有一种透过科学经验去寻找感觉、知觉、实践经验等现象学材料的意向。这实质上提出的是一个原始的被给予性领域的问题，它使我们注意到被给予性样式背后的科学知识结构。伽达默尔认为，"胡塞尔在《算术哲学》中表现出来的最重要的洞察之一是在符号数字的例子中看到根本不存在一成不变的和独断的给定性概念"（伽达默尔，2003a：377），也就是说自然科学的知识并不能因其包含一切可知之物就可以忽略被给予性样式，同样，生活世界也不能忽略被给予性样式，或者说它必须被当成意向性分析的对象，并在它们的特征中构成性地奠定为无法还原成物理世界的现象。在伽达默尔看来，"这种分析遵循意向对象与意向行为之间的相关性并通过意向来确定被意向者的意义，它必然需要'意识生活'（内在经验之流）提供一种方式去通达和展示生活世界中被给予之物而决不只是通达和展示科学经验的客观性"（伽达默尔，2003a：377~378）。

胡塞尔提出的生活世界与科学世界相比具有非常宽泛的意义，它将哲学延伸到日常经验而不仅仅局限为科学基础，这一点使其与当时的主流哲学，即新康德主义和实证主义区分开来，甚至可以说超越了新康德主义，因为后者只是在事实科学的含义上构想经验的客体。伽达默尔指出，"只有这种对意向行为与意向对象之间的相关性的分析才能揭露把世界本体论奠基于数理科学的客观性这种行为的天真"（伽达默尔，2003a：378），因为这种本体论没有看到包含于它的方法中的理念化这一关键性问题。科学世界拥有的并不是直接的被给予性，而是逻辑基础符号的被给予性，这表明承认客观科学有效性视域这一观点本身就是一种错误，因为就像数的无穷系列不能由自身给予一样，科学符号的被给予性也不能依靠自身获得。

自然科学的方法是去认识客观事实和客观规律，使它们成为可控制的，从而让任何人都能支配，这也是自然科学所认定的真理。自然科学所追求的是对世界的数学描述，这实质上是一种理想化的目标，它超出了生活世界自身的给予性，因此胡塞尔要通过中止判断把事实科学的认知悬置起来，假定纯粹自身给予性的生活世界领域的有效性。如果人们期待从胡塞尔的先验主体性分析中获得一种像通常的哲学立场那样的结论，或者想从中发现实在论因素，就是在误解胡塞尔的思想。在胡塞尔看来，只有基于先验现象学，事实科学才能获得它们的合理性，或者说，先验现象学的意义就在于为事实科学提供一个稳固而清晰的基础。但伽达默尔认为，这种观点也暴露了胡塞尔思想的问题所在，"他相信，通过把所有设定的实在、所有科学的对象括在括弧里，他已经还原出非客观的东西，纯粹主体性和绝对自明的领域。他没有意识到，在通过把关于实在的一般主题悬置起来而把世界中的所有对象都括在括弧内时，对于世界本身的信念，对先于一切实体设定的世界之视域意向性的信念，却没有被悬置起来——那就明显意味着一种随意的偏见也进入了构造研究之中，而这种构造研究原是要求通过先验主体性而构筑起一切客观的有效性的"（伽达默尔，2003a：381）。

伽达默尔认为，检验先验还原步骤的重要性是在笛卡尔式的研究被先验还原的哲学规划统一成体系性的哲学框架里体现的，或者说，是在哲学被纲领化为一种将基础置于绝对自明性之上的严格的科学那里体现的。这里凸显的是生活世界，生活世界不是对象性的东西，它呈现的是一切经验的预先给定的基础，并在本质上与主体性相关联。这种关联意味着这一世界是在流逝的当时性中存在的，或者说是存在于永久的相对有效性的运动之中，因而它是一种边缘域现象。这个世界边缘域在一切科学里是预先设定的，因而比一切科学更为原始，"所有的科学都是建立在生活世界的不言而喻的基础上的，因为它们都要从生活世界出发来利用那种对于生活世界的每个目的来说总是必需的东西"（胡塞尔，2005：268）。在这里，我们可以看到生活世界所具有的那种基础性、普遍性的意义，这是自然科学及其方法论所无法企及的，因为笛卡尔那种由普遍怀疑而衍生的思想只能证明数理科学作为客观世界知识的合法性，而不可能导致在一种新的哲学确定性中产生所有认识的系统基础。只有在认识到生活世界的多样性与相对性及其对所有科学客观性的先在性之后，生活世界的基本有效性才显现出来。生活世界的主观相对性意味着它的普遍结构和生活世界的先验性，即"它决不是传统形而上学或科学的客观先验性，但它又为所有科学奠定基础。因为作为基础价值，作为基本有效性，它先于所有科学"（伽达默尔，2003a：382）。生活世界拥有一种有限的主观—相对世界的普遍结构，它是随着各种不确定的开放视域而产生的，我们可以通过限制科学世界的客观的先验性，来揭示具有自身有效性的生活世界，它是以自身的灵活性和相对性而不是传统哲学或传统科学形式中的一般理论，成为一种普遍的科学主题的。可以说，生活世界的科学是一种新式科学，它并不来自客观科学的观念，相反，客观科学实质上是生活世界中的一个因素，因此，生活世界的科学与客观科学是有区别的，前者来自包含于生活利益的直接形式中的情境认识，后者则是一个通过对其有效性的本源与限制的历史探索可以得到理解的因素。

　　胡塞尔生活世界的思想为精神科学的独立发展奠定了坚实的基础，事实上，在精神科学的发展进程中，胡塞尔的贡献远不止于此，他不仅认为精神科学是在独立于自然科学的前提下自由发展的，还认为自然科学本质上是一种精神活动，因此自然科学应从属于精神科学，"自然科学（同所有的科学一样）是精神活动的一种称呼，是与其他人合作的自然科学家们的精神活动的称呼；这些活动本身同所有精神事件一样，都属于应该由精神科学来解释的领域"（胡塞尔，1988b：139）。在胡塞尔看来，自然科学在自然被理性地认识方面只不过是虚张声势，只有精神是自在自为的存在，它的自主性是以一种完全科学的、合乎理性的方式被掌握的，"真实的自然在其贴切的科学意义上是研究着自然的心灵的产物，所以关于自然的科学以关于精神的科学为前提"（胡塞尔，1988b：171）。于是，穆勒那里的自然科学与精神科学的关系在胡塞尔这里被彻底翻转了过来，精神科学的发展并不在于被视为自然科学的一部分，而是恰恰相反，在于将自然科学的合理性作为精神科学的一部分时才是可能的。

与胡塞尔相比，美国科学史家库恩（Thomas S. Kuhn）在精神科学与自然科学的关系问题上提出了更为明确的观点，即精神科学实质上是自然科学的前提，并且他是从科学的角度论述的，这就使得这一观点得到了更为有力的支持。在库恩看来，科学与哲学的不同之处在于，科学有进步的特性，它不断冲击新的问题并得出结果，这种结果会成为一种公认的观点，为大多数人所承认，并成为年轻学者们在研究道路上的必备知识；哲学则总是关注人的存在状态，与科学相比，哲学实质上并没有解决问题，而只是对人的存在困境提出一个又一个的观点，但没有任何一种观点能够一劳永逸地解决人的存在问题。从另一个角度而言，也不存在能够被彻底解决的问题，即使在科学领域内，也不存在永远有效的理论。例如，虽然经典力学在物理学界有着广泛的基础，在相当长的一段时间中解决了众多的物理问题，但在微观粒子运动领域却仍然要让位于与其有着极大差异的量子力学。从总体上来说，自然科学的研究是一种线性过程，新的研究总是在旧有研究基础上进行凝练、深化、突破或者颠覆。对于这种方式，库恩认为，自然科学研究的发展实质上是范式的转换，范式并不仅仅针对科学研究的对象而言，也包括研究者在内，是一种整体性的转换，而促进范式转换的也不仅仅是科学研究本身，更主要的是人本因素。

库恩认为，那些公认的、被教材详细阐述并列举出多种成功应用的自然科学理论是一种"常规科学"，即"坚实地建立在一种或多种过去科学成就基础上的研究"（库恩，2003：9），这些研究成果通常被某个科学共同体在一段时期内公认为进一步实践的基础，例如亚里士多德的《物理学》、牛顿的《光学》、富兰克林（Benjamin Franklin）的《电学》等，这些著作在相关的研究领域内成为后几代研究者默认的经典问题和合理的方法。在库恩看来，这些著作之所以能够起到这样的作用，主要在于两个特征，即"它们的成就空前地吸引了一批坚定的拥护者，使他们脱离科学活动的其他竞争模式。同时，这些成就又足以无限制地为重新组成的一批实践者留下有待解决的种种问题"（库恩，2003：9），这种"吸引—重组—开放"的特性就是库恩的"范式"所具有的特征，它使得成员们在参与科学共同体之前就认同这个共同体的观点和内容，而成员们的积极参与也会使得这一科学共同体逐渐具有影响力。因此，库恩认为，范式的意义并不仅仅在于公认的定律、理论、应用，更多的在于对研究者的吸引力和规范性。范式为科学共同体中的人提供该学科领域的模型，使他们具有相同的基础，以至于在今后的实践中不会发生基本层面的争论，因为他们都已经认同了该范式所具有的规则和标准，这实质上也可以说是该学科研究之所以能够发生和进行的前提条件，"取得了一个范式，取得了范式所容许的那类更深奥的研究，是任何一个科学领域在发展中达到成熟的标志"（库恩，2003：10）。

在范式产生之前，或者说是科学发展的早期阶段，会出现学派林立的现象，这是由于并不存在一套相互关联的理论与方法论的规范，因此在科学事实的搜集上，会出现偶然的观察和实验结果，以及不按因果关系发现的事实。不同的研究者会面临不完全相同的现象，并以不同的方式去描述和阐释它们，因而他们无论是在选择、评价还是批评上都会产生分歧，并因此形成不同的学派。但这种分歧最终会在相当大的程度上消失，这是由于其中的一个学派最终形成了范式，但这并不意味着它能够说明包括其他学派提供的现象在内的所有科学现象，事实上，"理论要作为一种范式被接受，它必须优于它的竞争对手，但它不需要，而且事实上也决不可能解释它所面临的所有事实"（库恩，2003：16），也就是说，范式的形成在于研究者对研究的接受，而不在于研究本身。"范式是团体承诺的集合"（库恩，2003：163），拥有范式的研究者们接受并相信范式所标明的研究方向，从而不再对基本问题进行无休止的争论，而是在基本问题之上进行更深奥的研究工作。此外，在研究领域中，形成范式的科学团体所研究的对象并不是该领域的全部现象，他们研究的是那些专门挑选出来的现象，其他现象随着其他学派的衰落而逐渐被遗忘。然而，范式所得出的结果却声称是该研究领域具有普遍意义的结论，这就使得自然科学所标榜的普遍性受到质疑，因为在对原始科学事实的筛选上，自然科学就已经失去普遍的特征。

范式一旦形成就不会轻易改变，这意味着范式一旦发生转变，其结果就是"科学革命"，即"科学发展中的非积累性事件，其中旧范式全部或部分地为一个与其完全不能并立的崭新的范式所替代"（库恩，2003：85），而一种范式通过革命向另一种范式过渡，通常是科学发展成熟的模式。在库恩看来，科学革命与政治革命有相似之处，"科学革命也起源于科学共同体中某一小部分人逐渐感觉到：他们无法利用现有范式有效地探究自然界的某一方面，而以前范式在这方面的研究中是起引导作用的"（库恩，2003：85）。因此，推动范式转换的并不是科学本身的要求，而是研究科学的人的世界观的改变。"虽然这个世界并没有因为范式的改变而改变，范式转换后科学家却在一个不同的世界里工作"（库恩，2003：110）。对于一个接受了新范式的科学家而言，他实质上是在以与之前完全不同的方式来看这个世界，例如，同样面对一个被一条线绑着的重物来回摆动并最终静止下来的现象，在亚里士多德的范式中，这是一种费力的落体运动，而在伽利略的范式中，这是一种单摆运动。产生这种区别的原因在于，伽利略所受的并不是亚里士多德时期的理论训练，而是受到中世纪晚期理论的影响，即以推力理论来分析物体运动。可以看出，不同的范式所体现的是不同的世界观，因此自然科学的发展并不必然是正确的理论对不完善的理论的取代过程，而更多的是科学家自身的视角转换过程。格拉德威尔[①]（Malcolm T. Gladwell）评价道："库恩之所以会被后人铭记，是因为他教导说，科学的进程基本上是很人性的，科学发现不是缓慢的、理性活动的结果，而是人类的智慧与政治和个性共同作用的结果，科学最终是一个社会过程。"（薛巍，2012）这也是为什么库恩认为对自然科学史的研究"能对我们现在所深信不疑的科学形象产生一个决定性的转变"（库恩，2003：1）。

[①] 格拉德威尔（1963~），英裔加拿大人，记者、畅销书作者和演讲家，"加拿大总督功勋奖"获得者，美国《纽约客》（*The New Yorker*）杂志特约撰稿人，该杂志精于透析文化动脉，在政治、文学、艺术各领域中充当着思想潮流先锋的角色。

这一点揭示了自然科学的精神科学本质。在自然科学所标榜的最能体现客观性的实验中，在实质上发挥主要影响的却是以自然科学家为代表的人本因素，具体而言就是实验本身也是自然科学家们选择的结果，因为自然科学也并不进行所有可能的实验操作，自然科学家们只选择那些当范式与直接经验相参照时显得比较相关的实验来进行，因此拥有不同范式的科学家会进行不同的具体实验操作，并且操作的对象也并不是经验中既有的东西，而只是搜集到的东西，这些东西之所以被选作常规研究的精细分析，是因为它们可以给已被接受的范式带来丰富发展的机会。

此外，人本因素对自然科学的影响还体现在研究者团体结构的改变对范式的形成及转换所产生的影响上。库恩指出，当一个范式形成并开始吸引下一代研究者时，当初与这个范式并存的那些学派或旧有范式就开始消失了，这是由于一部分原有学派或范式的成员转向了新范式，其余部分成员由于固守原有学派或范式的观点而被冠以"守旧"的称呼，并受到这个领域的排斥，或者孤立地进行研究或者依附于其他个别团体。原有范式由于研究者的减少而逐渐消失，而新范式则由一个最初只是具有研究兴趣的团体，逐渐转变成为一门专业，甚至是一个学科。在这一过程中，范式变得越来越排他，而这种排他性导致的不仅是学科分裂，还有伽达默尔所说的那种专家社会，即"科学通过专家团体实行对社会的统治"（伽达默尔，1988b：89）。此外，这种排他性也与研究者的行为有关，在范式形成之前，该领域的科学家们所做的所有研究都可以说是该领域的基础，因为没有一个共同的信念引导他们的研究，但也正因为如此，不存在所有研究者都必须遵循的标准方法或必须解释的标准现象，研究者们可以相对自由地选择支持自己理论的观察和实验。在这种情况下，研究者们的著作非常具有可读性，使得该领域之外的或者其他范式中的成员都可以对这个领域的研究有所了解。但在范式形成之后，特别是以学科的形式呈现后，在范式所属的研究团体中，人们的研究著作或论文不再具有广泛的可读性，而只是针对那些有共同范式的人而著，这就意味着也只有他们才能读懂这些内容。例如，数学和天文学在古希腊时期就初具规模，但很难被受过一般教育的人所理解，动力学研究在中世纪以后逐步形成，但也逐渐变得非常深奥，物理学的大部分领域则从19世纪开始变得难以得到普遍性的理解（库恩，2003：19）。

　　库恩范式思想中体现的人本因素对自然科学发展的影响可以说是对精神科学更为有力的支撑，与单纯地将精神科学与自然科学进行区分的观点相比，库恩的思想更为丰富，他不仅指出了自然科学那些标志性特征所隐含的都是与人本因素有关的问题，还进一步指出精神科学如何在根本上成为自然科学的基础和进步的动力。可以说，库恩开创了一个审视科学的新视角，伽达默尔指出，"我们已经学会了将现代科学的研究过程看作一个历史话题，并且从托马斯·库恩开始，我们谈论的即是科学的革命，而不是纯粹的进步"（Gadamer，2001：127）。作为一个对自然科学甚有研究的学者，库恩仿佛就是另一个赫尔姆霍茨，在现代社会再一次从自然科学出发为精神科学做出了强而有力的辩护。

第二章 伽达默尔对 19 世纪精神科学思想的批判

作为近代精神科学思想研究的主要成果,"解释学作为精神科学的方法论"这一观点在 19 世纪得到了广泛的认同,在历史主义者们看来,精神科学的独立性不仅应该体现在它拥有与自然科学完全不同的领域和内容,还应该体现在它拥有属于自己的、不同于自然科学的体现客观性的方式、牢固的认知基础和适合的方法论。这种观点实质上是对笛卡尔科学观的延续,它是以自然科学的科学性的表现方式为前提和参照的,而没有考虑到精神科学自身的特性,或者说没有认识到科学不仅仅有自然科学这一种形式,还存在着与自然科学完全不同的其他形式的科学。

从精神科学自身的角度来看,精神科学的特性由于受到近代科学观的影响而被掩盖了起来,没有得到应有的重视:一方面,受康德批判理论的影响,人们开始在康德知识观的基础上思考精神科学,例如狄尔泰"在模仿康德的问题上将精神科学表述为'历史理性批判'"(海德格尔,2009:73),这使得精神科学的知识也被视为先天综合判断的结果;另一方面,在作为精神科学来源的人文主义传统中,判断力和趣味被主观化和审美化,使得与精神科学紧密关联的道德被视为一种只与情感有关的主观内容,而这种内容在自然科学那里是为了体现科学的客观性时所必须排除的对象,这就使得精神科学要想成为自然科学那样的科学,也必须要舍弃自身的道德维度。作为与人有关的科学,精神科学如果失去道德维度,就不只是意味着其自身与自然科学的科学性有关的特征的强化，而是更多地意味着与人有关的特征的淡化。

此外，对精神科学至关重要的"前理解"也被视为阻碍客观判断的"偏见"而受到了排斥，这种排斥使得精神科学历史与传统之间形成了一种对立。但事实上，精神科学来自传统、继续存在于传统，并且不断改变着传统，传统是精神科学区别于自然科学的重要特征之一，也是理解精神科学的重要途径之一。对"前理解"的排斥意味着精神科学自身基础的丧失，也意味着精神科学需要以自然科学的基础为目标构建自身。此外，对于解释学本身而言，内在话语的普遍性、理解的历史性、应用与理解的同时性都表明，解释学并不仅仅是一种概念的说明和理解的技术，其实质是一种哲学，具有普遍的存在意义，因此不能被局限为一种方法论。在伽达默尔看来，"解释学并不是为了提供方法论或技术，而是为了说明什么是理解以及它如何与我们的存在相关"（Dostal，2002：45），方法论也并不能维系解释学与精神科学之间的关系，因为精神科学既不需要方法论，解释学本身也并不是一种方法论。因此，"解释学作为精神科学的方法论"并不能被视为精神科学思想发展的一个重要标志，相反，正是它阻碍了精神科学本质的显现，使得现代哲学家们在论述自己的观点之前，不得不先对这一观点进行批判。

第一节　19世纪精神科学思想主旨

19世纪精神科学思想主要表现为历史主义的精神科学思想，历史主义追求的是对历史的精确性、系统性、客观性的研究，因此主张每一种特定现象都要在其时代的上下文中来理解，按照它们的时代所表达的那样来解释历史的固有事件，以避免根据我们自己的标准来判断其他时代。这种主张的目的是客观公正地对待历史现象，但这种"公正"实质上是将历史作为与现在无关的人的活动去认识的，并且这种认识是源自自然科学意义上的认识，即需要客观性、认识基础和方法论作为保障。在精神科学那里，历史主义将这种意义上的认识进行了改造，以适应精神科学的特点，即将所需的三个方面分别改造为通过排除主观性来实现客观性、将历史意识作为认识基础、将解释学作为方法论，试图以此来建立一种严格意义上的精神科学，或者说，试图以自然科学的科学性为模板在社会—历史领域构建与其在内容上相对的科学。但事实上，历史主义的目标本身就包含了一个认识论问题，即如果我们要站在时代之外去理解时代才能得到客观的结果，那么我们如何能够理解我们自己所处的时代？这表明，历史主义并没有看到历史对人以及时代所产生的那种潜移默化的影响，以及这种影响对于精神科学的重要意义，因此历史主义的精神科学思想实质上是无法揭示精神科学本质特征的。

一 以排除主观性为前提的客观性

历史主义将客观性用于衡量精神科学的科学性可以说是带有鲜明的笛卡尔主义特征，正是笛卡尔开创了将一门学科规范化、逻辑化、精确化、客观化的传统。"我思故我在"是笛卡尔全部哲学的出发点，它的意义在于确定了自我是一个思想主体，而思想主体和反思主体是同一个主体，因此主体即实体，其他的知识都可以从这个唯一确定的命题出发推导出来。笛卡尔认为，只有不依赖于其他东西而自身存在的东西才能被称为实体，从这个意义上来说，上帝是绝对的实体，它用天意创造了两个相对的实体，即灵魂和形体，或称心灵和物质，前者的属性是思想，后者的属性是广延，二者相互独立，各行其是，这就决定了二元论的产生。然而，灵魂和形体并非完全不相干，而只是严格地秉承上帝的天意，事实上，上帝在笛卡尔那里也不只是单纯地具有神学意义，而是一个完满性的象征，意味着自然和绝对的客观性，天意也并不是指宗教信条而是指自然规律，因此，客观性、自然规律和天意在笛卡尔那里实质上是一回事。

笛卡尔的理性主义将清楚明白地认识理性作为真理标准，在他看来，理性的认识就是对天意的反映，或者说是对自然规律的反映，它主要体现为观念与客观实际相符合。笛卡尔认为，我们心里有各种观念，代表着心外的客体，凡是符合客观实际的观念就是真的，否则就是假的，也就是说，在笛卡尔那里，是否符合客观实际是通过理性来判断真假的标准。在笛卡尔看来，观念分为三类：第一类是通过感官获得的，例如日月星辰、山河大地，这些观念不一定都是真的，因为感官是变动的，在尚未经理性清楚明白地洞察到其合理性之前，可能有假；第二类是通过理性清楚明白地见到的，例如等量相加为其和，这些观念一定是真的，因为其反面是不可设想的；第三类是人们幻想出来的，例如金山银岛，这类观念一定不正确，因为只要经过理性考察就立即能够显示出它们的不合理性。在这三类观念中，第二类观念被笛卡尔称为"天赋观念"，因为它们是清楚明白、毫无矛盾、一望而知的观念，他认为这些观念是必然符合客观实际的，因此与它们符合就等于与客观实际符合，或者说可以用这种观念来衡量一切知识，从而判断这些知识的真假。"客观性"由此成为衡量是否具有科学性的一个重要标志，也成为各个领域的科学为体现自身的科学性所不断追求的目标。特别是在那些"客观性"不能直接获得的领域，深受"二元论"影响的人们通常通过排除"主观性"来获得"客观性"，尽管这种方式有可能使该领域自身的特性受到影响，但它仍然成为近代非自然科学领域在论证自己科学性时所使用的主要方法。

事实上，这种排除"主观性"的方式也可以追溯至笛卡尔。笛卡尔思想的产生背景是欧洲新兴资产阶级开始发展的时期，他提出理性主义是为了反对经院哲学在思想上的统治，号召通过获取知识来解放思想，摆脱经院哲学的禁锢从而获得自由。在他看来，经院哲学使用了错误的认识方法，虽然它以宗教信条为基础，通过一系列公式的逻辑推理，最终得出维护宗教的结论，但问题在于它所依据的前提常常是不可靠的，人们笃信的宗教信条也是一种被灌输的偏见，因此当我们能充分运用自己的理性时，就要摆脱这些偏见的束缚，对一切不可靠的、稍有可疑之处的事物加以怀疑，从而认识真理。这就是笛卡尔方法论上的怀疑，即在排除"不可靠"的基础上建立"可靠"，这完全符合他的二元论思想，即一切事物非真即假，除假得真。笛卡尔指出，他的这种怀疑并不是为了怀疑而怀疑，而只是为了"使自己得到确信的依据，把沙子和浮土挖掉，为的是找出磐石和硬土"（笛卡尔，2000：23）。然而，被笛卡尔视为"不可靠"的不仅仅是武断的结论和毫无根据的设想，还有感觉，包括作为人文主义传统之一的共通感。在他看来，感官只能得到个别的、片面的知觉，理性才能获得普遍的、必然的知识。单凭感觉无法得到普遍的科学真理，因为感觉有片面性，而真理必须要在全面的理性指导下批判地总结才能够获得。可以看出，笛卡尔是想从"用理性克服非理性"的角度出发，通过统一的科学观和遵守方法程序的形式条件来保证真理的获得。

伽达默尔指出，"在笛卡尔建立起来的意义中，'方法'一词所包含的意义是唯有方法能够通向真理。在《谈谈方法》等著作中，笛卡尔一再强调，知识的所有可能对象都只有一个普遍的方法，尽管我们承认方法在使用的过程中是灵活的，方法这个概念最终还是占了上风，支配着现代认识论"（Gadamer，1998b：30）。在笛卡尔那里，科学的统一性在于方法而不在于研究对象，他的科学的方法被称为"普遍数学"，即把数学最一般的特征运用到其他学科中，从而获得更普遍的意义。这种特征包括度量和研究顺序两部分，度量是量与量之间的比较，在不可量化的领域，可以把度量转化为对象之间的异同比较，例如概念比较等；研究顺序则包括从简单到复杂的"综合"，以及从复杂到简单的"分析"。"分析"的目的是找到毋庸置疑的、确定的"阿基米德点"，"综合"则是从这个阿基米德点出发，由简单真理推导至复杂真理。分析和综合都是理性的方法，不涉及经验和感觉，在数学中二者并没有固定的顺序，但在形而上学中要首先通过分析找到一个确定无疑的简单的出发点，构建关于原因和结果的知识，寻找到确定的原则，然后再运用综合推导出确定的结论。

笛卡尔的科学观深深地影响着历史主义者们，德罗伊森（Johann Gustav

Droysen)、狄尔泰等"以他的方法论,表达了任何一个经验科学都在追求的客观要求"(德罗伊森,2006:引论19)。狄尔泰要用某种稳固的东西来抵御生命中不确定和不可靠的部分。然而狄尔泰并没有在社会和生活经验中去寻找稳定的东西,或者说,他想寻找的那种稳定只是自然科学意义上的确定性和普遍性,因此他的科学观实质上也是以自然科学为模板构建的。这意味着,在狄尔泰那里,精神科学既然作为科学就应当具有像自然科学一样的客观性和确实性,因为科学的确实性是生命确实性的最高形式,在所有生命的表现中,知识总是已经在起作用,因此真理是可以认识的。即使是在道德世界中,也存在某种固定的东西,只有在这种固定的东西上,个人才能面对主观情况的偶然性去理解其自身,才能在语言、习俗、各种法律形式中超越自己的特殊性,形成共同目标或共同体活动。因此,"对固定性的追求"在狄尔泰那里成为一种生命的倾向,这也是为什么他虽然认识到了人的认识的普遍历史性却仍然要去追求绝对知识,这也可以说是笛卡尔的"阿基米德点"在狄尔泰那里的重现。对于狄尔泰而言,客观性的实质就是对偶然性的超越,从这一点来说,精神科学的方法论就具有了与自然科学方法论的共同性,二者的区别仅在于前者要超越的是自身特殊时空立场的主观偶然性,而后者要超越观察的主观偶然性。然而,这并不是"方法"所具有的本质特性,"'methodos'在古代的意义中表示与某个特定领域的疑问和问题有关的事物。在这种意义上,'方法'就不是使某物客观化或支配某物的工具,而是与我们正在处理的事情产生关联的事物。这种'共同'意义上的'方法'的前提是,即使我们努力寻找客观性并对前见敬而远之,我们也已经存在于其中而不再具有中间立场"(Gadamer,1998b:30),也就是说,方法实质上并不能保证客观性。

伽达默尔认为,受"客观性"支配是19世纪众多科学(包括解释学和历史学等与人有关的科学在内)标榜的主要特征,这实质上是一种错误的客观化倾向的结果。笛卡尔以一种普遍怀疑的方法发现了自我意识最确实的基础,这种自我意识绝对的确定性成为证明一切知识的典范,然而值得注意的是,这种自我意识的合法性产生的前提是它能间接证明上帝存在，而不是对生命的认知。因此，笛卡尔将心灵与物质对立所造成的结果可以说是一种生命体的疑难，即物质实体不足以思考真正的生命性，而关于心灵的自我意识又不能应用到生命体中，因为并不是所有的生物都有自我意识。因此，关于生命的知识，只能通过康德在生命科学和物理因果性的科学之间的对峙关系中获取。这也就是说，笛卡尔的二元论使得兼有心灵和物质特征的生命科学无法得到直接、彻底的认识，而只能作为自然科学的对立面，通过自然科学来间接获取知识。因此，在伽达默尔看来，以笛卡尔科学观为基础形成的现代科学实质上是一种"研究"，它是从科学的角度来思考问题，追求的是研究所能达到的极致状态，而不考虑研究的人本维度，也就是说这种被理解为研究的科学所遵循的理性是与实践理性相脱离的，"笛卡尔就是以他所谓的暂时的道德而从近代科学要求的普遍性中排除了道德问题"（伽达默尔，1988b：94）。然而，作为永远不可能终结的经验科学，作为无限进展的自然科学，这种研究必然会同人的实际生活发生冲突，因此，道德与理性的问题虽然"在18世纪由于康德而得到解决，然而到了20世纪则以灾难性的方式变得尖锐起来"（伽达默尔，1988b：94），这一问题在精神科学领域表现为采用自然科学的方法来认识精神科学，以及排除作为精神科学主要特征的道德维度和主观性从而显示自然科学所要求的客观性。

19世纪精神科学这种排除主观性以达到客观性的理想，在历史主义中也有所体现，它主张每一种学说只能在相对于它的时代背景中才能得到理解，从而达到理解的客观性。然而问题在于，如果每一个时代都要根据其自身来理解，那么我们对以前时代的看法在产生时也必然会带有我们所处时代的特征，因此，这种原则只能是相对的。无论是个体的人还是群体的人，时间对其产生的影响既无法消除也不可逆转，这就是人具有历史性和有限性的根本原因。历史是人活动的结果，是以整体的形式展现出来的，这意味着它无法像自然事物一样被拆分和重组而不致损坏原貌，更无法完全抛开时间所产生的影响而单独考察某段历史，那只是对一段时间内发生事件的记叙，而无关历史意识。

在伽达默尔看来,历史主义的历史意识所致力于造就的是使人能够超出自己时代的偏见,其中实质上包含着一个根本问题,即无限的理解对于有限的人来说是如何可能的?对于这个问题的回答,狄尔泰进行了一个转换,在他看来,有限性的意识并不是要表明意识的局限性,而是为了证明生命在理想和活动方面具有超出一切限制的能力,是精神潜在无限性的一种表现。狄尔泰并不认为受制于时空关系的人所具有的有限性和历史性会损害精神科学认识的可能性,在他看来,历史意识能够实现对自身相对性的超越,并使精神科学认识的客观性成为可能,这是因为尽管产生历史意识的历史生命本身不可改变,但历史意识并不把对生命理解的标准应用于历史生命这个传统上,或以同化传统的方式继续发展传统,而是对自身及其所处的传统采取反思的态度,从它自己的历史去理解自身,也就是说,历史意识是一种自我认识的方式,历史理解在精神的整体性和无限性中具有稳固的根据,因此历史理解可以扩展到一切历史所与,并且成为真正的普遍的理解。然而在伽达默尔看来,狄尔泰实质上是试图挖掘出一种具有普遍意义的历史结构,或者说是试图在历史中建构一种普遍性的意义结构,虽然狄尔泰为精神科学所建立的生命哲学基础以及他对一切独断论的批判,都是在试图表明精神科学的知识具有与自然科学不同的客观性,但"支配他认识论的笛卡尔主义却表现得如此强烈,以至在狄尔泰那里,历史经验的历史性并不起真正决定性的作用"(伽达默尔,2010a:345)。

二 历史意识作为认识基础

与其他精神科学思想研究相比,历史主义的贡献在于揭示了精神科学与自然科学的区别,但这种揭示是以自然科学的科学性为衡量标准的,也就是说,历史主义并没有以精神科学自身的特性为前提将其与自然科学进行比较,相反地,它从自然科学出发,不仅致力于体现精神科学的客观性，还试图为精神科学寻找自己的、不同于自然科学的认识基础，以体现精神科学的科学性，这实质上是历史主义精神科学思想的根本问题。

在历史主义者看来，精神具有时间性，属于历史范围，精神世界的全部现象都是历史发展的结果，因此精神科学的认识基础就是历史意识。它强调历史本身，事实上，19世纪的历史研究从一开始就反对以超出历史之外的标准来理解历史，在历史学派看来，只有历史研究而非思辨哲学才能获得世界史的观点，因而从某种程度上来说，历史学派就是在反对先天构造世界史的观点中形成的。历史意识不同于自然科学的那种纯粹理性，在狄尔泰眼中，历史意识就是一种类似绝对精神的精神形式，它是那种具有完全的自我透明性、完全地摆脱一切异己性和一切他在性的精神形式。但与绝对精神相比，历史意识只是符合这种形式，而并非纯粹的思辨哲学，因此它是在历史主义学派所能接受的层面上表现出的哲学意义。历史意识把人类历史世界的所有现象看作精神借以深刻认识自身的对象，或者说，历史意识把人类历史世界的所有现象都理解为精神的客观化物，使它们返回到它们由之而来的精神性的生命中，把历史的一切所与理解为它们从历史意识中产生的生命表现，这就使得历史意识变得无所不包，历史意识在所有事物中看到的都是历史精神，全部传承物对于历史意识而言就是人类精神的自我照面，即使哲学也被认为是生命的表现。在历史意识面前，哲学更多地具有世界观的意义，具体而言就是为了说明生命的多样性而表现出的各种世界观，因此在历史学派那里，精神的自我认识是在历史意识而非思辨概念的认识中完成的。

伽达默尔指出，在历史主义那里，"正是人类存在在时间中的展开才具有它自身的创造性。正是人类的丰富充满和多种多样才使人类自身在人类命运的无限变迁中不断达到高一级的实在"（伽达默尔，2010a：289），尽管世间一切事物都是短暂的，但历史生命源源不断的创造性的奥秘就存在于这种不断消逝的过程之中，这也使得历史自身就具有一种意义，这种意义可以说是它的本真依据，使历史不致因历史中的人或历史研究者的改变而改变。德国历史学家兰克①（Leopold Von Ranke）就是在反对历史唯心论的基础上建立自己的思想的，其历史观是以历史本身的意义为标准来衡量历史连续性的目的论结构。他认为，没有任何事物完全是为他物的缘故而存在或由他物的实在所产生，但存在一种深层的内在联系，这种内在联系渗透于任何地方，没有人能够与之完全脱离，且这种联系本身并不是被任意接受的，而是以一种特定的方式存在，这种联系即历史连续性，其本身也是认识的对象。历史实在本身的表现就是连续性，历史上实际存在的东西都是严格按照发展规律出现的，先行东西的后果和性质由后继的东西决定，成功或失败的东西不仅决定行为的意义，而且还使得整个行为和事件的联系成为有意义的或无意义的。真正的世界史的行为能够赋予行为以持久的历史意义，因此它虽然创造历史，但这种创造却是目的论的，这种目的论将历史联系的要素统一起来，同时，把它认为无意义的东西从中排除出去。然而，在伽达默尔看来，兰克高度赞赏的并不是历史发展连续性的结构本身，而是在这种连续发展中形成的具有内容的东西，即在历史发展的多样性的整体中形成的唯一的东西，这种东西并不是历史意识所把握的单纯经验事实，而是历史意识本身的条件，这种条件不会不存在或者被新的经验所取消，而是作为开端和前提，就像只有当世界史成为历史，关于历史意义的问题才能被世界史意识提出，并且能意指历史的连续性的统一一样，因此他将兰克的这种观点称为"一种方法论的幼稚性"（伽达默尔，2010a：299）。

在反对历史唯心论、强调历史经验论方面，德罗伊森与兰克相同，但在历史认识方面，德罗伊森并没有像兰克那样将历史的连续性作为历史认识的对象，而是认为历史认识就是对历史本身的认识，并将对历史本身的认识与社会生活和人的发展联系起来。在他看来，自然与历史是两个最广泛的概念，

---

① 兰克（1795~1886），德国历史学家，19世纪德国历史学派代表人物之一，著有《16和17世纪罗马教皇的教会和国家》《宗教改革时期的德国史》等，他试图从一种历史的观点来解释各个时代的冲突，认为历史是由各人、各民族和各国家分别发展起来，并综合在一起形成文化的过程。

人们凭借它们掌握世间一切现象,世界上一切事物都是在不断变化的,有些变化是周期性重复的,如自然;有些变化却在重复中不断累积生长并自我提升,如历史,"能在变化中不断自我提升而且跃进的,是所谓有前后关系的现象;时间是它的特色;我们称这些现象为历史"(德罗伊森,2006:8)。在历史客观主义那里,历史的对象被认为是客观的事实,是一度存在但已经僵化了的人类的既往,它与当前活生生的世界不相关。但德罗伊森认为,既往并不完全与现代无关,有些既往尚未完成,仍然存在于目前的社会生活中,并且还伸入了未来领域。过去不仅走入现代,还朝向未来,人类就是在这一过程中展开对自己的认识,往事只是现今社会中先行发生的事情。那些产生于过去但现在仍尚未逝去的特性,普遍存在于人类世界之中,表现为现实生活的现实性,同时也存在于人的心智中,使得人们能够通过它掌握关于过去的知识。在如何看待过去与现在的关系方面,德罗伊森与伽达默尔有相同之处,他们都没有将历史与现实彻底分开,而是认为二者之间具有千丝万缕的联系,这一点也是狄尔泰思想的出发点。

  与德罗伊森和兰克不同的是,狄尔泰认为历史既不是纯粹理性的也不是纯粹经验的,他给自己提出的任务是调和二者并提出认识论基础,即历史理性批判,以此反对黑格尔将纯粹理性科学的要求推广到历史认识所形成的思辨的历史哲学中。值得注意的是,狄尔泰反对的并不是用理性科学的方式去认识历史,而是反对将纯粹理性科学的方式应用到历史中,因为在他看来,历史应该有属于自己的科学的认识方式。为实现这一点,狄尔泰需要在历史领域建立一种类似康德在自然科学领域所做出的认识要求,从而摧毁纯理性科学形而上学在历史中的应用,使纯粹的历史认识成为可能。然而这并不是通过对康德的简单模仿就能实现的,因为康德虽然详尽了关于认识的各种问题,但他是在数学—自然科学的构造中获得的关于认识的合法性,其中除了理性存在之外没有其他的存在。此外,黑格尔曾经在一切地方包括历史领域都强调理性,理性与存在之间具有一种自明的同一关系,但随着黑格尔哲学的瓦解,这种关系被摧毁了,原来以理性为主的一切都转变为以经验为主,包括历史领域。这就带来了一个问题，即如果历史同自然一样属于自然经验而非人的精神，那么人如何能够认识历史？这些问题表明，狄尔泰要想在以思想为主的历史领域中解决认识问题就需要一种新的方式，而他所尝试的新方式就是构建与自然科学相匹敌的精神科学，并探究它所基于的历史世界。这就使得狄尔泰与新康德主义有所区别，前者只是对康德纯粹理性批判在历史领域的一种补充，后者则是完全仿照康德的先验哲学在历史领域重新构建一种批判哲学。

狄尔泰清楚地意识到，历史领域的经验完全不同于自然领域的经验，自然领域的经验与个人经验相脱离，总是构成经验知识中的确定的、必然的部分，自然领域的认识就是通过这种经验产生可证实的观点；而历史世界的基础是属于经验本身的内在历史性，是历史科学不断思考的对象，它是一种生命的历史过程，它的范例不是固定事实，而是回忆和期待的组合。历史世界始终是一个由人的精神所构造和形成的世界，人自身就是历史的存在，探究历史的人也是创造历史的人，因此，对这个世界的认识不能采用自然科学那种认识方式，只有主体和客体的同质性才能使历史认识成为可能。因此，狄尔泰认为历史世界的最终认识前提是体验，这种体验具有直接的确实性，即不会再被分解为主体的体验和客体的体验，或者说它本身就是一种不可再分解的内在存在。虽然这种体验只适合于个别人，但在历史中我们并不涉及被个别人体验并被他人再体验的验证问题，而只需要将这种个别人的经验以及对这种经验的认识提升到历史经验。这正是狄尔泰认识论的出发点，即提出个别人怎样得到某种生命联系的办法，并试图从这里出发去获取那些对于历史联系及其认识起作用的构造性的概念，但这些概念并不是自然概念，而是生命概念。

在探究个体经验如何上升到历史经验，或者说如何认识那种直接的、确实的精神世界要素之间的联系时，狄尔泰使用了"结构"概念，用来与自然事物的因果联系相区别。在狄尔泰看来，"结构"是一种关系整体，它不依赖于事物的因果次序，而是依赖于内在的关系。生命只能在可理解的统一性中展现自身和造就自身，而统一性只有通过个别的人才能被理解，这就意味着生命意义的理想性是从生命的历史实在性中产生的，而不是来源于某个先验主体。从另一个角度而言，这也意味着只存在历史的个人，而不存在普遍的历史主体，这样，狄尔泰就解决了个人经验提升为历史经验的问题，即生命的联系是由某种特殊体验的意义所建立的，从这些特殊体验出发，统一的生命过程才能形成。从这里可以看出狄尔泰思想中的解释学意蕴，即生命的结构联系是由"整体"和"部分"的关系所规定的，"部分"对"整体"的意义在于表现了生命整体的某种东西，而"部分"本身的意义也被"整体"所规定。解释学原则之所以能够与生命联系有共同之处，是因为狄尔泰在生命联系中假定了某种意义的统一，并且这种统一性在它所有的部分都有所体现。伽达默尔因此指出，这就是狄尔泰为精神科学奠定认识基础的决定性一步，即"发现了那种从构造个人生命经验里的联系到根本不为任何个人所体验和经验的历史联系的转变"（伽达默尔，2010a：320）。

对于这种从未有人体验过的联系的认识，需要一个逻辑主体来替代实在主体，为此，狄尔泰从理解现象出发，认为可以做出关于这个逻辑主体的陈述。他指出，理解是对表达的理解，正如精神世界中的关系并不遵循自然领域中的因果关系一样，在表达中，被表达的东西也不是以因果的方式出现，而是当表达被理解了，被表达的东西就出现在表达之中并且本身也被理解。因此，意义不是逻辑概念，而是历史的观念，因为它被现实的、作为结果的历史所限制，是生命的表现，生命本身是以形成永恒的意义统一体为目标的，生命本身解释自身。然而伽达默尔对此并不认同，他认为"体验"的内在意识不能架起通向历史实在的桥梁，因为无论是国家、社会或是历史，对于"体验"都具有先行决定性，个人的自我思考并不是逻辑上在先的东西，反而是通过个人的思考，历史被个人化、私有化了，因此"历史并不隶属于我们，而是我们隶属于历史"（伽达默尔，2010a：392）。

狄尔泰从认识论上证明精神科学合法性的思路是，尽管认识者本身是受历史条件制约的，但可以将那些被历史条件制约的东西的认识，证明为客观科学的成就。在伽达默尔看来，这也正是狄尔泰的问题，因为他忽略了精神科学经验的历史本质与自然科学的认识方式之间的差别。伽达默尔认为，在这一点上，狄尔泰与浪漫主义解释学是一脉相承的。浪漫主义解释学忽略经验的历史性，假定理解的对象就是一种文本，认为与文本的接触就是精神的自我照面。每一个文本对于我们而言都既陌生又熟悉，但在了解文本之前，我们已经知道应该如何对待它了，因为我们已经具有了关于文本的解决方法。狄尔泰正是效仿浪漫主义解释学，将历史世界理解为某个要解释的文本，这样历史中的一切就都是可理解的了，因此伽达默尔认为，"对历史过去的探究，最后被狄尔泰认为是解释，而不是历史经验"（伽达默尔，2010a：344）。从整体来看，伽达默尔认为，19世纪的历史研究虽然否认了先天的非历史性的标准，把自身理解为科学研究，但并没有像它们所认为的那样摆脱了形而上学的假定，例如，它们的历史世界观的主导概念虽然是意图修正先天历史构造的先入之见，但由于指向了对唯心主义的精神概念的攻击，因此实质上并没有彻底脱离与先入之见的关联。

三 解释学作为方法论

方法论作为体现自然科学的科学性的标志之一，同样被历史主义视为精神科学证明自己是"科学"所不可或缺的一个条件，所不同的是，他们要寻找的是不同于自然科学的、适用于精神科学的方法论。解释学因其在发展过程中所扮演的技术性角色，以及在语言、文学、历史等人文领域所产生的影响，而毋庸置疑地成为历史主义最理想的目标。

解释学最早可以追溯到古希腊时期，但直到17世纪它才具有自己的名称，在这一时期中，它只是被称为解释的艺术，以文本解释规则的形式出现。从教父时代开始，解释学由松散的原则逐渐集中为一个普遍问题，这一时期的解释学是以《圣经》为核心形成的，各种解释原则都以理解《圣经》为最终目标，表现为围绕《圣经》文本展开的局部解释学。文艺复兴以后，《圣经》不再是人们主要的阅读物,印刷术的普及使文本大量增加,由希腊语和拉丁语撰写的古典作品逐渐增多并亟待解释,解释学的领域因而急剧扩大,在法学、医学等领域都出现了解释的需求,一种所有知识都要依赖于解释和文本的观念逐渐流行起来。在启蒙运动时期,理性主义思潮也对解释学产生了影响,即人的理性被认为高于并独立于感官感知,人的心灵虽然有限,却能通过思维达到世界的逻辑和规律结构,知识就是理性的人对世界的规律性认识,真理是从人的理性原则中推演出来的。这种观点在解释学领域表现为,局部解释学的模式被打破,一种普遍的、可以理解一切科学的新方法论的要求产生了。丹恩豪尔(J.K.Dannhauer)就是在这样的背景下提出的"解释学"(hermeneutics)一词,他不仅首次使用了这个概念,而且还是在一种普遍意义上提出的解释学,这种普遍是指适用于一切领域的普遍,其他学科可以根据这种普遍意义来解释文本,从而获得知识。

随着康德的批判哲学对理性有限性的揭示,仅通过纯粹理性就能理解世界的观念被消除了,理性只对那些对我们显现并由我们构成的事物才有效,因此人的认识是需要一定条件的,并且人的认识限度也会随着条件的变化而随之改变。受此影响,理解开始变得充满了不确定性,在浪漫主义解释学者们看来,这意味着所有的解释都需要有一个溯源才能具有合理性。阿斯特[①](Georg Anton Friedrich Ast)认为一切字面的东西都要追溯到一个高级的精神,每一个个别的表达都必须根据整体精神的要求来认识,于是这种起源于语文学的、在所属整体的上下文中去理解特殊的要求,开始作为"解释学循环"原则在解释学中广为流传。

到了19世纪,历史主义将解释学循环中的整体具体化为一个特定时代的历史,以此来体现历史评判的客观性,这种客观性是以排除主观性来体现的,具体而言就是要按历史所发生的那个时代的表达来解释历史,或者说,每一

---

① 阿斯特(1778~1841),德国古典语文学家、哲学家和新人文主义者,著有《语法、诠释学和批判的基线》,提出了以精神作为生命的源泉和中心,以精神的理解作为优于历史和语文理解的理解原则的理解学说,对解释学的发展起到了重要作用。

种特定现象都要在其时代的上下文中去理解，以这种方式来避免我们根据自己时代的主观标准去评判其他时代。于是，19世纪的历史学家们以整个世界史为主题，以理解整个人类历史关系为己任，采用浪漫主义的个性理论以及与之相应的解释学来理解世界史。他们采用整体和部分的方式，用适合于每一个文本的格式来设想世界史，从而凸显个体性，这种对个性概念的体现既符合历史学派一直以来所坚持的对先天构造历史哲学的批判，同时也为历史科学获得自然科学那样的方法论提供了可能，从而确保历史科学是以经验为基础而非以思辨为基础。历史科学要求既不从目的论，也不从某种终极状态出发去思考世界史关系，因为终极状态意味着历史的终结或某种超出历史的东西。在历史科学看来，从历史传承物本身出发就能够理解世界史的全部历程，正如解释学所要求的文本的意义要从文本本身去理解一样，于是解释学就成为历史科学的方法论。

施莱尔马赫也认同语文学—解释学传统，认为理解的本质特征之一就是从整体到部分，以及从部分到整体的不断循环往复。在施莱尔马赫看来，理解总是一种处于循环中的自我运动，特别是对于那种在语言和内容上都非常陌生的过去时代的文本而言，我们只能通过整体和部分的解释学循环才能理解。在循环中，个别依赖于整体，但整体并不是先于个别被给予的，而是一个相对的概念，并且整体与个别的循环会不断扩大，我们常常会发现需要在越来越大的关系之中才能理解个别的东西。此外，施莱尔马赫还将这种解释学循环区分为客观与主观两个方面，例如，解释学循环通常所使用的方式是从语句的上下文去看个别的词句、从作者整体作品的角度去看该作者个别的文本、从相关的文学整体去看作者的作品，从另一个角度来看，这里体现的正是主观与客观的关系，因为在施莱尔马赫看来，"客观的文本"是从属于作者内心生活整体的，因此，客观的理解也是在主观的整体中完成的。狄尔泰正是根据这种理论提出他的"结构"理念，从中引出对整体的理解，并将"从文本自身来理解文本"这一历来的文本解释的原则应用于历史世界，构建了历史世界观的范式。在他看来，历史研究就是按照语文学—解释学模式来理解历史自身,世界史就是一本用过去语言撰写的人类精神著作,历史研究要做的就是去理解这个文本。一方面,世界史本身是一个整体,历史研究的个别对象需要通过世界史才能表现自身真正的意义,或者说,只有借助世界史这一整体,一切个别的东西才能得到完全理解;而另一方面,也只有通过个别的东西,整体才能得到完全理解。施莱尔马赫认为,解释学循环之所以是循环,是因为要解释的东西没有一个是可以一次性就被理解的,特别是人的个性,那是"一种永不能完全解释明白的神秘物"(伽达默尔,2010a:274)。真正的文本理解活动是让理解者与文本作者处于同一层次,即从语言方面和历史方面建立一种同一层次的活动,以克服时间差距,这样文本就被解释为作者的生命的特有表现。这也意味着,无法理解的原因在施莱尔马赫那里就不是出于历史的晦涩难懂,而是由于作者本身的个性讳莫如深。

伽达默尔指出,浪漫主义传统的解释学是由具有深厚旧神学传统的施莱尔马赫提出,在狄尔泰的精神科学解释学中达到顶峰,并作为精神科学方法论出现(伽达默尔,2010b:628)。施莱尔马赫把理解活动看成一种创造性的重构,就好像解释者是作者一样,理解的目的是将作者观点中的意义重构出来,这种重构甚至比作者的理解更好,这就形成了一个形式上的方法论。伽达默尔认为,近代诠释学的全部历史就表现在对这种"比作者理解他自己更好地理解作者"的主张的不同解释中。例如,施莱尔马赫这种"更好的理解"针对的并非文本的内容,而是作者所意指和表现的东西,之所以能"更好",是因为对于某个陈述的明确的理解会包含比这个陈述的实际内容更多的知识,无论是从语言规则、内容起源还是作者思想等方面,我们都会比作者了解得更多,因为虽然作者使用了它们但并未意识到它们。

相对于施莱尔马赫,解释学对狄尔泰产生了更大的影响,因为他正是基于解释学思想构建了他的历史世界观。他用"解释"一词表示理解被训练从而上升到一般的正确性,这种基于方法论解释的批判理论就是解释学,而"考虑到与认识论、逻辑和人文科学方法论的关系,解释理论(即释义学)成了哲学和历史科学之间的一个重要连接,人文科学基础的一个主要部分"(张汝伦，2004：104）。在狄尔泰看来，无论是神学解释学还是语文学解释学，都关系到重新发现某种并非绝对不知道，但其意义已经因年代久远而成为陌生的东西，因而解释学不仅对一切历史研究具有一种预备的作用，还包含整个历史研究事业本身，特别是对于精神科学而言，而精神科学既然作为科学就应当具有像自然科学一样的客观性。在这一点上，狄尔泰是通过描述精神科学的方法来证明这门科学与自然科学具有同等地位的。

在这一点上，狄尔泰主要借鉴了施莱尔马赫的观点，施莱尔马赫解释学最具创新的一点在于打破了传统解释学中将理解视为正常状态而误解是例外的思想，认为误解是经常发生的，解释学就是避免误解的技艺，这就使解释学超出了偶尔教导的角色，获得了一种方法论上的独立性，由此为狄尔泰建立不同于自然科学方法论的精神科学方法论提供了思路。施莱尔马赫认为，解释学应该独立成为一门特有的方法论，它不应只被用于理解文字或讲话，还应该被用于理解作者或讲话的人，因为只有返回到文本或语言中所包含思想的产生源头才是对思想的真正理解。在施莱尔马赫看来，一切个性都是普遍生命的表现，每个人在自身内都与其他人有关系，每个人似乎都可以把自身转换成他人，因此作者的个性可以被直接把握，这就使得解释与个性问题关联了起来，解释学也成为具有普遍性的任务，或者说是一种普遍性的方法。

但在伽达默尔看来，施莱尔马赫实质上是"把基于对象理解的批判从科学解释领域内驱逐出去了"（伽达默尔，2010a：282），他把文本看成独立于它们真理要求的纯粹的表达现象，使文本成为脱离其认识内容的一种自由产物，而不再涉及对象本身，甚至历史也是这种自由的产物。他的解释学实质上是根据语言的标准范例对所有语言性事物的理解，对他来说，语言就是一种表达场地，个别人的话语虽然也是一种自由的创造活动，但其可能性仍然要受语言的固定形式的制约。伽达默尔认为，施莱尔马赫的解释学实际上考虑的只是那些权威性已经被确立的文本，促使他产生这种方法论的不是历史学家的兴趣，而是神学家的兴趣，他基本上还是基于信仰学说创建了他的解释学，他的解释学理论目的是精确地理解特定的文本，因此他的解释学并不适合作为精神科学的方法论，因为历史并不是精确的。

与施莱尔马赫不同的是，狄尔泰将解释学视为方法论是为了使精神科学同样获得自然科学那种可靠的、普遍的客观知识，这种方式赋予了历史理解以认识论和方法论的目的，同时也使得历史性不再成为历史理解本身的主要特征。在狄尔泰那里，"人的本质在于他是历史的，这就是说，他只是在文化的连续性中完成他的道德任务。这个本质不能在处理个人经验存在的人类学中获得，也不能在'应该'立法的道德哲学中获得；它只能在把人类生命本身作为对象的哲学的历史中获得"（张汝伦，2004：109）。这就意味着狄尔泰是要在历史中建立普遍的认识，或者说，他的历史理解的最终目的并不是特殊而是一般，这就使得历史理解的结果成为超历史的东西。对于狄尔泰来说，"人的历史性实际上只是指他的社会性和历史传统对他的影响和束缚，或者是指他自身背景的历史性"（张汝伦，2004：109），因而，在狄尔泰的哲学中，"理解者实际上有历史性，但理解获得的知识却摆脱了理解者的历史性，成为一般的、普遍的知识，完全具有客观性和真理性"（张汝伦，2004：110），也就是说，在狄尔泰那里，理解的历史性并不意味着理解本身是历史的，而只是表明理解总是在一定历史条件下的理解，因为理解的历史兴趣已经不是特殊的个人的东西，而是一般人类的特征。这就使得历史被归结为一般的结构、类型和概念，成为外在于理解者的对象，关于历史的知识就是超历史的知识，历史经验的历史性被遗忘，历史理解本身也就不是历史性的了。

第二节 19世纪精神科学思想的问题根源

19世纪见证了科学和方法论的胜利，现代数学和自然科学得到了空前的发展并逐渐扩展至其他领域，这似乎意味着一种信念上的合理性，即严格的科学和绝对的真理是可能的，甚至是普遍的，康德的《纯粹理性批判》更加阐明了这一点，并为历史主义提供了思路。在历史主义那里，社会—历史领域被认为需要同样严格的科学和绝对的真理，对社会—历史领域的科学基础的哲学反思就是要发现同新的历史主义问题的关联，为此，历史主义要模仿康德在历史世界中进行"历史理性批判"。这种模仿使得精神科学的知识也成为先天综合判断的结果，但在伽达默尔看来，这种模仿意味着的是精神科学与人文主义传统和前理解的脱离，这种脱离是对精神科学基础的忽略，以及对历史性解释学循环的逃避，并没有触及精神科学的本质，因此可以说是19世纪历史主义精神科学思想的问题根源。

一 对康德知识观的效仿

19世纪不仅是浪漫主义的时代，也是对自然科学产生重大影响的时代，19世纪的时代背景对历史主义的精神科学产生了重要的影响，在这些影响的贡献者中，康德是无法忽略的一位。格朗丹教授认为，在启蒙运动的理性主义与19世纪之间存在着一个巨大的深渊，任何一种哲学思想在这一期间都产生了不可思议的变化，例如解释学发展到迈耶尔[①]（Georg Friedrich Meier）那里就暂时停止，直到半个世纪之后才从施莱尔马赫那里重新开始，而造成这种巨大影响的正是康德，历史主义精神科学的知识观基本上也是在康德批判哲学的影响下产生的。

康德的批判哲学反对的是启蒙运动理性万能的观点，在康德看来，纯粹理性是出自先天原则的认识能力，他的纯粹理性批判就是对理性的可能性和界限所做的研究。启蒙运动使理性和经验主义成为一切认识的标准和科学知识的基础，人们崇尚理性，将其作为人的本质以及区分真假认识的标准，甚至认为整个世界都是通过人的理性来认识的。康德的目的是要通过批判去揭示理性的限度，他的批判不同于传统意义上的批判，即古希腊时期的批判活

---

① 迈耶尔（1718~1777），德国哲学家，其解释学试图说明的是符号的整体，追求的是解释学的真，即以作者的观点作为解释原则。

动主要是以理性为指导和原则的活动，在整个过程中不需要寻求某种确定的参照体系，而近代以来的批判则是通过一系列前后一贯的范畴体系，将研究的主观活动同客观对象统一在一起，并包含对研究结果的反复验证，使其在经验性的验证中得到证实，从而保障理性的中心地位。阿奎那（Thomas Aquinas）、笛卡尔、莱布尼茨（Gottfried Wilhelm Leibniz）等人在贯彻传统批判原则的过程中，始终都将哲学本体论的研究同科学真理的发现过程结合在一起，试图证明客观世界的本质是通过科学活动来认识的，而无论是古代的还是近代的批判活动，都是为了实现理性对于人的主观研究活动以及对于客观世界的本质认知活动而言所具有的真理性及正当性。康德的批判虽然以此为基础，但更像是一种方法或哲学的构成因素或哲学系统，它本身不仅是为人的知识从源自经验到超越经验提供理性的某种能力，更是紧密联系了各种科学考察过程，并为其提供系统或各种理论的体系。

在康德看来，单纯的概念并不是知识，因为知识就是判断，只有在内容上有所肯定或否定才能构成知识。他考察了科学知识的可能性及条件，认为任何科学知识的表现形式都是某种逻辑判断，但并非一切判断都是知识。在分析判断中，宾语与主语具有同一性，但并没有对主语增加新的东西，而是包含在主语中，因此只是一种解释说明性的判断；在综合判断中，宾语与主语没有同一性，宾语不包含在主语中，二者产生联系的过程扩展了我们的观念和表象的判断，从而在根本上达到增长知识的目的，但前提是综合判断必须具备普遍的和必然的性质。在康德看来，通过纯粹理性做出的判断"并不以经验的根据为基础，而是在任何情况下都是必然的，因而必须是在验前（a priori）得到的，所以它所联系的原理需要普遍性和必然性"（康德，1999：680），这就决定了综合判断必须是先天的，因为经验不可能提供普遍的和必然的因素。真正的科学知识是先天综合判断，即它是先天的，具有普遍必然性，同时也是综合的，能增加新内容、扩充知识。

康德认为，知识包含形式和内容两个方面，前者属于思维形式，是先天的，后者属于感性直观，是经验的，二者结合成为知识整体。从思维形式上来看，人的逻辑思维形式并非来自对客观事物本质的反映，其普遍必然的特征是知性自身先天具有的，是先于经验的。知性介于感性和理性之间，它"是自然界的普遍秩序的来源，因为它把一切现象都包含在它自己的法则之下，从而首先先天构造经验（就其形式而言），这样一来，通过经验来认识的一切东西就必然受它的法则支配"（康德，1982：96）。先天综合判断实质上就是人为自然立法，经验尽管在内容上是客观的，在实质上服从的却是人思想的安排，或者说是服从于某种先天的思维形式。经验在康德那里包含两个方面：一方面是指感性经验，即感性的原料或表象；另一方面是指感性和知性结合而成的科学知识，是运用概念范畴对感性质料进行整理和综合后形成的知识。前者是狭义的经验，后者是广义的经验，"我们的一切知识都是从经验开始的"（康德，1999：35），这里所说的经验即感性经验，可以说，感性经验是知识产生的前提和基础，因为对象刺激我们的感官，产生了表象和感觉印象，从而形成感性经验，而这种刺激同时也产生了知性活动，对感觉印象进行加工、整理和改造，形成关于对象的认识，即科学知识。

在康德的批判理论中，被强调的主要是两个方面：第一，人对于外界对象认识的普遍性和必然性是人主观认识能力的产物，一切外界事物，要想成为我们的带有必然性质的经验，必须经过人的先天认识能力的处理，经验本身并不具有普遍性的可能；第二，人的认识能力只具有先天的形式，它虽然具有普遍性，但在同外在事物进行综合之前，它仍是空泛的、毫无内容的，只有主观的先天认识形式和客观的外在经验内容相统一，才能构成普遍的、必然的和客观有效的知识。在这一过程中，人的先天认识形式具有决定意义，经验事物则使知识具有客观有效性，二者缺一不可。康德认知活动的观点既为人类认识世界提供了必要的和一定限度的真理知识，也在一定程度上提供了方法，同时还显示了认知活动自身的有限性和条件性。在康德看来，在认知活动范围内，理性的任何一种活动，一旦脱离了实现条件，不仅会导致认知本身失败，还会使理性盲目地脱离认知范围，将结果误认为真理。

然而，康德对理性的批判并不是以凸显人类知识为目标的，虽然他将认识本身理解为人的行为，但行为的条件并不对知识产生影响，他实质上是从先在的知性和理性条件得出近代物理学是时空现象的规律科学，并把实践理性的法则固定在无时间的、排除经验和科学可能条件的物自身上。此外，康德的批判是以经验科学的基础为目标，从先在的、无时间的、不变的认识主体的能力出发，从一个属于纯粹表象的事实情况出发去解释经验和知识的，这就使得康德对理性的批判也没有阻止自然科学的方法被应用于道德科学。受此影响，"实证主义哲学将全部人类知识归结为研究意识事实共存和相继的规律性，从而以严密的规律科学的名义使认识本身成为一个无关紧要、没有意义的过程。新康德主义则把康德的内外经验同类性和现象性的主题同实证主义与自然科学的立场结合起来，以使康德与自然研究有一种表面上的和谐关系。洛策（Lotze）的折中主义一方面尽可能扩展规律科学的方法，另一方面又顾及情感的要求来限制它们。而世界观哲学的非理性主义则根本不谈限制，因为它根本否认知识的可能性"（张汝伦，2004：96）。

但对于历史学派而言，康德对理性有限性的揭示以及在此基础上提出的知识观对他们还是产生了很大的影响。例如，德罗伊森就充分把握了康德知识观所引发的方法论问题，在他看来，19世纪是科学的时代，以数学为基础的自然科学成为经典范式以及其他科学争相效仿的对象，它的成功就在于方法论意识，因此历史知识要想成为科学，也要有自己的不同于数学、物理学的方法。在德罗伊森看来，历史学的目的是要使适合于历史研究的意义和程序有效，历史学的任务就是揭示所有能应用到历史研究领域的方法如何融入它们的共同思想之中，即"历史学应该将与其有关的观念，用自己的、经验的方法说明及固定"（德罗伊森，2006：119），因此，德罗伊森的目标就是要为关于历史的研究寻找一条适合自身的发展之路。他认为应该将重心放在更深刻地把握历史概念上，这会使得精神科学从不确定变得稳固，精神科学自身也会继续发展。德罗伊森的出发点并不是要用自然科学来代替精神科学，事实上，他只是在效仿康德时空观中时间和空间的两个维度，用自然和历史两种方式去思考精神。在他看来，理解人的心灵不仅可以通过经验事实，也可以通过概念和范畴，这只是两种不同的途径，就如同空间和时间，以及自然和历史。在空间和自然中，静态的东西占优势，在时间和历史中，变化则处于突出地位，相应地，自然科学在于发现被观察现象所具有的标准化的法则，历史科学则在于通过研究去实现理解，而这种研究也可以是自然科学的方式。但伽达默尔指出，德罗伊森提出的这种自然科学的模式，"并不是指在内容上符合科学理论的要求，而是指精神科学必须让自身作为一门同样独立的科学群建立起来"（伽达默尔，2010a：15），这实质上是使精神科学思想成立的前提，但德罗伊森并没有完善这部分，这一点实质上是在狄尔泰那里实现的。

与德罗伊森相比，狄尔泰精神科学的独立意识更为明显，狄尔泰认为，理性是无法在一个抽象的无历史的系统条件下被把握的，他要寻找的是可变的精神科学所固有的经验的可能性，伽达默尔认为，狄尔泰想要表达的是"历史理性需要一种完全像纯粹理性所需要的那样一种辩护"（伽达默尔，2010a：314）。为此，狄尔泰在社会历史领域考察人的历史理性，试图解决精神世界在主体中的建构如何使关于精神实在的客观知识成为可能的问题，从而获得普遍有效的历史知识和生命认知。狄尔泰试图效仿康德进行理性批判，从而找到精神科学知识论的依据，但他的理性批判不是纯粹理性批判，而是历史理性批判。在狄尔泰看来，"康德的重要贡献在于，全面地分析了数学和自然科学知识。但问题是，一种并非由他提出的历史认识论，是否有可能纳入他的概念框架"（狄尔泰，2010：178），为解决该问题，狄尔泰从历史理性批判入手，为精神科学作为科学寻求认识论的合法性，使其具有普遍有效的认知基础。与康德一样，狄尔泰也认为整个科学都是经验的科学，经验的一致性和有效性源于我们意识的先天结构，因此他认为精神科学的有效性和客观性的条件都应该在内在经验中去寻找。在康德那里，纯粹自然科学的基础源于纯粹知性的原则，与此相类似的是，狄尔泰的精神科学思想也始终基于一个原则，即一切外在的事实（事物和人）都要受意识条件的支配，这就导致了狄尔泰的精神科学与心理学之间的关联，并将其作为精神科学知识的客观性基础。因此,张汝伦教授认为,狄尔泰"不是要补充康德的批判,而是要修正康德的批判,即把康德的纯粹理性理解为历史理性"(张汝伦,2004:98)。

总体来看,历史主义虽然完全吸收了康德的知识观,并以此为基础将历史特性融会贯通,构建了精神科学的知识观,但其中仍然存在着一个问题,即虽然他们意识到精神科学不同于自然科学,却仍然将康德对自然科学知识的论述视为普遍有效的,并将其应用于历史领域,这表明他们只看到了自然科学与精神科学在内容和方法上的不同,却没有意识到二者在本质上的不同,因此即使历史主义遵循康德知识观的理念构建了精神科学的知识观,精神科学的知识仍然只与自然科学具有相同来源和形态的知识,而不是体现了精神科学本质的知识。

二 与人文主义传统的断裂

19世纪精神科学的问题不仅仅在于采用自然科学的方法论来寻求精神科学的真理,还体现在其与人文主义传统的断裂,这种断裂对精神科学的认识方式产生了重大的影响。伽达默尔指出,"精神科学之所以成为科学,与其说从现代科学的方法论概念中,不如说从教化概念的传统中更容易得到理解。这个传统就是我们所要回顾的人文主义传统"(伽达默尔,2010a:31)。人文主义传统的主导概念包括教化、共通感、判断力和趣味,教化使人脱离直接性和本能性的东西,成为一个普遍的精神存在,这种普遍意义形成人类共同生活的基础——共通感,共通感是判断的基础,而判断的最高形式就是趣味。在伽达默尔看来,精神科学被要求根据自然科学的标准来衡量,就是从与人文主义传统的断裂开始的。这种断裂主要体现在共通感的政治—社会意义和道德意义的消失,以及具有认识功能的判断力和趣味的主观化与审美化,更重要的是,人文主义传统的主导概念中所蕴含的那种整体性和个别性相互阐释的关系消失了,个别性的特征只能通过既定概念在具体情境的应用来体现,而其自身的特性由于不再作为整体的补充而失去了意义。

事实上，这种补充才是精神科学自身特性的生成基础和赖以发展的土壤，它们的消失使得精神科学只能遵循自然科学那种建构的特性，而不是自身生成的特性。这一过程中，康德思想发挥了重要作用，它使一切不符合自然科学标准的东西，即客观的或方法的东西，都带上了"主观"的标签，并为了体现"客观性"和"科学性"而被逐出客观实在的知识领域，因而精神科学只能放弃自己的传统，遵循自然科学的标准，并将方法作为获得自己真理的途径。

在康德那里，共通感首先是一种感觉，这意味着它必须远离道德，因为在康德看来，凡是涉及道德命令的无条件性的东西是不能建立在情感基础上的，即使这种情感是共同的道德感受而非个别的情感也不例外，因为道德命令具有一种无条件性和强制性，这种无条件性并不意味着固执己见的判断，而是表现为要求放弃自己判断的主观私有条件而置身于他人判断的立场，也就是说它从根本上排除了对情感的权衡和考虑。事实上，康德的道德哲学也正是为了反对英国哲学中出现的"道德情感"而提出的，因此，康德在他的道德哲学里将共通感概念完全排除了出去。虽然康德并没有对共通感概念持完全否定的态度，而只是将其视为一种"共同的东西"，并作为趣味判断的基础，但这种观点仍然取消了共通感概念在维柯和沙夫茨伯里那里所具有的政治—社会意义和道德意义，只具有最单纯的"共同意义"，并且在某种程度上也对"趣味"的道德维度产生了影响。

共通感与判断力概念的关系最为紧密，伽达默尔指出，共通感被称为"'健全的人类理智'，有时也被称之为'共同的理智'，其特征实际上根本是由判断力所规定的"（伽达默尔，2010a：50），这表明判断力本身也具有共通感那种政治—社会意义和道德意义。在伽达默尔看来，判断力在本质上就是一种感性判断力，它不是那种需要通过练习才能获得的形式能力或精神能力，也不能通过规则、理论的学习或模仿得到，而只能通过经验获得或从具体事情上去训练，因为没有一种概念的说明能指导规则的现实应用。然而，判断力的这种特征使其更类似一种感觉能力，因此在崇拜理性的启蒙主义者眼中，判断力并不是一种精神的高级能力,而是一种低级的认识能力。鲍姆加登[①](Alexander Gottlieb Baumgarten)更是直接忽略了与判断力有关的原则问题,认为判断力认识的是作为单个事物的感性个体,它所断定的实质上是该事物是否具有完满性。在他看来,在关于判断力的规定中,没有预先给予的事物,感性的个别事物被把握的原因在于在它们那里出现了多与一的一致性,因此起决定作用的并不是具有普遍性的规则或原则,而是内在的一致性。

与共通感被排斥在道德哲学之外的原因相类似,判断力的感觉性质也使得康德取消了其与道德之间的关联。在维柯那里,应用道德规则来决定意志本应是判断力的事,但在康德看来,决定我们意志的不是道德规则,而是依赖于纯粹实践理性的自我立法,这种自我立法的基础是由"即使模糊不清,但仍确切进行的实际理性行为"(伽达默尔,2010a:54)构成的,说明和描述这种实际理性行为正是实践理性批判的任务,而判断力的任务则在于"防止那种仅以经验结果……来定善恶实践概念的实践理性经验主义"(伽达默尔,2010a:53)。为使纯粹实践理性的严格规则进入人的情感,康德在纯粹实践理性的方法论中,援引共同的人类理性去培养和造就实践判断力,并指出,这种方法是一种"我们如何能够做到使纯粹实践理性的法则进入人的内心和影响内心准则的那种方式,也就是能够使客观的实践理性也在主观上成为实践的那种方式"(康德,2003:205),这充分体现了客观性或者说是排除主观性在康德哲学中的重要意义。此外,康德在判断力的先验学说中论述的也都是关于图式和公理的学说,涉及的都是先天对象的概念,而不是作为判断力基本性质的那种把单个事物归于一般事物的概括。在涉及将单个事物作为一般事物的实例的能力的地方,或者说涉及我们所说的"健全理智"或"共同感觉"的地方,康德认为那都只是在同某种共同的东西打交道,这种东

[①] 鲍姆加登(1714~1762),德国哲学家、美学家,沃尔夫学派后期重要代表,他第一次使用了"美学"(Ästhetik)一词,并在德国把美学视为哲学的一个分支学科。在鲍姆加登看来,狭义的美学是指自由的艺术理论,广义的美学是指一般感性认识理论,他的美学理论对康德有很大的影响。

西是在任何地方都可以找到的东西，它们并没有特殊的意义，占有它们也绝不是值得称赞的部分。

在康德那里，判断力可以说是被进行了一种"美学转换"。在判断活动中，如果一般被给予了，就要通过一般去考虑特殊，这种判断力是规定性的判断力；如果特殊被给予了，需要根据特殊去寻求一般，这种判断力就是反思性的判断力。当一物与他物只有按照目的才有可能在性状上协调一致时，就被称为该物的形式的合目的性，而"判断力的原则就自然界从属于一般经验性规律的那些物的形式而言，就叫作在自然界的多样性中的自然的合目的性"（康德，2002：15），自然的合目的性只有在反思判断力中有其根源。康德将这种判断称为"审美判断"，由此开启了判断力的美学转换，并将判断力与趣味连接在一起。伽达默尔认为，在康德那里，完满性的感性判断就是趣味，在审美的趣味判断中，康德提到了共同感觉，认为"真正的共同感觉就是趣味"（伽达默尔，210：55），共同的东西是好的趣味的基础，而好的趣味作为一种共同感觉只有在为趣味批判做先天证明时才有意义，于是趣味与共同感觉就一起被限制在关于美的精神性的东西上。这里的共同感觉就是康德意义上的共通感，只是这种共通感已经不再具有维柯和沙夫茨伯里所说的那种政治——社会和道德的意义。

除了共通感之外，康德意义上的"趣味"也并不是这一概念最初的意义。趣味最早是一种道德概念，用于描述真正的人性理想，在伽达默尔看来，17世纪的西班牙哲学家格拉西安①（Baltasar Gracián）最早看到了趣味的真正意义。格拉西安认为感性趣味能够对那些属于生活最紧迫、最需要的东西有选择和判断的距离，它并不是单纯的本能，而是介乎于感性本能和精神自由之间。趣味包含着认知方式，好的趣味使人具有同生活和社会的一切事物保持正确距离的自由，能对自己本身和个人偏爱保持距离，知道如何自觉而冷静地分辨和选择。同判断力一样，趣味的认识方式也不涉及规则和概念，而是

---

① 格拉西安（1601~1658），西班牙作家、哲学家，著有《谋略书》《尺度论》《漫评人生》《智慧书》等。

根据整体对个别事物进行评判。这表明趣味本身是一个整体性概念，这种整体性是从个别性中生长起来的，而不是根据某个目标建构起来的，也不是个别性的简单叠加，事实上，趣味的意义是在整体性与个别性的相互阐释中形成的。

但康德并不认同趣味的这种特性，虽然审美判断并不是按照概念进行判断的，但康德所说的趣味仍然具有一种普遍规定的必然性，即使它是感性的而非概念的。此外，康德还认为趣味并不具有认识意义，或者说，在被视为美的对象中，除了对象与主体的快感先天相符之外，没有什么是可以被认识的。康德的这种观点实质上是将主体的快感建立在合目的性的基础上，它表明这种合目的性与认识相应的主体关系，体现了对象的快感的根源，并且由于这种合目的性—主体性的关系对所有人都是一样的，因而它是可以被普遍传达的，这就确立了趣味判断的普遍有效性的要求。但在伽达默尔看来，对象的表象对于我们的认识能力而言通常都具有这种合目的性，因此康德的这种观点并不能说明什么，康德否定趣味的认识意义的根本原因在于他将其仅仅视为一种情绪，"康德美学的突出点和新颖处在于他第一次在哲学里严格而系统地为'审美'划出一独自的领域，即人类心意里的一个特殊的状态，即情绪"（伽达默尔，2010b：669），在康德那里，情绪表现为认识与意志之间的中介体，就如同判断力在知性和理性之间，因此趣味只是一种主体情绪的表现，而不具有任何认识的意义。

康德对美学所奠定的先验哲学基础，是将趣味概念限制为判断力的一个特有原则并要求独立不倚的有效性，同时将认识概念限制在理论的和实践的理性使用上。伽达默尔指出，康德为了迎合自己的先验目的，把活动于道德和法权领域内的审美判断力和更一般的趣味经验概念从哲学的中心排除了出去，其产生的后果是从事培养和研究传承物的语文学—历史研究不得不放弃它们赖以生存的东西，因为只有承认传承物自身特有的真理要求才能真正理解传承物，仅仅对它们进行先验探究是无法实现这一目的的。伽达默尔因此指出，"精神科学的方法特征就在根本上丧失了它的合法性"（伽达默尔，

2010a：65），因为精神科学的研究有其自身的特点，并且这一特点并不来自自然科学的应用或对其的效仿。

此外，康德还通过审美判断力批判证明了审美趣味的主观普遍性不具有任何客观知识，以及天才概念对一切规范美学的优越性，这就使得浪漫主义诠释学和历史主义将自我理解的出发点集中在康德美学的天才概念上，而康德美学所开创的彻底主体化倾向，使得在自然科学知识之外的任何其他理论知识都失去了合法性，历史主义也开始通过审美判断力的先验证明所确立的审美意识的自主性来导出自身的合法性。实质上，历史主义采用的这种方式消解了历史自身特性的意义，也使得将历史作为研究对象的精神科学失去了自身的基础，因为历史是生成的而非建构的，历史作为一个整体性概念，其产生和发展都是在个别性的彰显中实现的，而不是根据某个目标设定的，历史的这种特性也正是精神科学的特征。

随着康德的道德哲学将伦理学与一切审美的情感和因素脱离开来，原本涉及政治、社会道德等人文因素的"共通感"、"判断力"和"趣味"三个概念中的道德意义逐渐消失，使得人文主义传统的这三个要素逐渐演变成"共同的东西""先验判断""审美因素"，无法在人的发展过程中扮演重要角色，并且三者之间原有的联系断裂，不足以成为精神科学的来源和发展的核心要素。此外，人文主义传统主导概念的意义转换也取消了它们那种基于个别性的整体性，使得它们在具体情境中的表现都成为根据目标而设定的概念的具体应用，而那些在具体情境中所体现出的个别性则被忽略，不再成为整体的补充和修正。人文主义传统主导概念的这些变化使得精神科学与人文主义传统发生断裂，精神科学不得不放弃与自身特性相符的思考方式，转向自然科学的方法论。同时，康德的艺术要素、情感和移情等辅助工具减缓了这种转向对精神科学的冲击，以至于当人们意识到这个问题时，精神科学已经深深地陷入模仿自然科学所产生的困境之中。

三 对前理解的排斥

前理解是我们对事物的前见解，历史主义认为精神科学的前理解是影响客观判断的主观"偏见"，因而必须被排斥。事实上，精神科学的历史性表明正是这种前理解构成了精神科学的理解基础，也只有考虑到了前理解，才能全面、正确地认识精神科学。

前理解总是在不知不觉地发挥作用，谁试图去理解，谁就会面临一种不是由事情本身而来的前见解，或者说是针对事情本身所形成的属于我们自己的理解方式。例如某人在对我们说某个东西时，虽然是在说他的见解而不是我们的见解，但我们仍然在我们所认识的东西或已经理解了的事物中寻找与他的见解相关的内容，否则就无法形成对这个东西的理解。伽达默尔认为，一切理解都必然包含某种前见，前见是在一切对于事物具有决定性作用的要素被最后考察之前被给予的，其实质是一种判断并同时具有肯定和否定的价值，而并非只有一种否定的价值或意味着一种错误的判断。

但启蒙运动认为，判断的有效性来自方法论上的证明，缺乏这种证明就意味着判断是没有根据的，也就意味着很难表明其正确性。在现代科学所遵循的笛卡尔唯理论中，没有根据的前见因不具有确实性而成为科学认识所要排除的对象。在启蒙运动看来，前见可能来自他人的威望，也可能来自我们自己过分轻率，但无论哪种前见都会诱使我们犯错。启蒙运动的批判首先针对的就是具有权威性的宗教传承物《圣经》，因为在启蒙运动那里权威是前见的源泉。这一点在笛卡尔反对经院哲学时就已经有所体现了，在他看来，真理并不是上帝的恩典，而是人的聪明才智被正确运用的结果，这种聪明才智就是判别真假是非的理性。启蒙运动正是沿着笛卡尔所指的方向一路走来的。伽达默尔认为，现代启蒙运动所特有的彻底性在于"它必须反对《圣经》及其独断论解释以肯定自身"（伽达默尔，2010a：386），因此，它的目的是正确地、毫无成见地、合理地理解传承物，但这一点在文本中很难实现，因为用文字固定下来的东西虽然有可能不是真的，却像是一种证明材料具有非常重要的权威因素,需要特别的批判才能区分其中的意见和真理,而要想摆脱文本所具有的前见,最有效的方法是否定权威因素,以避免意见取代真理。因此,启蒙运动的普遍倾向是不承认任何权威,贬斥一切前见,使一切都通过理性来审判,伽达默尔认为,这一观点在康德那里就体现为"大胆使用你自己的理智"(伽达默尔,2010a:385)。不仅权威终结于理性,传统在启蒙运动那里也是被批判的对象,传承物在理性看来是不可能的或荒谬的东西,只有当它被理解为历史性的,或者说返回到传承物产生的那个过去的时代去看待传承物时,它才会被启蒙运动视为一种确定的事实,这意味着传统要依赖理性才能获得可信性,或者说理性开始深入历史,这也使得现代启蒙运动最后转为了历史研究。

伽达默尔认为,启蒙运动所提出的权威信仰与使用自己的理性之间的对立是具有一定合理性的,因为如果我们自身的判断被权威的威望所取代,那么这种判断就成为偏见,而权威也就成为偏见的源泉。然而,当启蒙运动坚决抵制一切权威时,它忽视了权威也有可能是一种真理的源泉,就像当笛卡尔把道德性事物完全从理性构造的真理要求中排除出去时,既没有真正去研究道德,也没有提出自己的明确的道德学原则一样。在伽达默尔看来,启蒙运动对权威的排斥本身就可以说是一种偏见。对于反对宗教独断、崇尚理性和自由的启蒙运动来说,权威不仅带有宗教意味,还包含盲目服从的意义,是一个与理性和自由完全对立的概念,因此权威是启蒙运动必须要排斥的对象。但事实上,这种观点正是对权威概念的曲解,因为权威本身并不是既定的而是承认的,它与理性本身的行动有关,只有当理性认识到自身的局限性,才会承认他人具有更好的见解,因此权威只与认可有关,而与服从并无直接关系。权威虽然意味着得到服从以及行使命令,但这种命令并不是为了服从而提出的,而是基于一种自由和理性而提出的,因为只有具有更完善的认识、了解更全面的情况或具有更多的信息,才能从根本上得到理性的认可,形成权威,服从则是自然而然的结果。也就是说,承认权威并不是盲目的、无理性的或者随心所欲的,而是在原则上被认可和接受的,这才是权威的本质。

因此，权威所形成的前理解，同那些以理性作为坚固基础而得出的东西一样，也是客观的。

传统是权威的一种特殊形式，它是由于流传和习俗而形成的因袭性的权威，它不仅是有根据的见解，还具有超出我们活动和行为的力量，并规定了我们有限的历史存在。确切地说，传统在一个相当大的范围内规定了我们的制度和行为，但它的有效性并不是通过证明来实现的，特别是那种基于习俗和传统有效性的道德是在自由中被接受的，而不是被自由的概念所创造或被自身所证明的。同权威的概念一样，传统也被启蒙运动视为历史上被给予的东西，在它们看来，传统并没有展现出任何合理的依据就理所当然地制约着我们，因而是理性和自由的对立面，也是科学所排斥的对象。事实上，传统和理性之间并不存在绝对的对立关系，传统是自由和历史本身的要素，其本质是保存，保存是一种难以察觉的理性活动，它并不表现为理性的经典特征，即新的、被计划的东西，而是一种自由的活动，即使在理性特征得到充分彰显的地方，例如改革，古老的东西也仍被保存了下来，不仅如此，它还是包含了新内容的传统，因为它与新的东西一起构成新的价值，而即使是最牢不可破的传统也需要肯定、掌握和培养。

对于精神科学而言，传统是它的前见和基础，精神科学的研究经常处于传统之中，传统告诉我们的是我们自己的而非异己的东西，其实质是对我们自身的重新认识，这种自我认识使我们之后的历史判断几乎不能被看作认识，而是对传统的单纯吸收或融合，因此在精神科学的研究中，我们应该始终将自己作为一种历史存在来看待过去，或者说，历史性作为精神科学的前见不应被抛弃，而应置于精神科学的理解中，传统并非终止于某一点，而是始终存在。精神科学的理解与传统具有共同的基本前提，即感到自身是在与传承物对话。传统的效果与历史研究的效果之间形成的是一种相互作用的效果统一体，我们需要在历史关系里去认识传统要素，因此伽达默尔提出，"传统和历史学之间的抽象对立、历史和历史知识之间的抽象对立必须被消除"（伽达默尔，2010a：400）。精神科学的理解实质上是一种以处于某个传统进程为前提的活动,而不只是认知意识对某个对象进行研讨并获得客观认识的方法,关于这一观点的来源,伽达默尔指出,"我们关于传统在历史意识里的重要性的思想,是依据于海德格尔关于实存性诠释学所作的分析,并且试图把他这种分析有效地应用于精神科学的诠释学"(伽达默尔,2010a:437),海德格尔关于前见的分析表明,我们之于传统更甚于传统之于我们,作为一种范例、借鉴,或者是对自身的再认识,传统始终是我们自己的东西,也正是以传统为镜,我们以后的历史判读才不会被视为认识,而被认为是对传统的最单纯的吸收或融化。

我们在精神科学中感受到的始终是自身在与传承物进行攀谈,这表明始终存在且尚未完结的传统实质上是精神科学得以被理解的基本前提,这意味着我们始终处于传统之中,传统的要素构成了精神科学的本质以及区别于自然科学的鲜明特征。自然科学的价值体现在研究结果和研究对象的发展规律中,而不是研究的历史发展过程中,或者说研究的历史发展过程对于自然科学而言只是一种完全可以忽略的过程,而在精神科学那里恰好相反,研究的历史发展过程变得非常重要。当19世纪的精神科学在方法论上依赖于自然科学时,它是作为一种与自然科学相类似的研究而出现的,因此被关注的是研究结果而非研究内容、研究前提、研究兴趣,这也是精神科学研究陷入困境的原因之一,因其本质特性并没有在这种研究中得到揭示,反而被以自然科学为模板重构自身的方式取代了。事实上,研究过程对于自然科学的意义与对于精神科学的完全不同,从研究进展来看,自然科学的研究进展表现为普遍地扩大和掌控新领域,精神科学的研究进展则表现为对问题的研究达到更高的反思阶段;从研究对象来看,随着自然科学的研究越来越深入,它的研究对象可以理想地被规定为在完全的自然知识里被认识的东西,对研究对象的理解也可以从目的论的角度实现,但对精神科学而言,这种对象根本不存在,精神科学的研究主题和对象是由探究的动机构成的,那种能够被完全认识的历史知识是我们所无法想象的,历史并没有完结,人始终处于历史之中,对历史的研究是在生命自身所处的历史运动中实现的,这也正是精神科学区别于自然科学的所在，但这些都在启蒙运动中湮灭了。

启蒙运动对包括传统在内的前见进行排斥，推崇理论理性和方法论作为成为"科学"的必要条件，使精神科学放弃了对自身基础的探寻，不得不遵从源自笛卡尔的现代科学范式，成为一种仅在研究内容上与自然科学有所区别，而在方法论、衡量标准和研究价值上都依赖于自然科学的科学。伽达默尔指出，虽然历史主义对唯理论和自然权利学说进行了批判，但它实质上已经吸收了一种启蒙运动的观点，即反对前见本身，在历史主义那里这就意味着对传承物的排斥，正是这种思想使我们常常忽略传承物所述说的事物。海德格尔指出，笛卡尔的意识概念和黑格尔的精神概念仍然受以当下的和在场的存在去解释存在的实体本体论支配，我们应该从事物本身推出前有、前见和前把握，揭示主体性概念的本体论前提，从而避免那些阻碍我们客观地理解传承物的东西，使传承物真正地得以理解。

第三节　解释学的非方法论特性

解释学被视为精神科学的方法论可以说是19世纪精神科学思想发展的一个重要标志。在历史主义看来，精神科学被视为"不精确的科学"是因其缺少体现科学性的元素，而对精神科学方法论的构建将使精神科学的科学性得到完整的阐释。但事实上，历史主义的这种观点既没有看到精神科学的本质，也没有看到解释学的本质。从语言的角度来说，解释的产生源于人总是不能完全表达他心中所想的一切，这表明内在话语是普遍存在的，内指活动不会完全被外述活动所覆盖，二者之间存在差距，因此需要通过解释来实现理解。这种差距通常表现为一种"时间距离"，在伽达默尔看来，其实质是效果历史影响的结果，解释学的意义就体现在这种由历史所形成的熟悉与陌生之间的过渡。这种过渡并不是将解释学作为一种脱离具体的抽象方法在具体情况中应用，事实上解释学也无法实现这一点，因为解释学始终与人的活动有关，人自身的多样性、不精确性等特征使得固定的方法很难形成正确的理解，这里的"正确"不是符合既定的答案，而是表现为"适当"。此外，理解与应用是同时发生的，或者说理解是在应用的过程中形成的。伽达默尔认为，"理解首先意味着：现在我理解你想要什么了！在说这句话的时候，我并没有说你是对的或者你将会被证明是正确的"（Krajewski，2004：9），这表明解释学并不是实现某种目标的方法论，其本身更多的是一种哲学的气质，或者说，解释学的实质是哲学解释学。

一 内在话语的普遍性

在伽达默尔看来，哲学解释学并不是一种方法而是一种哲学，这一点首先就体现在内在话语的普遍性上。语言的用法在原则上总是与一切解释学有关，"语言是理解得以完成的形式所阐发的东西"（伽达默尔，2010b：560）。但在语言方面，我们所要表达的总是比实际上表达的更多，"一种意义、一个意图总是超越于传达给他人的语言中、话语中实际把握到的东西。一种对正确话语不能满足的渴求——就是构成语言真正生命和本质的东西"（格朗丹，2009：195）。我们的有限性就在这种渴求中表现出来了，没有任何话语能把握我们是什么或者能有效地说明我们应当如何理解我们自己的状态，因此我们需要通过无止境的对话才能表达内在话语，使我们能够被理解，人类之间及其与世界的关系也正是由于语言性而成为可理解的。从这个角度来看，语言是普遍的，一切理解和人的生存都在语言中发生，语言和理解构成了我们的世界，它们是我们作为有限的在者生活于其中的要素和整体。因此，对理解和语言的探讨不能被视为方法论问题，而是一个人事实性的存在问题。伽达默尔由此扩大了解释学的视域，使其转向了本体论方面的更大的普遍性，成为一种普遍的哲学研究，超越了历史主义将解释学限制为精神科学方法论的思想，"诠释学因此就是哲学的一个普遍方面，而并非只是所谓精神科学的方法论基础"（伽达默尔，2010a：668）。语言的普遍性不在于创造要说的东西，而在于语言总能被寻求，这种寻求就来自内在话语，内在话语是整个哲学解释学的基础，何卫平教授因此认为伽达默尔"从语言出发突出了解释学的普遍性，有将自然科学统一于人文科学的倾向"（何卫平，2009：41）。

　　解释学与内在话语的关系最早可以追溯到古希腊时期，据格朗丹教授的考察，在希腊文中，解释的动词ερμηνευειν代表一种精神活动，主要有三种基本意义：表达（德语为ausdrücken）、解释（德语为interpretieren）和翻译（德语为dolmetschen）。翻译是将不熟悉的语言纳入熟悉的语言，但它首先需要理解一个陌生意义所表达的东西，因此可以说翻译就是一种解释；解释是对内在精神的洞察和理解，也可以说是对外在意义背后暗含的内在意义的探讨；表达则是精神力图将包含在内心中的东西让外人知道，是对内在意义的表达。因此，ερμηνευειν表示的主要是意义的理解和传达，它的名词形式ερμηνεια既表示由一种精神或内在的思想转化为外在的言语，也指一般的语言、翻译、解释、修辞等，它涉及以一种它能理解的方式来重构已被思考过的东西，它要求准确地转换语言言说方式，从而让别人理解自己的意思。然而，当ερμηνεια被翻译成拉丁文interpretatio之后，该词所包含的理解之意消失了，而只剩下与言语有关的意义了。Ερμηνευτικη是ερμηνευειν的形容词形式，它发挥的是一种调解功能，即调解两个不同层次之间的意义，例如神与人，或者其他人与自己，也有意指某物的意思，它最早出现在柏拉图对话集中，具有神学或宗教的功能，与占卜和预言有关。Ερμηνευς是由ερμηνευτικη的调解意义派生出的词，表示解释者、调解者或中介人，正是这种意义使它与古希腊神话中负责向世人传达和解释神意的信使赫尔墨斯（Hermes）联系了起来，虽然很多语文学家都对这种联系持怀疑态度，但至今仍然没有出现比这更好的词源学关系。可以看出，在古希腊时期，解释就与内在思想的重构和语言表达有关，并且包含了由于话语无法完全言明的部分需要解释来调解的意义。

当解释学发展到奥古斯丁[①]（Aurelius Augustinus）那里时，与内在话语有关的解释得到了进一步的阐述，海德格尔和伽达默尔都认为奥古斯丁是对现代解释学产生重要影响的哲学家。在海德格尔看来，对内指活动与其在外述活动中的再表达之间进行根本区分就是从奥古斯丁开始的。作为教父时代的哲学家，奥古斯丁的思想不可避免地始终围绕神学展开，尽管如此，我们仍然能够在他的思想中清晰地看到由语言所体现出的解释学的普遍性，例如，他从语言的角度解释了基督教的"道成肉身"，即话语是一个过程，通过这个过程，精神在圣言中得到充分表达并指向另一个东西，精神由此化成肉身。奥古斯丁的解释学思想主要体现在对《圣经》的理解和《圣经》的解释者所应具备的能力这两个方面。在对《圣经》的理解方面，奥古斯丁认为，大部分内容从字义上就可以被清楚理解，那些理解困难的部分主要是由真正意义和比喻意义没有被明确区分造成的，因此，对《圣经》的理解仅从解释原则出发是不够的，还要考虑历史背景和解释者的精神意向。为此，奥古斯丁提出，在解释原则方面，应将《圣经》中难懂的部分与清楚明白的部分相对照，并且将具有比喻意义的段落与具有字面意义的段落区分开，从而促进理解。在解释者所应具备的能力方面，奥古斯丁认为，想在圣经中探求上帝意旨的人，不仅要温顺、虔诚，避免争辩，还要具备语言知识，以免被难以理解的词语和表达所羁绊，从而心生焦虑并更难以探究神意。此外，《圣经》的解释者还要熟悉修辞学和话语的表达方式等必要的东西，以免在比喻中不知它们的力量和性质。奥古斯丁的思想确立了要理解的东西与解释者行为之间的联系，明确了解释者要追求的是生活真理，或者说，解释者的存在方式与对意义的理解密切相关，二者相互影响，例如，此在以焦虑的方式存在也是由于对意义的不断追求而形成的。由此可以看出，奥古斯丁的思想具有明显的生存论特征，格朗丹教授甚至认为"他早就应得到第一个存在主义者的称号"（格朗丹，2009：57）。

[①] 奥古斯丁（354~430），古罗马帝国时期天主教思想家，欧洲中世纪基督教神学、教父哲学的重要代表人物。

奥古斯丁对解释学最重要的意义在于，他提出"本源的言说和思想是内在的，即一种心灵的语言。这种内在的言说还不具有一种感性的或物质的形式；它纯粹是理智的和普遍的形式——也就是说，它还没有采取一种特殊感性的或历史的语言形式"（格朗丹，2009：59~60）。当一种语言被表达时，它实质上是内在思想和外在形式的统一体，而我们试图去理解的是体现在其中的话语或理性，这也正是内在言说或思想所表达的内容，但如果没有外在形式，这种内在言说是无法被表达给他人从而被接纳和理解的，因此，奥古斯丁指出，最关键的一点在于，外在形式与内在话语虽然是同一的却不是能够完全匹配的，正如人的精神被肉体化之后总会产生一些差异一样，灵魂或心灵的内在话语如果采用了一种感性的具体语言形式，那么它就只是被一种肉体所能辨别的形式表达，而没有被如其所是地表达。因此，奥古斯丁认为，人的语言并不是内在思想精髓的精确复制品，对于人类而言，思想与具体话语是永远无法同一的，只有上帝才能做到这一点，因此，人的语言无法达到自明性，或者很难说是某种认识的反映，因为它总是接近隐秘的知识，是一种难以描述的东西，并且没有固定的形式，或者从另一个角度来说，它具有无限可能的形式。要想理解人的真正话语，就必须超越感性的、发声的语言，因为话语不是用耳朵就能听到的，它存在于每一种语言中，并且先于一切可以翻译的符号，如字母、汉字等。

从奥古斯丁的洞见中，我们看到了现代解释学的影子，正如伽达默尔所说，人所理解的话语不仅仅是由声音构成，还有语言符号所指的东西，即思想。语言符号虽然可以表达心灵，但其本身仍然带有偶然的或物质的东西，因此它能表达的只是一个人要说的全部内容的某个方面。内在话语与特定的语言无关，也不具有想象的性质，它自始至终是思考的内容，需要通过理解展现意义，或者说内在话语存在于要求被理解的对话中，因为语言符号不是最终的符号，它展示的并不是完全的解释，语言总是在期待更多要说的东西，每一种表达都只是一个对话的片段。从这个角度来说，"命题"就意味着对语言的割裂，因为从语言所具有的根植于对话的性质来看，命题实质上仅仅关注语言的逻辑内容,却排除了语言作为对话片段的特征。话语本身并不是自明的,它依赖于先前的东西,如问题,话语本身不仅具有回答的性质,还具有引起进一步提问的性质,正是在这种问答逻辑中,语言才获得真正的普遍性。因此,陈述只能被理解为对问题的回答,对命题的固守将导致对语言本质的遗忘,这种遗忘会去掉意义的事件性,使语言的逻辑而不是其所表达的意义成为终极目标,自然科学对语言的要求正是如此。

此外,语言的普遍性是不能说出的语言的普遍性,即内在话语的普遍性,我们无法听到的精神的话语正是我们期望通过说出的语言而获得的东西。话语本身并不是指向某个确定意义的符号,没有任何陈述能够仅仅根据它所展示的内容被理解,因为它不能达到纯粹的思想的层面,并不是语言表达了思想,而是思想为了要说的东西而寻求语言,二者的结果虽然是同一的,但陈述本身的有限性对于思想而言却是一种限制,这就造成了二者的差异。因此每一种陈述都包含尚未表达的前提,一个人必须学会倾听那些被说出的话语之外的东西,以及在说话时要在外在逻各斯的陈述中尽力展现的内在逻各斯,从而使自己的思想被恰当地理解,因为思想通过语言来表达,语言依赖于思想,但其自身是有限的,因而表达出来的话语总是与思想有差异。伽达默尔在《真理与方法》中所强调的就是这种思想的语言性,也可以说是内在话语的普遍性,或者说是解释学的普遍性。格朗丹教授认为,在伽达默尔那里,哲学解释学时刻要牢记的最高原则是"我们不能说全部,即不能说我们想要说的"(格朗丹,2009:65)。在面对这种普遍性的语言限度时,伽达默尔和奥古斯丁略有不同,奥古斯丁认为应该寻求表达一切的能力从而超越这种限度,伽达默尔则认为应该正视这种限度,探寻它的来源,即我们的历史有限性和语言的不透明性。

伽达默尔对内在话语普遍性的揭示扩展了解释学的领域,解释学也不再局限为精神科学的方法论。这种扩展需要在一定的时代背景下形成,在伽达默尔看来,只有在形而上学时代走向终结、现代科学对所拥有知识的特权的要求下降时,理解才不再被限制为科学的应用,不再只是与概念化的说明和解释相提并论，而是逐渐被视为人的此在的基本结构，成为哲学的核心，因为从这个时期开始，主体性和自我意识丧失了它们至高无上的地位，取代它们的是一个与我们密切相关的有语言交流和生命交流的"人"，而不再是相对于主体的客体；理解也不再是方法，而是相互理解的人所共同享有的一种形式，它强调倾听并与之相属；精神科学也不仅仅是一个与自然科学研究相并列的领域，它强调的不是将研究客体对象化，或者是像自然科学那样以严格的方法的名义剥夺人的其他经验、其他表达、其他文本以及它们对合法性的要求，而是强调生活实践本身。

二　理解的历史性

理解的历史性表明，理解根本不是一种针对客体的主体行为，而是一种将自身置于传统过程中的行动，"理解与其说是认知意识借以研讨某个它所选择的对象并对之获得客观认识的方法，毋宁说是这样一种以逗留于某个传统进程中为前提的活动"（伽达默尔，2010a：437），解释学的任务应该是探究那种本身被历史变化推动发展的理解活动究竟是怎样的一门科学，而不是使自己以一种方法论的形象出现在世人面前。

解释学的任务表明其与历史或更广泛地说是与时间紧密关联，而现代科学却通常具有一种"去时间化"的要求，这种要求在历史主义那里体现为要求历史传承物摆脱时间的影响从而具有客观性特征，这种特征不同于自然科学那种适用于所有时空的客观性，而是通过将历史限定在一个与现在隔离开的、封闭了的时间间隔中来理解历史传承物，或者说是通过祛除历史所形成的前见来排除主观性，从而体现客观性。历史主义认为时间距离是某种必须被克服的东西，因为它使得当下的概念和观念与当时的概念和观念产生了差异，从而无法保证历史的客观性，因此人们在理解历史传承物时首先要消除当下的理解，使自身保持一种独立于一切主观应用的态度，这就要求解释者悬置自己的时间性，或者说悬置自己的前见以获得客观意义上的解释结果。

这一点在历史方法中也有所体现，历史方法的前提是只有当某物归属于某种封闭的关系时，它才能排除观察者的主观干扰，客观地认识到那种不变的意义。

伽达默尔认为，不存在什么方法能够完全消除人的历史性，理解并不是一种复制行为而是一种创造性的行为。所谓更好的理解，并不是像施莱尔马赫提出的那样，将解释者的意识置于与文本作者同样的位置，或者是用更清楚的概念获得事物更完善的知识，而是描述了由时间距离所造成的解释者和作者之间不可消除的差异，正是这种时间距离使文本的意义会永远超越作者所要表现的那些意义，因为时间距离中并不是空无一物，而是充满了由习俗和传统所形成的连续性，正是凭借它们，传承物才能够向我们呈现出来，因此它对我们的解释学处境具有根本性的意义，真正的理解并不是要克服解释者的历史性，而是正确评价和适应这一历史性，所有名副其实的解释学都必须能够使理解本身显示历史的实在性。

例如，在历史现象或历史作品中，我们不仅会看到现象和作品，还会看到历史对它们产生的效果，而作为生活于历史中的人，历史必然也会对我们产生一定的效果，因此历史实质上是一种"效果历史"，对于历史，我们总是要保持"效果历史意识"。效果历史意识的概念有多种含义，"一方面，它指当代意识本身就是由历史形成和建立起来的，我们的意识就这样受历史的'影响'；另一方面，这个概念暗示意识受到影响是一项永远持续着的任务"（格朗丹，2009：183）。这种受影响的意识意味着，在解释学处境上，我们始终要揭示我们自己的历史性，以及效果历史意识是人认识到自身有限性的最明确的哲学表达，并且这种认识会使反思提升而不是丧失作用。哲学的普遍性就是一种有限性的普遍性，它来自人本身的有限性，因此哲学本身就体现为一个有限性的功能，即它必须充分意识到自身的有限性，"不存在任何要求确定的知识，除了一种知识外，即：承认人本身的有限性"（格朗丹，2009：193），我们在思考时最需要记住的就是我们普遍的有限性，这也是理解得以实现的前提。

此外，历史总是以"效果历史"的方式渗透到我们的"实体"中，以至于我们不能最终澄清它或同它保持距离，或者说，我们就是在效果历史的作用中形成的，这就使"有限性"具有了"普遍性"。因此，效果历史对于我们具有一种原则性的地位，它不会完全受我们的控制或由我们任意支配，而是拥有影响每个人理解行为的能力。并且效果历史的力量并不依赖于人们对它的承认，它本身就是理解活动的一个要素，"理解按其本性乃是一种效果历史事件"（伽达默尔，2010a：424）。在一切理解中，无论我们是否意识到，效果历史都会发挥它的影响，甚至在其效果被否定的地方也是如此，因此效果历史意识与其说是意识不如说是存在。历史主义的问题就在于否定了效果历史的决定性作用，试图将理解与认识条件的理想联系在一起，希望通过从根本上消除与过去的实际联系，与效果历史保持距离来显示理解的客观性，避免任意性和随意性，但其实质只是为了逃避历史的制约。为此，历史学派还发展出一种从这种制约中摆脱出来的意义，进而使客观的历史编纂成为可能。但从效果历史的角度来看，消除与过去的联系实质上是否认了支配自身理解的非任意性的根本前提，使得历史客观主义的理解无法达到真理。因此，19世纪历史主义试图表现出来的历史意识并没有达到根本性的创新，反而排除了历史对一切理解的深刻影响。事实上，正是历史决定了我们的各种价值、认识，以及批判性的判断背景，历史甚至在我们想象自己高于它的地方都在起作用，伽达默尔指出，"历史高于有限人类意识的力量正在于：凡在人们由于信仰方法而否认自己的历史性的地方，效果历史就在那里获得认可"（伽达默尔，2010a：426）。

在伽达默尔看来，效果历史意识首先是对解释学处境的意识，而对处境的意识是一项困难的任务，因为处境的特征在于，"我们并不处于这处境的对面，因而也就无从对处境有任何客观性的认识。我们总是处于这种处境中，我们总是发现自己已经处于某个处境里，因而要想阐明这种处境，乃是一项绝不可能彻底完成的任务"（伽达默尔，2010a：427）。对于解释学处境而言，我们总是与我们所要理解的历史传承物相关联，因而，无法对这种处境进行效果历史反思，因为我们的本质就是历史存在，这意味着一切自我认识都是从历史地在先给定的东西开始的，它是一切主观见解和主观态度的基础，并规定和限定了在传承物的历史他在中去理解传承物的一切可能性。从处境所体现的这种"局限性"出发，伽达默尔认为处境可以被规定为一种限制视觉可能性的立足点，即处境是从某个既定的立足点出发所看到的全部内容。从这个意义上而言，"视域"就属于处境这一概念，它是指看视的区域，包括从某个立足点出发所能看到的一切。视域是我们活动于其中并且与我们一起活动的东西，它是变化的，可以变得狭窄，也可以得到扩展或者开辟新视域。视域为我们得到正确的理解提供前提，"谁具有视域，谁就知道按照近和远、大和小去正确评价这个视域内的一切东西的意义"（伽达默尔，2010a：428），没有视域的人总会被近在咫尺的东西所限制，具有视域的人则能够超出眼前的东西向外观看，或者说从历史总体的角度出发去审视和判断当下，以形成因适当而变得正确的理解，因此解释学处境的作用就在于为理解提供前提，或者说使那些我们面对传承物而向自己提出的问题获得一种正确的问题视域。

解释学处境表明，理解实质上是一个视域融合的过程。从人类此在的历史运动中可以看出，不存在真正封闭的视域，也没有绝对的立足点限制。对于活动的人而言，视域始终是变化的，一切人类生命由之生存的以及以传统形式存在的视域，总是处于运动之中。置身于历史视域中的历史意识，实质上是进入了一个自内运动的大视域，而不是进入了与我们自身世界毫不相关的异己世界，它不仅包括了在历史主义那里认为的历史意识所包含的所有东西，还包含了我们的自我意识和他者的自我意识的历史深度。这意味着真正的历史意识在看待自己时，就如同看待处于正确关系群中的历史性的他者一样。也就是说，历史意识指向的是由我们自己的过去和异己的过去一起构成的这个运动着的视域，人类生命总是得自于它，也正是它将人类生命规定为渊源和传统。因此，理解传统需要历史视域，这就意味着我们要将自己带入其他的处境中而不是丢弃自己，要通过把我们自己置入他人的处境中去理解他人，意识到他人的性质和个性等，从而实现"自身置入"。这种自身置入实质上是向更高的普遍性提升，而不是使他人受制于我们的标准，或者是将自己的个性移入他人的个性，这种置入所形成的普遍性最终是要克服他人的个别性，更是要克服我们自己的个别性，这就是获得视域的意义所在，即进行理解的人必须要有宽广的世界，必须要学会超出近在咫尺的东西去观看，"在一个更大的整体中按照一个更正确的尺度去更好地观看这种东西"（伽达默尔，2010a：432）。

从理解的真正意义中可以看出，解释学应从程序和方法观念的禁锢中解脱出来，因为对于解释学而言，至关重要的是传承物而不是程序和方法，解释学不可能理所当然地以完全一致的方式与传承物产生联系，而这种方式也不可能与继续存在的传统相联系，对某物的理解实质上就是与在传承物中用语言表达的东西产生联系，或者说是与传承物所讲述的传统具有某种联系。实际上，解释学的任务就建立在一种熟悉与陌生相对立的基础上，但这种对立并不是来自两个完全不同的个体或群体，因为"陌生"是历史传承物向我们述说的语言随着历史变迁而无法被理解所造成的，或者说是因为不被我们所熟悉而显得陌生，但历史传承物在其鼎盛时代却是被当时的人所熟悉的，因此，当历史传承物向我们述说的语言得到理解时，它就成为被我们所熟悉的了。"传承物对于我们所具有的陌生性和熟悉性之间的地带，乃是具有历史意味的枯朽了的对象性和某个传统的隶属性之间的中间地带。诠释学的真正位置就存在于这中间地带内……诠释学的任务根本不是要发展一种理解的程序，而是要澄清理解得以发生的条件。但这些条件完全不具有这样一种'程序'的或方法论的性质，以致作为解释者的我们可以对它们随意地加以应用。"（伽达默尔，2010a：418）

三 应用与理解的同时性

在历史主义那里，解释学是作为一种"可应用的方法"出现的，因而被视为精神科学的方法论，事实上，这是对"理解"和"应用"关系的一种误读。历史主义所说的那种"应用"是指自然科学意义上的应用，它总是意味着我们事先已经占有某种东西，并随后将这种东西应用于某种具体情况，因此在历史主义的解释学中，理解发生在应用之前，解释学的任务就是把通过理解文本得到的东西应用于具体情况，这一点在海德格尔以前的解释学那里表现得尤为明显。文艺复兴以后，一种普遍的、可以理解一切科学的新方法论的要求产生了，人们期望这种方法论可以被应用于各个领域，以促进人们对陌生意义的理解。解释学（hermeneutics）这个概念就是在这样的背景下被提出的，它本身蕴含了一种普遍意义，这种普遍是指能够应用于一切领域的普遍，即各个学科都能够应用解释学的方法来理解文本，获得知识。在这种意义的解释学中，理解的目标被认为是纯认识性的，甚至是抽象的，应用是在理解完成之后发生的。

在伽达默尔看来，应用的这种意义是由于理解和解释的内在结合所导致的。他指出，在古老的解释学传统里，理解的活动被认为由三种要素构成：理解、解释、应用。三者本应是一个统一过程的三个组成要素，但理解和解释的内在统一使得解释本身成为一种认知性的解释，应用则成为理解和解释之后的再现。施莱尔马赫的解释学就试图把神学解释学同语文学—历史的解释结合起来，赋予其一种规范的功能，使其能够应用到具体领域的解释之中。在施莱尔马赫看来，所有的言语都取决于一个更早的思想，这种思想存在于每一个说出或写出的话语背后，理解的任务就是在表达中追溯到这种思想。思想通过语言表达，因此理解的对象只是语言。看待语言有两种方式：一方面，每一种表达都遵循约定俗成的语法或用法，它是超个人的；另一方面，人们并不总是用同样的词来指同样的事物，这说明表达也是个别心灵的表现。它们分别代表施莱尔马赫的普遍解释学的两个方面：语法的解释和心理的解释。前者涉及与整体用法有关的语言，是客观方面；后者则将语言视为内心的表达，当语法解释不能解决困惑时，就需要心理解释来猜测作者的意思，是主观方面。在格朗丹教授看来，这是施莱尔马赫解释学的重点问题，"思想只是在语言中表达自身,从而最后它只能被猜测到,所以施莱尔马赫愈来愈强调解释学的预期方面"(格朗丹,2009:121)。在后期的思想中,施莱尔马赫认为纯语法的解释获得的成果非常有限,因此更加强调通过心理解释接近语言背后的思想。话语需要被追溯到说话的动机,愿望才能被理解,也就是说,外在的语言需要联系作者内在思想才能被理解,这使得施莱尔马赫的解释学越来越具有方法论的特征。可以说,施莱尔马赫解释学的理想就是要成为一种方法论,或者说是从方法论上控制理解行为,他将解释表述为一种重构,就好像解释者是作者一样,理解的目的是将作者观点中的意义重构出来,这种重构甚至要比作者的理解更好,这就形成了一个形式上的方法论,即对作者的思想进行认知,通过语法进行规范,并最终将其在解释者那里再现出来。

伽达默尔认为,从理解的角度来说,浪漫主义解释学在心理学解释中对他人的个性的揭示和探究过于片面,"我们的思考阻止我们用解释者的主观性和要解释的意义的客观性去划分诠释学问题。这样一种划分办法来自一种错误的对立,而这种对立是不能通过承认主观性和客观性的辩证关系而被消除的"(伽达默尔,2010a:439~440)。同时,伽达默尔也并不认同"解释"在施莱尔马赫学那里所具有的认知等意义,他认为,传统解释学在追求一般解释理论时,总会区分认知的、规范的和再现的解释,而按这种划分对现象进行整理时总会遇到重重困难,"迄今为止的诠释学理论都土崩瓦解于它自身也不能维护的各种区分之中"(伽达默尔,2010a:438)。在伽达默尔看来,对规范功能和认知功能的区分,实质上就是对一体东西的分割,因为认知功能和规范功能之间无法被明确区分,它们也无法被视为科学的认识和随后的指导以及规范性应用。例如,在法学解释学中,对法律原文的意义的认识本身就包括其在具体法律事件里的应用,也就是说,法律在其规范应用中所表现的意义也就是事实在文本理解中所表现的意义,这是一个统一的过程,而不是两种分离的行为。而在戏剧和音乐这种只有通过在演出中才能体现自己真正存在的解释,也无法明确区分认知功能和规范功能,因为如果不理解原文的本来意义，并且不在自己的再现和解释中表现这种意义，那么没人能演出戏剧、朗诵诗歌或演奏音乐。这也是一些戏剧、诗歌、音乐被不断演绎从而成为经典的原因，因为它们在被创造出时所表达的意义通过不断的再现而不断被扩展和丰富，以至于在更大的程度上得到理解和提升。同样，假如翻译者在翻译时没有注意到自己时代的风格对整个文本风格上的影响，那么就没人能够再现对原文的解释，因为译者实际上是用自己时代的风格去解释整个文本，使其在译者的时代被理解，这是一个统一的过程，无法被分解为若干个环节后再重新组合而成。因此，在伽达默尔看来，"在认知的解释、规范的解释和再现的解释之间所强加的这种区分是毫无根据的，这种区分只能表明这三者乃是一个统一的现象"（伽达默尔，2010a：439）。

因此伽达默尔认为，应用并不是在理解之后发生的，而是与理解同时发生的，传统解释学中的三个要素并不是需要明确区分的三种活动，而是内在关联的：理解的每个行为都涉及解释，而所有的解释都涉及应用，应用则是解释学经验的最根本运动。理解总是包含自我理解，包含一种将意义应用到我们的处境中、应用到我们要回答的问题中的意思。因此，并不是首先存在一种普遍通用的、纯客观意义上的理解，然后当这种理解被应用到具体问题中时，就会产生理解理论的应用，即从普遍意义的理解出发但又带有具体情况所包含的特殊意义的结果。"知识的实际应用就内在于对事物的理解中。在伽达默尔看来，实际应用并不是发生在事实之后的、独立于理解的外部使用。所有理解都是实践的。"（Dostal，2002：3）无论什么时候，我们的理解总是带有我们自己的风格，理解和应用总是融合在一起，当我们无法理解一个文本时，是因为它没有对我们说什么，或者它所说的与我们现有的已经理解的东西之间有很大的间距，造成间距的原因很大程度上要归结于历史，它使得对某物的理解不断发生变化。伽达默尔认为，如果理解从一个时代到另一个时代发生了不同，甚至从一个人到另一个人那里发生了变化，都是很正常的。理解并不能精确化和标准化，它受某个特定问题的推动，它不只是复制活动，更是创造活动，这种创造就来自与理解同时出现的应用。"应用的发生不需要有意识地进行，它也是由效果历史推动的。理解，或相同的活动，应用与其说是一种自主的主体性活动，不如说是'参与传统的一个事件，一个转换的过程，在这个过程中，过去与现在不断地调和'。理解一个来自过去的文本意味着将它转换到我们的处境中，在它里面倾听一种对于我们时代的问题的回答。"（格朗丹，2009：185）历史主义的问题就在于使客观性依赖于对解释的主体及其处境的排斥，因为在他们看来真理只发生在历史的应用中。"伽达默尔使用理解的'实践性'概念是为了动摇在狄尔泰的传统和人文科学方法论中盛行的认识论概念。他指出，即使是在人文科学中，理解也是一种关切，一种重复，即能够将某种意义应用于我的境况。伽达默尔跟随海德格尔的前提，坚定地认为，理解就是应用。当我理解一个文本时，我的理解总是有扩展的可能性。"（Dostal，2002：38）

历史意识在18~19世纪使语文学解释学和历史学完全自为地把自己确立为精神科学研究的方法论，在此之前，二者同法学解释学和神学解释学紧密联系在一起，共同构成了解释学概念的全部内容，其中就包含这样一种观点，即应用是一切理解的一个不可或缺的组成要素。无论是法学解释学还是神学解释学，"在所提出的文本（不管是法律文本，还是福音布道文本）这一方和该文本被应用于某个具体解释时刻（不管是在判决里，还是在布道里）所取得的意义这另一方之间，都存在一种根本的对立关系"（伽达默尔，2010a：437），或者说，文本在某个时刻被理解的意义并不等于对文本意义的真正理解，即历史主义所说的"正确的理解"。文本"如果要正确地被理解，即按照文本所提出的要求被理解，那么它一定要在任何时候，即在任何具体境况里，以不同的方式重新被理解。理解在这里总已经是一种应用"（伽达默尔，2010a：437）。例如，法律不能被历史地理解，而应当通过解释使自身具体化于法律有效性中，这种具体化就是应用，只有应用了之后的法律才能被真正理解。

同样，对精神科学的理解也是一种历史性的理解，对于文本而言，这种理解是指只有当文本每次都以不同的方式被理解，才能够称之为得到理解，历史解释学的任务也就在于此，即"它必须深入思考存在于共同事情的同一性和理解这种事情所必须要有的变迁境况之间的对立关系"（伽达默尔，2010a：437）。理解的历史运动表现了适合于历史意识或者说是效果历史意识的解释学探究的真正中心问题，但浪漫主义解释学却并没有将其视为理解的中心问题，反而将其边缘化。伽达默尔指出，施莱尔马赫把理解文本的可能性建立在那种所谓统一作品的创作者和解释者的"同质性"这一前提上，然而这种观点会使精神科学的境遇变得非常艰难，因为对传承物的理解实质上是为了认识传承物里的真正意思和本来的意义，根本不需要同质性。语文学和精神科学领域内的解释学并不是为了统治知识，或者说是作为占有的同化，而是屈从于文本统治我们心灵的要求；在解释法权意志，或者解释上帝的预言那里，解释学更不会是一种统治和规范的形式，而是一种服务的形式，"在为有效的东西的服务里，它们就是解释，而且是包含应用的解释。我们的论点是：即使历史解释学也有一种去履行的应用任务，因为它也服务于意义的有效性"（伽达默尔，2010a：440），这种有效性就体现在消除存在于解释者和文本之间的时间间距，并克服文本所遇到的那种意义的疏异化。因此，从应用与理解的同时性中可以看出，解释学并不是那种具有理论应用意义上的方法论，或者更确切地说，解释学从本质上来说就不是一种方法论。

第三章　伽达默尔精神科学思想内容

伽达默尔精神科学思想完全不同于以往的精神科学思想，可以说是从本质上揭示了精神科学的特征，使精神科学能够摆脱自然科学的框架，作为一门独立的科学而出现。这与他站在"巨人的肩膀"上是分不开的，他的精神科学思想资源包括亚里士多德的实践哲学、狄尔泰的精神科学和海德格尔的解释学等。

在精神科学的产生根源方面，伽达默尔认为应追溯至人文主义传统，它是精神科学赖以生存的土壤，也是精神科学不同于自然科学的基础。人文主义传统的主导概念包括教化、共通感、判断力和趣味，这四者的关系在于：教化能够使人脱离直接性和本能性，成为一个普遍的精神存在，这种普遍意义形成的是人类共同生活的基础和健全的感觉——共通感，共通感是判断的基础，判断的最高形式是趣味。教化对于精神科学而言就是从共通感出发将个人的特殊性引导至人类共同生活的普遍性之中，这种普遍性并不是抽象的普遍性，而是由特殊性不断生成和发展的具体的普遍性。从人文主义传统出发，我们可以了解到精神科学那些特有的不同于自然科学的特性的产生根源。事实上，对人文主义传统追溯的本身就将自然科学与精神科学区分开来，自然科学的特性来自某个牢固的认知基础而非生长环境，它追求的是"放之四海而皆准"的普遍性，而不是"橘生淮南则为橘，生于淮北则为枳"的特殊性，这也从另一个角度揭示了精神科学是一种与特殊性有关的科学，这也使得精神科学与亚里士多德实践哲学之间存在某种关联。

从研究对象而言，精神科学是与人有关的科学，研究的是历史及其传承物，历史的现实性体现在它始终是效果历史，总会对活动于其中的人及事物产生作用。这种作用不仅仅在于过去，也在于现在和未来，这意味着我们无法切断历史与我们的联系，或者说不能纯粹客观地看待历史，因为我们始终处于历史之中，并且效果历史意识总是预先规定我们一切认识的可能性，这就使得"前见""传统""先行关系"成为精神科学中的重要因素，伽达默尔指出，"'精神科学'中最关键的并不是客观性，而是与对象的先行关系"（伽达默尔，2010b：406）。此外，效果历史的作用还表明我们不能从既定的概念出发去认识精神科学，因为人的活动经过效果历史的洗礼总会生成新的意义，新意义与旧意义一同构成整体意义，整体意义会随着新意义的出现变得更广而不是更新。这就意味着在精神科学中不会出现自然科学那种新事物完全取代旧事物的情况，也不会出现抽象概念统摄具体现实的情况，因为对精神科学的认识总是在不断的补充和调整中实现的。这表明精神科学的真理是去蔽的真理而非符合的真理，精神科学的经验是生成和展开的经验。从整体来看，人类发展就是个体与总体不断相互影响的过程，因此精神科学在本质上就是人类个体经验与人类基本经验相互阐释的结果，二者的关系在于前者丰富后者，后者指导前者，这一点在教化中也有所体现。这种相互阐释表明精神科学具有普遍性，因为它从人的经验的角度生成了一种能够适应各种变化的视域或处境，呈现了一切经验预先给定的基础。从这个角度来说，精神科学是自然科学的基础，对精神科学本质的认识有助于解决精神科学与自然科学之间的对立所引发的生活世界失衡的问题。

精神科学的本质特征表明对精神科学的理解不能采用自然科学的方式，它实质上适用于整体与部分的解释学循环原则，在海德格尔那里，解释学循环意味着所有关于意义的理解都有一个前提，因而在精神科学中，我们首先要与前见产生关联才能进行理解，于是解释学循环原则在精神科学那里就具体化为前见与事物自身的理解循环。这种转变涉及效果历史，或者说，历史是理解精神科学的中介，我们必须要考虑到历史的特性才能更好地理解精神科学。历史就像现实生活一样，只有当它像"你"一样与我们攀谈时才具有意义，因此对精神科学的理解需要在对话中实现。对话过程就是视域融合的过程，对话最终所形成的一致性能够引导我们寻找到去蔽的真理，因为在对话中，双方都不能用自己的意见包括所有真理，而真理却能把对话的双方包括在各自的意见中。

第一节 伽达默尔精神科学思想的主要资源

对伽达默尔精神科学思想产生重要影响的哲学家主要有亚里士多德、狄尔泰和海德格尔。亚里士多德的实践哲学是伽达默尔精神科学思想的合法性基础，它使我们不仅能够在古希腊的实践哲学中更好地理解精神科学的本质，从实践作为理论的基础中看到精神科学的基础性地位，还能够通过实践的技术化过程了解到精神科学失去独立性并采用自然科学的方式来发展自身的根本原因。狄尔泰的精神科学思想在精神科学思想的整体发展过程中具有里程碑式的意义，它为精神科学的独立发展奠定了良好的基础，正是在这个基础之上，伽达默尔才能够进一步探究到精神科学与自然科学在本质上的区别。在这一过程中，海德格尔的影响同样是不容忽视的，他提出的"前理解"问题使得伽达默尔能够从效果历史和解释学循环的角度看到精神科学的本质特征。

一 对亚里士多德实践哲学思想的继承

亚里士多德对伽达默尔的影响可以追溯至20世纪后期，"伽达默尔逐渐开始对实践哲学与解释学的关系产生了兴趣。亚里士多德的实践哲学为他的解释学提供了一种思路，于是伽达默尔开始重新审视这种关系，并思考了当时与伦理和政治有关的问题"。(Dostal, 2002: 31)伽达默尔指出,"实践哲学的亚里士多德传统一直活生生地贯穿于整个西方历史,而且也延续于近代科学时代之中"(伽达默尔,1988a:作者自序 2),他正是从亚里士多德的实践哲学中为自己的精神科学思想找到了强有力的支撑。伽达默尔认为,我们现在将"实践"理解为对科学理论的应用,无论是对"实践"还是"理论"都是一种较为狭隘的理解。"伽达默尔看到,古代哲学家所理解的理论与我们现在的理解不同。对他们来说,理论生活是一种思考永恒真理的生活。对受现代自然科学教育的人们来说,理论则是在实践中被证明或被应用的一系列归纳。"(Dostal,2002:220)但亚里士多德在实践哲学中所表述的那种"实践",并不是生活杂事和世界万物,而是人的生活形式,即生活的基本状态,是生活的整体和全部,包括了人所有的活动和行为,以及人最内在地理解和共同分享了的信念、价值以及习俗等,它们构成了我们生活体系的一切概念细节的总和,是一种"事实性的全体",亦即海德格尔在《存在论:实际性的解释学》中所提到的那种事实性,也是古希腊人所说的"伦理"。伦理并非与生俱来,也不是随意获得的,而是通过责任的理智性来保证,它通过练习和习惯而获得,存在于人与人的共同交往中,是人在社会和国家的共同生活中共同遵行的信念和决定,并构成了人的存在和自我理解的尊严。

作为伦理学的创建者,亚里士多德"明确地赋予事实性的这种特性以荣誉"(伽达默尔,1988b:71)。他审视了希腊城邦及其自由民,指出人的实践与动物那种受制于生命秩序、被某种本能模式所规定和驱使的生活不同,人的生活是在理性的引导下被秩序化的,这种理性同时带有责任,是存在于人的理智之内的自我责任心。人的生活所具有的那种不受本能驱使而由理性指导的特征,构成了人在世界上的中心地位和本质特征,亚里士多德将这种理性称为实践理性,或实践智慧。实践智慧只是人所拥有的理性之一,事实上,亚里士多德将人的活动分为三种形式:理论沉思、实践和制作。理论沉思属于"知",制作属于"行",实践则在"知"和"行"两者中间。与它们相应的哲学分别是:理论哲学、实践哲学、创制哲学。相应的理性分别是:理论智慧、实践智慧、创制智慧。相应的知识分别是：理论、实践、技艺。

理论沉思活动是思考必然的、不变的事物，实践和制作活动虽然都与我们可以改变的事物有关，但后者针对的是活动之外的产品，与生成某物有关，而前者则是针对活动本身，与人的事务有关。"德性"在古希腊人那里是指活动的出色发挥，能将事情做好的人是那些具有与好事物相应的德性的人。人的德性包括理智德性和道德德性，它们都是人的灵魂在严格意义上具有逻各斯（理性）的部分，而不是分有以及没有逻各斯的那些部分。

道德德性通过习惯养成，理智德性则通过教导产生。获得形成理智德性的方式主要有五种，即科学、努斯、智慧、明智和技艺，它们的特点是"求真"。"科学"是一种可以用来做证明的品质，它从始点出发并通过演绎和证明得出结论，是对普遍的、必然的事物的解答。始点是一些普遍的陈述，它只能通过"努斯"来获得，因为始点本身不能被推演出来，我们只能从始点出发进行演绎，由此可见，"科学"追求的是推论性知识之真，而"努斯"追求的是科学理论的前提之真，二者相结合就产生了"智慧"。这种智慧是指理论智慧，它是古希腊爱智活动所说的那种智慧，它与最高等的事物、居于首位的科学有关，得出的也都是普遍的知识，它不仅仅属于人，而是"人与更高的存在物共享的，是关于永恒的事物的"（亚里士多德，2003：176）。这三种方式都属于理论沉思活动，都以不变的事物为对象，其余两种方式则以变化的事物为对象。例如，"明智"，也称实践智慧，"是一种同善恶相关的、合乎逻各斯的、求真的实践品质"（亚里士多德，2003：1140b）。实践智慧属于实践活动，它与人有关，其目的是把人自身变好，具有实践智慧的人能够从生活总体的善和有益而非个人利益出发，考虑对于他自身善和有益的事情。实践智慧的知识与理论智慧的知识不同，后者是抽象的普遍的知识，前者则是具体的特殊的知识，因为无论是实践活动还是实践智慧都与具体的事物打交道，但这并不意味着两种知识之间的对立，因为它们都是我们所需要的。"技艺"属于制作活动，"是一种与真实的制作相关的、合乎逻各斯的品质"（亚里士多德，2003：1140a）。技艺指导外在产品的制作，其目的是把产品做好，它同已存在的、必然生成的或自然生成的事物无关，而仅与制作生成的事物有关。

实践智慧总是活动于一个由价值、习惯和信念构成的关系之中，这种关系即伦理。虽然每个人身处的具体情境与他人身处的具体情境可能有相似之处，但对于每个个人而言，他自己的情境仍然是极为特别的。在这种具体情境中，什么是好的，什么是应当做的，并未在这个人之前所获得的关于善恶的总体知识中明确说明，而是需要他自己去判断和决定，这就与那些详细指出使用方式的产品说明书完全不同。实践理性要求我们正确运用自己的知识和能力，去理解和解释我们自己的实践情境，伽达默尔指出，"这就是伦理学和实践理性的解释学之维"（伽达默尔、杜特，2005：69），并且这种理解不是个人自己的独断性理解，而是人与人之间相互的理解。应该说，人与人之间的所有行为都是相互的而非彼此独立的，这实质上就是生活的特性。在实践中，是理解引导我们，而不是我们主导理解，真正的理解产生于相互之间的对话中。

伽达默尔的这种观点不仅表明了实践哲学与解释学的关系，也间接表明了实践哲学与精神科学之间的关系。精神科学与实践哲学之间是一脉相承的。一方面，它们都与人有关，也就是说，它们的题材和对象都是变动不居的，它们的知识都是具体的，而非绝对普遍有效的、精确的，它们的研究过程并不遵循某种固定的程式化的方法，而是要在整体与具体的不断协调中进行，它们的最终目的也不是预测和说明，而是在于将活动本身做好；另一方面，在近代经验科学兴起的过程中，实践转向技术，其本身与人有关的意义被消解，实践智慧成为谋划的手段，这与精神科学本身的属人特性被自然科学所掩盖，不得不遵循自然科学的认识论和方法论模式去获得知识的境况十分相似，这使得无论是对精神科学的研究还是对实践哲学的研究都能够促进对它们的理解。因此，"正是亚里士多德的实践哲学——而不是近代的方法概念和科学概念——才为精神科学合适的自我理解提供了唯一有承载力的模式"（伽达默尔，2010b：401），伽达默尔正是在继承了亚里士多德实践哲学的前提下，才能走出一条不同于其他哲学家的精神科学思想之路,恢复精神科学的本质,使其真正成为一门体现人自身特性的与人有关的科学,而他的精神科学思想无疑也是对亚里士多德实践哲学的一种丰富和扩展。

二 对狄尔泰精神科学思想的发展

从总体上来说,伽达默尔的精神科学思想是以狄尔泰的精神科学思想为基础的,或者说,伽达默尔的精神科学思想是对狄尔泰精神科学思想的改造,因为在精神科学被视为自然科学的一个分支时,正是狄尔泰为精神科学明确了专属的社会—历史领域,他"保留了精神概念里的浪漫主义—唯心主义的传统……使得历史学派区别于一切自然科学的和天赋人权的思维"(伽达默尔,2010a:15)。与穆勒的精神科学思想相比,狄尔泰的精神科学思想更加突出了精神的地位,从而使这门关于人的科学切实地体现出了人的特征。在伽达默尔看来,正是人的本质中所具有的精神的理性方面,使人区别于依靠本能为生的动物,同时也使这个方面成为人的显著特征。伽达默尔赞赏狄尔泰在精神概念中凸显了与自然科学的客观规律和天赋人权那种先天假定不同的思维方式,并将其与历史学这门无意于理论上的证明、限定和划界的学科联系起来,狄尔泰也正是从这一点出发评价穆勒由于"缺乏历史的教养",才得出充满偏见和独断的经验主义方法。

狄尔泰首先对精神科学和自然科学进行了区分,他认为,精神科学和自然科学的区别不仅仅在于它们的对象是自然的或是精神的、是普遍的或是个别的、是物质的或是心灵的,更重要的在于它们通向各自对象的途径不同。精神科学的对象是出自体验的印象,自然科学的对象则是知性认知为了解说这些印象而构建出来的各种客体。以人为例,虽然精神科学是与人有关的科学,但人并不仅仅是精神科学的研究对象,从感知和认知的角度来看,人只是一种物理事实,只有在自然科学的认知活动中才能被认识,但"当人类的状态得到体验,当这些状态表现于生命表达式中,当这种表现为人们所理解时，人类就成为精神科学的对象"（狄尔泰，2010：79），因为精神科学是从生活和理解出发，从内在于生活之中的实在、价值和目的的关系出发，将事件的自然方面看作理解的手段，探讨外在表达背后的内在的东西，"它指向自我意识；它是从外向内进行的理解过程"（格朗丹，2009：144），并且这种走向内在自我意识的过程不是主观的，而是客观的。

狄尔泰认为，在以事实规律为基础构建客体这一点上，自然科学与精神科学是一致的，只不过前者依据的是物理事实，构建的是物理客体，出现在认知活动中；而后者依据的是意识事实，构建的是精神客体，出现在理解活动之中。精神世界中的意识事实是与精神生活最为一致的材料和基础，其自身所涉及的并不是事物的自然属性，而是人的感知和价值观念。在意识事实的形成过程中，物理事实并不是一种强加的外部障碍，而是作为内在经验的条件而出现的，也就是说外在经验实质上是在为内在经验提供基础，这表明意识事实并不是通过推理或计算形成的，而是通过与人自身各种感觉结合在一起的内在经验得到的。此外，意识事实和物理事实来源不同，且不可通约，"从有关自然界的机械秩序的各种事实中，不可能推导出各种心理事实或者精神事实"（狄尔泰，2002：27），自然世界与精神世界只会在某个关节点上有所交叉，在这一点上，"人们可以把某种物质事实或者物质变化，合乎规律地与某种心理事实或者心理变化联系起来，而在它们之间并不存在进一步的、可以觉察的中间阶段"（狄尔泰，2002：33）。

狄尔泰对精神科学发展的重要贡献不仅在于他从意识和物理的角度对精神科学和自然科学进行了区分，更在于他为精神科学寻找到了属于自己的"社会—历史"领域。他认为，科学就是对"存在于自然领域和社会—历史世界之中的实在所具有的因果关系法则的研究"（狄尔泰，2002：229），精神科学属于后者，它关注的对象是社会—历史实在。狄尔泰认为精神生活完全是历史性的，历史的发展是各种精神事实的源泉，精神世界的全部现象都是历史发展的结果。正是这种历史意识促使历史学派从历史的角度对社会理论进行探讨，通过纯粹经验的观察，以与历史共情的方式完全投入历史过程的细节之中，完全根据一个具体事态的发展脉络来确定这一事态的价值，并在对过去的研究中找到与当代生活有关的说明和规则。这里体现的是一种整体与部分的关系，它不仅仅是19世纪解释学所运用的主要规则，也是狄尔泰精神科学思想中的主要内容。从整体与部分的关系入手研究精神科学也是伽达默尔采用的研究角度，二者的区别在于，伽达默尔关注的是整体与部分的辩证关系，即部分生成、更新整体，整体则指导、引领部分，并且这一过程始终持续着，狄尔泰关注的则是部分与整体的归属关系。例如，在狄尔泰看来，精神世界的问题之一是人们对其具有一种片面性的认识，这种认识来源于每一种具体的精神科学之间缺乏关联，或者说人们过于注重具体的精神科学自身的系统表述，而忽略了从总体的角度综合考虑各个具体的精神科学所表述主题之间的关系。事实上，每一种具体的精神科学都是从具体的某个角度去认识社会—历史实在这一整体的，因为它们都无法作为社会—历史实在的全部，而只能作为各个局部的内容出现，但各种具体的精神科学都会涉及"人"这一伟大的实在物，这表明对具体的精神科学的认识不仅需要历史意识，还需要一种总体性的考量，即从人的本性所具有的总体性出发去构想相关概念和理论，从而解决各种具体问题。因此，狄尔泰提出了精神科学的整体目标，即"理解就社会实在和历史实在而言具有独特性和个体性的东西、认识在这种实在的形成过程之中发挥作用的各种一致性，并且为它的进一步发展确立各种目标和规则"（狄尔泰，2002：50）。

这一目标表明，狄尔泰的精神科学思想是根据人的内在经验所给定的意识事实来把握社会—历史实在的，同穆勒相比，他的精神科学脱离了自然科学的框架，获得了"社会—历史"这一专属领域并在其中独立发展，但这并不意味着狄尔泰的精神科学思想完全摆脱了自然科学的模式，相反，他的精神科学思想中仍然蕴含着自然科学那种追寻一致性、普遍性的范式，或者说，"科学"对狄尔泰而言仍然具有与穆勒相同的意义，即要具有确定性、客观性、系统性等特征，而只有普遍有效性的认知方法才能保证这些特征。狄尔泰认为，精神科学那种缺乏系统性和普遍有效基础的论述，与自然科学那种经过分析和提炼的论述相比显得徒劳无力，这是因为精神科学没有属于自己的方法，不得不从属于自然科学。但精神科学需要的不是形而上学那般从永恒和超验出发对精神世界进行抽象推理或者检验论证，而只是需要自然科学的那种"牢固认知基础"，为其提供普遍原理和规则，使精神科学的知识体现出自然科学所具有的客观性和确定性，从而实现"人类—社会—历史生活本身始终不断地从对于实在的体认走向价值确定，并且从后者走向目的设定和规则建立"（狄尔泰，2010：4）。

在伽达默尔看来，"虽然狄尔泰想要为精神科学方法上的独立性进行辩护，但他却仍然深受自然科学模式的影响"（伽达默尔，2010a：15），因为狄尔泰采用的是笛卡尔传统中主客二元对立的方式，将历史视为一种脱离于我们的客观对象，认为历史认识的前提是消除与生命的联系，从与历史的距离感出发，或者说是站在历史的对立面与其保持一定距离，才能形成关于历史的科学、客观的认识。但事实上，我们始终都生活在历史之中，我们由历史塑造同时也塑造着历史，因此无法脱离历史而客观地去认识它。在方法论方面，虽然狄尔泰是在对精神科学对象进行了考察之后提出的精神科学应该有自己的独特方法，但这并不意味着这种观点就符合精神科学的本质，因为对规则和方法的追求本身就属于自然科学的模式，因此他实质上仍然是将自然科学作为科学的前提和标准，这也意味着狄尔泰注定无法从方法论的角度维护精神科学的独立性，因为方法在现代科学中是以同一性为目标的，并且通常以自然科学的方法及其所带来的同一的效果为典范。伽达默尔指出，"精神科学根本没有自己特有的方法"（伽达默尔，2010a：17），它所需要的条件对于精神科学的研究方式而言，并不亚于归纳逻辑在自然科学中的重要性，只是这种条件不是方法论，而是赫尔姆霍茨所说的那种机敏。在历史认识中起决定性作用的是一种完全不同于在自然规律研究中所需要的经验，历史认识也是一种完全不同于自然科学的认识，"人类的自由世界并不承认自然法则的绝对普遍性"（伽达默尔，2010a：18），在这个领域中不存在自然法则的绝对优势，而只存在对实践法则的自由依循。

三 对海德格尔解释学观点的吸收

海德格尔对伽达默尔的影响是毋庸置疑的,他曾这样评价海德格尔的魅力,"在我们这个时代,在这个自 1941 年起就故步自封的欧洲,通常只有自然科学能产生世界性的反响……年轻的海德格尔蜚声全世界还真是独一无二的"(伽达默尔,2003b:199)。有学者认为,"伽达默尔是从海德格尔那里学会了欣赏古希腊人那种与具体的、实在的人类生活的密切关系,而不是科学主义和新康德主义的认识论。正是海德格尔打破了命题真理和必然基础主义的统治状态,使得伽达默尔得以使用实践理性去探索解释学理性的首要地位"(Dosta,2002:180)。虽然海德格尔在精神科学方面对伽达默尔的影响并不像狄尔泰那样直接,因为在"最初开始基于事实性的设想之前,他就已经坚定地将精神科学的理解降低为一种次要的或派生的地位"(格朗丹,2009:171),但这并不意味着海德格尔对精神科学的轻视,可以说,他对人的此在的论述,对作为存在者的此在的存在意义的追问,以及对人的生命和生活的实际性的解释,都对理解精神科学,以及揭示精神科学的本质具有重要作用。事实上,在他提出自己的解释学观点之前,海德格尔就开始关注精神科学了,其目的在于反对在 19 世纪广为流传的将解释学作为精神科学方法论的观点。在海德格尔看来,方法论并不能保证真正意义上的理解,因为它忽略了一个重要问题,即人自身是有限的,这表现在时间、历史与人的密切关系上,人真正的可能性是一种不断增长的对自由选择的可能性,而时间在其中始终发挥作用,这意味着在与人有关的领域追求绝对普遍有效的真理实质上是在逃避时间的影响,而那种缺乏时间观念的方法论化的理解实质上也是基于对人自身时间性的抑制或遗忘,可以说它们都是一种无法实现的认识理想。海德格尔指出,19 世纪整个科学领域,包括精神科学和哲学,它们的明确理想都体现在数学和以数学为基础的自然科学中。数学在古希腊人那里就是一切科学的典范,古希腊人相信数学可以帮助他们寻找到普遍有效的知识,数学严密性的绝对化始终支配着科学，并且在一般科学观念中获得表明自身的根据。但古希腊人研究数学并不是为了应用，而只是为了研究而研究，将数学理论用于解决实际问题的方式，是从近代开始的。此外，在19世纪，作为物理现象的科学规定在者在一种确定的、通达这种在者的方式中显现自身，并且只是就其自身显示的那样，而不思考不可见的特性和隐蔽的力量。这个时期的哲学研究越来越集中在科学理论和最广义的逻辑学、心理学上，它们都是从自然科学那里确立它们的方向的。这一点对于精神科学的影响体现在，人们试图将康德的纯粹理性批判扩展至人文领域，以期待获得完美的精神科学，例如狄尔泰模仿康德，将精神科学的问题表述为历史理性批判。事实上在精神科学这一阶段的发展过程中，自然科学只是作为一个否定的尺度出现，人们所做的也只不过是在自然科学和精神科学之间划界而已，还没有意识到精神科学的问题需要用完全不同的方式来把握。海德格尔认为，"数学是最不严密的科学，因为它最容易通达。精神科学所假定的科学实存比数学家所能达到的要多得多。人们不应把科学当作命题和论证关系的体系，而应当作本身带有阐述分析的实际性的此在。这种将数学指定为科学典范的做法是非现象学的，而科学严密性的意义要从所探讨的那种对象方式及其适合的通达方式中提升出来"（海德格尔，2009：76）。

精神科学是以人及其传承物为对象的科学，人本身的特性使得可能性对人而言是一种需要被正视而不是被否定和排斥的对象，在与人有关的事物上，任何可能性都有自己独特的被把握和被保存的方式，把握一种可能性就意味着在其存在中把握和发展它，而不是一以概之地绝对化或论题化。从这一点来看，精神科学应该使用现象学这种研究方式来把握。"现象"是涉及通达、把握和保存的方式，在现象学中，对象要如它们在其自身所显现的那样来把握，也就是说，要如它们面对一种特定的"看"所出现的那样来把握。这种"看"产生于一个关于对象的定向存在，产生于对这些存在者已有的熟悉，这种熟悉大多是一种已经听到、了解到的结果，并且完全不同于自然科学的结果。在自然科学中，面对事物的特定状况，它所显示的只是一个方面，这个方面本身通过传统得到各种规定后成为它唯一的本真性，但它并不意味着完满和真实，因此什么也保证不了，因为更多真实地从其自身显示自身的事物并没有被当作事情本身，在这一过程中，人们实质上是在一个基础的建立中将偶然当成自在，将掩盖当成事情本身。而在精神科学那里所能显示的特性还不仅仅是一个方面，如果仍然使用自然科学的方式去把握的话，就会使精神科学的本真性在更大的程度上被掩盖。因此，海德格尔认为应该超越初始状态去把握摆脱了遮蔽的事情，这首先就要把握"先有"。

"先有"需要在对象的关系中去审视，"审视某物以及审视在其中作为构成的实现而对纳入视野中活生生的规定已有作为如此这般的在者的看；这个在每一领会和交道中已预先具有的东西可称为先有"（海德格尔，2009：82）。在海德格尔那里，"先有"是一个在本身方面更本源并且在描述上已经起作用的现象，它体现的是实际性，也就是当下我们本己的此在。从解释学的角度来说，这种"先有"即"理解的前结构"、"前理解"或"解释学处境"。前结构指的是人的此在是一个特殊的、被人自身所熟悉并始终主导理解和解释倾向的结构，它的基本性质是操心。在海德格尔看来，理解就是被"操心"所加强的"熟悉世事"，从这个角度来说，理解实质上是一种能力，这种能力与生活有关，是我们与人及事情打交道的能力，而不是通过对专业知识的认识所获得的那种能力。这种意义上的理解在海德格尔那里被称为"生存的理解"，因为它是一种生存的方式、一种存在的基本方式，依靠它的力量我们处理并熟悉我们的周围世界。生存能力强意味着适应力、与他者交往的能力强，这些都是生存的理解得以形成和增强的基础。在海德格尔看来，这种理解才是普遍的，而自然科学家那种认知性的理解只是这种理解之下的一个种类，通过理论或科学的方式对一个主题的理解实质上是由这种对世事的"熟悉"所决定的。

此外，这种生存意义上的解释学也完全不同于传统的解释学。在传统的解释学中，解释作为达到"理解"这一目标的手段始终在自明地起作用，如果人们没有理解文本的某个段落，他就不得不求助于解释，解释的目的就是要能理解。为实现这一目的，解释的功能至少是要提供理解的必要手段，或者从另一个角度说，解释是源头，理解是结果。但在海德格尔看来正好相反，理解先于解释，解释只是理解的发展或扩大，在一切正确的解释中，首要的任务是反思自己的理解的前结构，解释的目的就是帮助人们意识到自己的前理解，因为它参与占有一个人自己的理解处境和决定操心的认识与行动的前提。海德格尔认为，在解释和理解之间，即在每一解释和使其发展的前概念之间，都存在一个循环关系，这种循环严格地属于无法逃避的此在的操心结构，进而属于此在的前结构，对这种循环的视而不见或试图摆脱都是无意义的，并且"决定性的事情不是从循环中脱身，而是依照正确的方式进入这个循环"（海德格尔，1987：187），也就是说，要优先考虑和认真解释的持续任务总是通过一个人自己的前把握来进行并将它们带到解释中。

海德格尔突出理解前结构的目的是打开两个特殊立场之间，即论题和另一个陌生思想之间的真正对话，通过反思地返回到一个人自己的前结构，至少能部分地支配一个人自己的解释倾向，从而让事物的他者性相对这种背景敞开和显现出来。从这个角度来看，在19世纪广为流传的施莱尔马赫和狄尔泰的解释学观点，实质上是形式主义地理解解释学。施莱尔赫将解释学限制为针对他者话语的"理解的艺术"，并将其看作与语法学和修辞学相关的一门学科。狄尔泰则在施莱尔马赫的基础上，将解释学定义为"理解的规则"，或者确切地说是"精神科学的方法论"，在研究精神科学的发展中去探讨解释学。在海德格尔看来，解释学获得哲学地位并不是出于解释的理论，而是解释本身，因为解释的目的在于提高此在的自我透明性。这也是为什么海德格尔在西方解释学发展的历史过程中特别注重奥古斯丁的观点。奥古斯丁的思想突出了解释学与人的关系，他将对《圣经》的理解与主客体之间的认识过程联系起来，明确了解释者所要追求的生活真理，证明了此在由于不断追求意义而以焦虑的方式存在。奥古斯丁的思想不仅超越了"寓意解释"①所表现出来的任意性,还具有明显的存在论特征,海德格尔由此认为奥古斯丁的解释学是"一种广泛的和活生生的解释学观念"(海德格尔,2009:16),这与海德格尔"作为实际性自身解释的解释学"观点十分类似。

海德格尔认为,在解释学中,需要解释的对象有其自己的存在,"解释学与其'对象'具有存在的关系,这种关系使得解释学的开端、进行和占有在存在方式上和实际时间上先于科学的实现"(海德格尔,2009:19)。因此"解释学"一词应在其本源的意义上使用,即"实际性的解释",实际性指的就是人的生命或生活的实际性,即此在。"实际性"这个词只与人有关,与人的世界有关,而与一般的物无关,因为只有人才会涉及"实际性"的问题。作为此在存在特征的实际性是指,"此在与其他在者一样都有自己的事实性,但此在不同的事实性在于它不是既定现成的、固定不变的、僵硬地摆在那里并由静观来发现的东西,它是一种超越性的生存,更多表现为一种可能性"(海德格尔,2009:译者序12~13)。海德格尔还将此在的"被抛性"与实际性联系起来,强调"生存总是实际的生存。生存论状态在本质上是由实际性规定的"(海德格尔,1987:232)。

在海德格尔看来,解释学的任务就在于,"使每个本己的此在就其存在特征来理解这个此在本身,在这个方面将此在传达给自身,此在消除自身的陌生化"(海德格尔,2009:18)。对于此在来说,在解释学中形成的"是一种以它自己的理解方式自为地生成和存在的可能性。这种产生于解释中的理解不能和在别处称为对另一个生命作认知态度上的理解完全相提并论"(海德格尔,2009:19)。因此,解释学并不是人为想出来的,用以满足此在好奇心的分析方式,事实上,"解释本身是实际性的存在特征之可能的独特方式。解

---

① 在古希腊时期,当神话的直接意义无法被理解,或因不合理而不被接受时,就需要一种寓意解释(αλληγορειν)。寓意是指与公开的字面意义不同的、被隐藏了的、更深刻的东西。寓意解释就是从字面意义返回到通过文字所传达的意义,即从外在逻各斯返回内在逻各斯,但它主要是强调与字面意义相反的部分,这与ερμηνευειν所表示的解释是有所区别的。

释是实际生活本身之存在的在者的方式……解释学研究的主题乃是每一本己的此在,而且是作为解释性地询问关于它的存在特征,旨在发展它自己的彻底觉醒"(海德格尔,2009:19)。

因此,实际性的解释学是此在或实际性自身的解释,是此在的一种原初或本源的觉醒,并且是在此在自我觉醒过程中展开的,它是被生命或生活活动本身所伴随的一种原始或本源的领悟,或者说生存的领悟,而不是认知意义上的理解。理解在它成为认识方式之前,首先是一种存在方式,它与此在本身的存在相关,而不是朝着某个对象的意向性活动。实际性在这里不是现成、既定的存在,不是当下在手的存在,而是使用上手的存在,是人的存在即此在,具体来说,就是生活在它自己的时间和它当下的"此"而言的人的存在样式。因此,实际性的解释学并不是传统意义上的对古典文本和基督教圣经的解释,也不是某种方法论意义上的学说,而是对人的实际性的一种去蔽,是此在自身的一种投入,它与反思式的自我意识无关。对于海德格尔来说,此在与世界在生存论上是同一的,二者不可分,此在是世界的此在,世界是此在的世界,此在以外的事物没有世界,它们只有纳入人的存在和人的世界中才能得到理解和解释。因此海德格尔的解释学强调的是一种理解的本体论,也就是让此在自己解释自己。

何卫平教授认为,对海德格尔来说,"人的生活就是人的世界。我们不能逃避生活,也不能在生活之外进行观看和思考。生活是'自足的',它以自己的语言表达自身并拥有意义。海德格尔强调,我们必须从历史内并通过历史去理解生活,而不是专注事物的意向经验"(海德格尔,2009:译者序14)。海德格尔在他的实际性的解释学中贯彻了一种彻底的现象学的基本精神,即回到事情本身,因此他的解释学包含两个维度:在存在论维度上,解释学不是技艺学和方法论上的,其意义更为广泛,即源自开端性本质的广度;在现象学维度上,解释学"旨在更原始地思考现象学的本质,尤其强调这种解释学是现象学的新方向"(海德格尔,2009:译者序21),并且"解释学并不就是解释,它先前意味着带来消息和音信"(海德格尔,2004:117),而且这种消息是关于存在的消息,是对存在中的在者之在的告知,这种告知就是对已有的、已显现出来的存在意义的传达。

海德格尔的解释学与传统解释学的不同之处在于,它首先与"纯认识"的性质剥离开来。在海德格尔之前,理解一直被视为一种理论的理解,涉及以理智的方式解释有意义的东西,例如在德罗伊森和狄尔泰那里,理解达到了一种自主的认识过程的地位,它成为人的历史科学的基础,并说明历史科学的方法论的独特性。但在海德格尔看来,这种认识论的理解是次要的,是从一个更普遍的解释学的理解中派生出来的。伽达默尔认为,"海德格尔在《存在与时间》(1927)中给出了有关理解的更具实践性的概念,即理解更多的是一种实际知识、一种能力、一种才智、一种我们存在的可能性,而不是一个认知(或方法论)过程"(Dostal,2002:37)。海德格尔对人类此在的分析令人信服地表明,理解并不仅仅是一种主体行为,而是此在自身的存在方式,它不是基于人的理性的一种建构方式或方法,而是源自人的存在并随着存在的变化而必然发生变化的结果,其发挥作用的方式直接与此在有关,而不仅仅与理性能力有关。它所表明的是此在的运动性、开放性,而这两者是构成此在有限性和历史性的因素,并进而包括了此在的全部世界经验。从这个意义上来看,解释学实质上是一门哲学,而不是关于理解和解释的技术学。

伽达默尔认为,"解释学就贯穿于人类自我理解的一切因素之中,而并非仅仅存在于科学之中"(伽达默尔,1988b:73),其中我们不仅可以看到海德格尔作为实际性自我解释的解释学影子,还看到了解释学所追求的最大普遍性,即存在意义上的普遍性。在伽达默尔看来,海德格尔的实际性解释学在西方现代哲学的转型方面做出了重要的贡献,他指出,海德格尔实际性的解释学"指的是同实际存在本身的不可理解性的对抗;同唯心主义解释学概念的决裂。理解和理解的意愿是在它们对真实现实的密切注意中被认识的……无论是胡塞尔的生活世界理论还是海德格尔事实解释学的概念,都坚持相对于无限的理解之任务和无限的真理的人的时间性和有限性"(伽达默尔，1988b：68），只有从这种观点出发，我们才能摆脱现实性科学研究的狭隘眼光，意识到知识不仅仅是掌握尚未为人所认识的事物，也包括对人类自身事务的理解和认识。而精神科学的知识正是这样的知识，"它自身的理解和解释绝不是一种依据于原则而来的构想，而是远久流传下来的事件的继续塑造"（伽达默尔，2010a：7），精神科学关注的是人类的整个世界经验，而不是构造满足科学方法论理想的确切性知识。

可以说，海德格尔的实际性解释学是伽达默尔反对解释学方法主义的主要来源，它使得伽达默尔始终以人的实际性的历史存在为核心展开自己的思想。何卫平教授认为，"海德格尔的实际性解释学最终通向伽达默尔的实践解释学、教化解释学，而伽达默尔则赋予了海德格尔的实际性解释学更深厚的人文主义内涵"（海德格尔，2009：译者序29）。格朗丹教授认为，"目前我们只能确信这一点：重构海德格尔的解释学必须从其早期的事实性解释学的计划开始，这尤其是因为伽达默尔对'解释学'这个词的用法是根据那个时候流行的意义，而且他将自己在《真理与方法》中的解释学同事实性解释学联系的程度相对于海德格尔《存在与时间》中的解释学有过之而无不及"（格朗丹，2009：18）。

第二节 精神科学的产生基础

伽达默尔精神科学思想的主要特征之一就在于他提出了精神科学的产生基础——人文主义传统，与仅从精神科学与自然科学在形式上或范围上的不同来探究相比，对精神科学赖以生存的基础的探究，则是从根本上将精神科学与自然科学区分开来。在人文主义传统主导概念中，赫尔德意义上的教化以及维柯等人意义上的共通感概念所蕴含的整体与部分的相互阐释以及具体的普遍性等方面的意义，体现的正是精神科学的本质特征，而判断力与趣味概念最初所具有的道德维度则意味着现代意义上的科学及其所属概念并不是科学的全部内容，或者说科学并不仅仅表现为自然科学，精神科学作为与人有关的科学是与自然科学完全不同的另一种科学。

一 教化与普遍的精神存在

作为精神科学的生长环境，人文主义传统是精神科学赖以存在的要素，是其产生和发展的基础，因而对于我们深入了解精神科学的本质尤为重要。人文主义传统的主导概念包括教化、共通感、判断力和趣味。"教化"（bildung）一词意义的发展主要分为三个阶段，最早的意义是外在的"自然造就"，与人无关，指外在现象或自然所造成的形式。但它不仅仅是一种单纯的形式，而是具有一种双重关系，从其词根 bild（形象）来看，bild 既可以指范本（vorbild）也可以指摹本（nachbild），这就使得教化与"形式"相比更具有一种能动和自然的性质。在中世纪，教化与神秘主义传统产生了联系，教化了的人被认为是按照上帝的形象创造的人，人的灵魂中总是带有上帝的形象。由于摹本和范本的关系在于前者分有后者、后者决定前者，因而此时的教化就是指作为摹本的人以作为范本的上帝为对象塑造自身。这种模仿和塑造意义上的教化并没有考虑人本身的特性，而是将人作为客体，被动接受来自主体的上帝的形象进行改造。时至今日，我们仍然能够在"教化"一词被翻译的过程中看到这种模仿和塑造的意义，例如与 bildung 对应的拉丁文是 formatio，英文是 form 和 formation，教化在这两种语言中均表现为塑形、成型的意义，而与这种意义对应的德文却不是 bildung，而是 formierung 和 formation，二者均表示以技术构造的方式完成从变异到存在的演变过程，而从 formatio 到 formierung 的过程中已经没有 bildung 的意义了。后来，教化与"修养"联系了起来，指人类发展自己天赋和能力的特有方式，其实质是对人自然禀赋和素质的单纯培养，这种意义上的教化虽然与人有关，但仍然是以发展某种被给予的东西为主，它只注重对人天赋的维护，使之不致退化，而不考虑人本身的能动特性，是一种达到目的的手段，可以说是一种关于人的"自然造就"。

教化的现代意义从赫尔德那里开始，当他在 18 世纪将教化称为"达到人性的崇高教化"时，就已经使教化从神性塑造回归到人性本身，将其真正地与人的"自我造就"联系起来了。这种自我造就不是简单的培训，也不是对人自然素质的改造，而是一种由内而外的生成，就如洪堡①（Wilhelm Freiherr von Humboldt）所说的那样，教化是"一种由知识以及整个精神和道德所追求的情感而来，并和谐地贯彻到感觉和个性之中的情操"（伽达默尔，2010a：21）。教化带给人的东西不是某种实用的技能，也不是某种外在东西的形式转换，而完全是人自己的东西，这种东西潜移默化地与人融为一体，成为人的一部分，并在方方面面影响人的行为和存在方式。教化不是完成某种技术改造，也不是实现某个既定目标，而是一种内在的持续过程。伽达默尔还从语言的角度进一步解释了教化的现代意义，在他看来，bild 所具有的范本与摹本之间的关系并不在于分有和模仿，而在于后者是前者的进一步延伸和扩展，是其意义在其他领域或时空的再现和延续，因此教化的结果并不是形成某种固定的最终的形式，而是一种新的生成，并且它经常处于进一步的教化之中。从这一点来说，教化自身就是目的。

黑格尔认为，"个体在这里赖以取得客观效准和现实性的手段，就是教化。个体真正的原始的本性和实体乃是使其自然存在发生异化的那种精神。因此，这种自然存在的外化既是个体的目的又是它的特定存在；它既是由在思维中的实体向现实的过渡，同时反过来又是由特定的个体性向本质性的过渡。这种个体性将自己教化为它自在的那个样子，而且只因通过这段教化它才自在地存在，它才取得现实的存在"（黑格尔，2009b：48）。教化是实体在思维中的普遍性向现实性的直接过渡，个体的教化实质上是实体本身的本质性环节，"个体性的自身教化运动直接就是它向普遍的对象性本质的发展，也

---

① 洪堡（1767~1835），德国语言学家、哲学家、外交家、教育改革家，柏林洪堡大学的创办者，对 20 世纪语言科学的发展有深刻的影响。

就是说，就是它向现实世界的转化。现实世界虽是通过个体性形成的，在自我意识看来却是一种直接异化了的东西，而且对自我意识来说有它确定不移的现实性。但是自我意识尽管确信这个世界是它自己的实体，却同时又必须去控制这个世界；它所以能有统治这个世界的力量，是因为它进行了自我教化"（黑格尔，2009b：49）。从表面上看，似乎是个体压制着实体从而消除实体，而实际上个体也正是实体赖以实现的东西，因为个体是要把自己从其自身中外化出来，也就是说要把自己变得符合实体，以使自己成为对象性存在着的实体，个体的教化和个体自己的现实性就是实体本身的实现。因此，教化就是自我意识在它本有的性格和才能所许可的范围内尽量把自己变得符合于现实。自我意识也并不是因为自己是存在的就会直接得到承认，相反，它是由于通过异化这一中介过程才使自己变得符合于普遍的东西。只有通过自身的异化，自我意识才具有实在性，使自己成为普遍性的东西，这个普遍性即它的现实性。

　　黑格尔将教化分为实践性教化和理论性教化，实践性教化要求人们追求某种普遍性，这种普遍性是指放弃个人需求和私有利益，以及放弃欲望的直接性意义上的普遍性。人们在从事某种职业活动时，人自身的特点是人的特殊性，相对而言，职业自身的特点就意味着普遍性，实践性教化就体现在职业中的人根据职业活动的特点来调整自身，限制或舍弃那些个体自身的但相对于职业而言不合时宜的特殊性。这种对职业所蕴含的普遍性的追求并不是为了实现某个外在的目的，而仅仅是对职业本身的一种热衷，是人根据职业活动所进行的一种自我塑造，目的是使职业完全成为自己的事情，可以说是人与职业同化的结果，但这种同化首先是从人的异化开始的，这种"从异化出发"的特点也是理论性教化的特征。理论性教化与实践性教化的不同之处在于，它超出了人类直接获取和经验的事物，与回忆、记忆、思维等东西有关。在理论性教化中，人们需要从异己的东西出发，在异己的东西中认识到自身相对于异己东西的特殊性，只有摒弃了这些特殊性才能不带个人私利地把握事物，去寻求普遍的观点。事实上，无论是实践性教化还是理论性教化，都是从异己性开始的,"在异己的东西里认识自身、在异己的东西里感到是在自己的家,这就是精神的基本运动,这种精神的存在只是从他物出发向自己本身的返回"(伽达默尔,2010a:26)。

教化的过程就是普遍性对特殊性的引导过程,同时也是特殊性向普遍性提升的过程,这一点在人的教化中体现得尤为明显。每个人都会在自己民族的语言、习俗和制度中发现一个前定实体,并且已经与这个实体融为一体,具有这个实体所表现出来的普遍特征,这正是普遍性对特殊性引导的结果。人总是教化的人,单个个体在他所生长的世界中始终处于教化之中,他只有发现这个世界普遍具有的特征,不断扬弃自身与这些普遍特征相异的自然性,才能融入这个世界,成为这个世界的一部分。从这个角度来说,人的教化也是特殊性向普遍性提升的一种内在精神活动,即个体的人从个别性中异化出来并被类特征同化,在抑制个人欲望、舍弃相对于人类整体而言迥异的特殊性的基础上,成为一个具有人类整体普遍特征的社会存在。此外,在教化的过程中,普遍性不是规定特殊事物的那种概念的或知性的普遍性,而是一种基础的和广泛性意义上的普遍性,它对特殊性而言只是一种具有可能性的他者,并不具有强制性和规定性,它本身"并不是一个适用的固定标准"(伽达默尔,2010a:30),其意义在于使我们能够"为他者、为其他更普遍的观点敞开自身"(伽达默尔,2010a:30),从而把握自身与他者的差异。教化的这种意义表明它"不是一个程序或态度的问题,而是一个既成存在的问题"(伽达默尔,2010a:30),只有从他者出发,与自身保持尺度和距离,我们才能看到并超越自身的有限性并提升至普遍性,因此,伽达默尔指出"谁沉湎于个性,谁就是未受到教化的"(伽达默尔,2010a:23)。

人通过教化所获得的那种普遍性,是具有赫尔姆霍茨所说的"机敏"的前提。事实上,当伽达默尔认为精神科学并不从属于自然科学时,正是赫尔姆霍茨启发了他从人文主义传统入手使精神科学彻底摆脱自然科学的逻辑和方法,获得了真正属于自己的发展之路。在伽达默尔看来,赫尔姆霍茨作为一位19世纪下半叶的自然科学家,除了完全适用于自然科学的归纳法之外,他并不掌握其他方式来描述精神科学的逻辑，尽管如此，他仍然为精神科学的独特性做出了辩护，并且他对精神科学特点的描述更符合精神科学的本质，他所反对的也正是那种试图从自身的科学研究方式出发去制定普遍有效准则的企图。而从此后直至19世纪末20世纪初，许多哲学家仍然陷入"精神科学要想成为科学必须要有自己的方法"的观点而无法自拔。因此伽达默尔十分赞赏赫尔姆霍茨，认为他对精神科学做出了"公正的审察"，指出"他基本上不是在逻辑上，而是从心理学方面区分了两种处理方式"（伽达默尔，2010a：14），即逻辑的归纳法和艺术—本能的归纳法，这两种处理方式虽然都使用了归纳推论，但精神科学所采用的艺术—本能归纳法更类似一种无意识的推断，它依赖的是机敏感、权威、记忆等精神能力，与需要依赖人的自身智力才能得出推论的自然科学完全不同。

在伽达默尔看来，赫尔姆霍茨对精神科学的重要贡献在于他提出的"机敏"，这种机敏并不是一种感情和无意识的东西，而是"对于情境及其中行为的一种特定的敏感性和感受能力"（伽达默尔，2010a：29），它是人对自身事务进行认识和判断的基础。我们无法具体和确切地言明什么是机敏，因为它具有"不表达性"和"不可表达性"，一方面是由于机敏在不同的情境中会有不同的表现形式，另一方面是由于机敏的形成涉及多方面的因素，而任何一个方面都不足以完全表现机敏的全部特征，因此我们不能按一般原则去认识它。它是一种认识方式和存在方式，使我们在精神科学研究中对精神科学的对象有感觉，这种感觉不是简单地出自天性，而是来源于意识，这种意识知道在个别事件中确切地做出区分和评价而无须说明理由。当一个人机敏地说某事时，意味着他并不是在全面地事无巨细地表达事情本身，而是在策略性地表达，即事情已经被分为表达和忽略两个部分，那些被忽略的部分并不是被掩盖了，而是从正面展现转为伺机而动，从而避免直接表达所引发的对私有领域的冒犯、侵犯和伤害。如何对表达部分和忽略部分进行区分，就是机敏的意义所在，因此，机敏也可以说是一种认识方式和存在方式，具有机敏的人能够在个别事件中确切地做出正确的、适当的区分而无须说明理由，因为区分的结果本身就具有说服力,这种说服力所体现的正确性并不是符合既定标准意义上的正确,而是适宜的、合乎情理的意义上的正确。

机敏所具有的这种特征,根源于教化能够使人从普遍的基本经验出发去审视个别经验,从而做出正确的、适当的判断。伽达默尔认为,"科学意识乃是一种已教化过的意识,并因此具有了正确的、不可学的和非效仿的机敏,而这种机敏像一个要素一样构成了精神科学的判断能力和认识方式"(伽达默尔,2010a:27)。从教化过程的本质上来看,教化体现的是人类个体经验与人类整体的基本经验之间的一种辩证关系。一方面,人类基本经验引导个体经验,使个体经验扬弃异于基本经验的个体特殊性,特别是那些以个人私利为主的特殊性,具有人类基本经验所具有的普遍特征,如正义、善良等;另一方面,人类整体是由个体构成的,个体经验在受到基本经验引导的同时也在影响基本经验,使其不断丰富和发展,从而具有一种具体的普遍性。因此,对人类个体经验的认识需要在人类整体经验中进行,而对人类整体经验的认识也需要结合人类个体经验。这两种认识都不属于理论或规律在具体情境中应用的模式,而是一种诠释学的模式,这也正是作为精神科学对象的历史的理想认识方式,即"在现象的一次性和历史性的具体关系中去理解现象本身。在这种理解活动中,无论有多少的普遍经验在起作用,其目的并不是证明和扩充这些普遍经验以达到规律性的认识,如人类、民族、国家一般是怎样发展的,而是去理解这个人、这个民族、这个国家是怎样的,它们现在成为什么——概括地说,它们是怎样成为今天这样的"(伽达默尔,2010a:13)。

教化与人的关系以及教化自身的特性表明,自然科学所表现出来的那种普遍经验对个别对象的规定,或者是普遍规则对具体现象的应用,并不适用于探究人类整体的普遍性与人类个体的特殊性之间的关系,这也更进一步体现出"教化是精神科学赖以存在的要素"(伽达默尔,2010a:27)。这不仅在于精神科学所涉及的"社会—历史的世界的经验是不能以自然科学的归纳程序而提升为科学的"(伽达默尔,2010a:22),还在于教化本身所具有的历史性特征。在这一点上，伽达默尔进一步扩展了赫尔德关于教化与人的关系，他认为人在教化过程中，自身的天赋和能力不仅被保持下来，还由于吸收了其他东西得到了发展。这种"吸收"不是"同化"，被同化的东西就像是丧失了作用的手段，但在教化中，被吸收的东西并不是丧失了，而是被保存了，这种扩展性的保存意义使教化超越了没有内涵的功能概念，成为一个开放的、持续的、无最终目的的历史性概念，保持了与人本性的紧密联系，摆脱了formation所表示的那种失去能动性的单纯手段。因此，在教化中并不会出现自然科学那种消失或者被替代的情形，因为一切都被保存了下来，伽达默尔指出，"在所获得的教化里，实际上没有什么东西是丧失了，而是一切东西都被保存了。教化是一个真正的历史性的概念，并且正是因为这种'保存'的历史性质，教化对于精神科学中的理解有了重要的意义"（伽达默尔，2010a：22），因为在精神科学的对象——人的道德和历史的存在中，只有在那些被保存下来的东西里，而不是在那些不断被新东西替代的事物中，才能发现基础和广泛意义上的普遍性，而这种普遍性正是教化产生的前提。

从人的本质来看，人不像动物那样是按其本性所是的东西，人之所以为人是由于他与直接性和本能性的东西相脱离并获得了自己的特征，这是人的本质中所具有的精神的理性方面作用的结果，从另一个角度来说，这种脱离意味着人按其本性就不是他所是的东西，只有经过教化，人才能提升为人，因此，"精神科学也是随着教化一起产生的，因为精神的存在是与教化观念本质上联系在一起的"（伽达默尔，2010a：23）。伽达默尔指出，"精神科学之所以成为科学，与其说从现代科学的方法论概念中，不如说从教化概念的传统中更容易得到理解"（伽达默尔，2010a：31）。教化与精神科学的关系从根本上质疑了19世纪精神科学思想中蕴含的将方法论作为精神科学体现自身科学性的主要途径的观点，这种对方法论的追求是由17世纪自然科学方法论意识所引发的，但事实上，方法论对于精神科学而言并非等同于其对于自然科学那样的重要性，伽达默尔因此断言"精神科学根本没有自己特有的方法"（伽达默尔，2010a：17），他确切地表明了自然科学的方法论"如果被彻底地用作为精神科学真理的唯一准则，那就等于对这种真理的自我废弃"（伽达默尔，2010a：33）。然而，这个略显武断的结论使他遭到了广泛的批评，以至于他不得不在《真理与方法》（第2版）序言中阐明自己并不是要否定"方法论"，而只是"不想炮制一套规则体系来描述甚或指导精神科学的方法论程序"（伽达默尔，2010b：552）。

二 作为人类健全感觉的共通感

人的教化最终产生的并不是某种固定的形式，而是一种普遍的和共同的感觉，它并不像人的五官感觉那样受特定的器官所限，而是可以在一切方面进行活动，教化的本质就体现在这种普遍的和共同的感觉上，这种普遍的共同的感觉就是作为人文主义传统之一的"共通感"。

共通感是人文领域中非常重要的一个概念，它不是在确实的东西中，而是在或然的东西中培育起来的，它不仅指存在于一切人之中的普遍能力，更主要的是指那种导致共同性的感觉。维柯认为，共通感并不是外在感觉的共同根源，而是一种对于公共福利和合理事物的感觉，它存在于所有人之中，因为它通过生活的共同性获得，并被这种共同性生活的目的和规章制度所限定。共通感这一概念表现出来的是"一个集团、一个民族、一个国家或整个人类的共同性的具体普遍性"（伽达默尔，2010a：35），而非理性的抽象普遍性，其中蕴含的更多的是道德、社会和生活的意义，能给予人的意志以方向，对生活具有决定性的意义。对18世纪产生巨大影响的沙夫茨伯里也曾援引共通感，他强调共通感的政治—社会意义，认为共通感是对共同福利的感觉，是一种对共同体或社会的爱，是一种比头脑品性更丰富的精神品性或心灵品性，它涉及社会交往，并因此包含了一种道德的、形而上学的根基。

维柯所援引的共通感是罗马古典作家所使用的共通感概念，这些古典作家面对希腊文化仍然坚持自身政治和社会生活传统的价值和意义，使得古罗马共通感概念充满了反对理论思辨的批判性意味。事实上，维柯援引共通感的目的也正在于此，即捍卫人文主义传统，反对现代科学对人文领域所具有的统治性特征，特别是笛卡尔主义的批判法在人文领域的扩展。在维柯看来，理性的证明和教导不能完全穷尽知识的范围，于是他求诸共通感，试图依据可以追溯至古代的并且直到现在仍然起作用的关系，来解决我们今天的问题。对于批判性科学，维柯并不是完全否定，而是指出这种科学的界限。在他看来，理性的证明和教导不能穷尽知识的范围，批判性科学及其数学方法缺乏古代人的智慧以及古代人对智慧和口才的培养，因而并不适用于人文领域的科学，特别是教育不能走批判研究的道路，因为青年需要形象去进行想象和培养记忆力，而在现代批判精神下的科学研究却不能达到这一点。为此，维柯援引了修辞学，修辞学自古以来就是古代传授智慧时所必备的要素，它具有反对"智者派"那种空疏的思辨、要求教导真正的生活智慧的意义，其理想在于实现"绝妙的讲话"，这种理想具有一种双关意义，即不仅能够讲得好，还能够讲得正确，这种正确所体现的不仅仅是理论真理，还有实践真理。维柯对共通感和修辞学的援引、对人文主义传统的捍卫以及对笛卡尔主义批判法的批评，契合了亚里士多德对理论知识与实践知识、理论智慧与实践智慧的区分，体现的是确实的知识与或然的知识之间的对立。在亚里士多德那里，知识并非只有理论知识，还有实践知识。实践知识是不同于理论知识的另外一种知识，它针对的是具体情况，把握的是具体情况所表现出来的无限多的变化。在伽达默尔看来，维柯自己都没有意识到他援引共通感概念的价值，因此他"只是看到这种知识摆脱了理性的知识概念，但事实上这决不是一种单纯的顺应理想"（伽达默尔，2010a：36）。共通感是形成实践智慧的基础，一个具有实践智慧的人就是具有共通感的人，因此，理论知识与实践知识的区别不仅是由一般原则而来的知识和具体事物的观知之间的区别，在其中发挥作用的也不仅仅是把个别归为一般的那种判断力，还有一种积极的伦理的考虑和总体性的考量。

除了维柯之外，共通感所体现的人文主义传统以及理论知识与实践知识的区别还在苏格兰哲学那里产生了共鸣。苏格兰哲学致力于攻击形而上学及其怀疑主义的解决方案，并在日常感觉的原始而自然的判断基础上构造新体系。在新体系中，他们探讨感觉和感觉的认识功能从而试图把握日常感觉与社会的联系，在他们看来，在日常生活中采用推理证明的方式只能使我们误入歧途，只有"包含一种促成合理社会生活的道德哲学的基础"（伽达默尔，2010a：43），即正常人类理智的哲学或称健全感觉的哲学，才能修正过度的哲学思辨，这种"健全感觉"就是"共通感"。

柏格森（Henri Bergson）也采用"健全感觉"来批判自然科学的抽象和语言与法权思想的抽象，以及呼吁一种随时返回自身、排除既存观念，代之以新兴思想的内在理智能力。在他看来，共通感不同于其他感觉，后者使我们与物发生关系，前者则触及社会环境，支配我们与人之间的关系。共通感是一种实践生活的才干，是一种使一般原则适应于现实以实现正义的活动，它能够不断使我们适应新情况的调整。共通感"作为思想和意愿的共同源泉，就是一种社会感，这种社会感既能避免形而上学玄想家的错误，也能避免那些找寻社会法则的科学独断论者的错误。正确地说，也许它不是严格意义上的方法，而是一种行为方式"（伽达默尔，2010a：44）。严格地说，柏格森援引共通感并不是针对现代科学，而只是强调共通感概念的道德和政治含义对于生活的意义，或者说，在柏格森的共通感概念中，被强调的是共通感概念蕴含的道德和政治意义所体现出的支配性地位，而不是共通感作为不同于现代科学的人文主义传统对古典主义研究所体现出的核心意义。因此，伽达默尔指出，"柏格森尽管也论及古典主义研究对于造就健全感觉的意义……但他无疑未追问相反的问题，即健全感觉对于这种古典主义研究本身是怎样必不可少的"（伽达默尔，2010a：44）。

伽达默尔认为，与柏格森相比，虔信派[①]（pietism）教徒厄廷格尔对共通感对于精神科学的意义体现得更为透彻。在求诸共通感这一概念时，他并不

---

① 虔信派，17世纪兴起于德国新教内部并注重个人信仰的改革教派，虔信派可以说是对所谓"西方世俗化"的反响，同时也是对教会世俗化的抗议，它企图使基督教重新发挥改造人类生活的力量。

只是强调共通感的人文主义—政治意义，还期望通过共通感来反对理性主义，限制现代科学的论证要求。"厄廷格尔明确地把对于一切时间和一切地方皆有益于人的共同真理的感受作为'感性的'真理从理性真理区分出来。共同感觉是一种本能的复合物，即一种对于生命的真正幸福所依赖东西的自然渴望"（伽达默尔，2010a：47），人的本能不是倏忽而逝的，而是有根深蒂固的倾向和神圣而不可抗拒的威力，因此共通感的真正基础是生命的概念。对于厄廷格尔来说，共通感所涉及的东西"一切人日常都能看见，它们彼此组合成一个完整的集体，它们既关系到真理和陈述，又关系到把握陈述的方式和形式"（伽达默尔，2010a：45）。他所要表明的是抽象的概念不足以成为活生生的知识，因而问题的关键并不在于概念的明晰性，而在于要有某种预感和意向。因此，厄廷格尔将共通感定义为"通过直接地接触和观看最简单的事物而对明显展示给整个人类的对象所具有的一种富有生气而敏锐异常的感觉"（伽达默尔，2010a：47）。厄廷格尔的这一定义表明，一切知识都起源于共通感，从这一点来说，厄廷格尔对共通感的理解甚至超越了维柯，而直接与亚里士多德的实践哲学联系了起来。亚里士多德实践哲学的传统，即从道德和伦理角度进行严谨的考虑，以及知识并非都来源于一般原则还包括具体事物的知识等，揭示的都是精神科学的真理，这也表明共通感对精神科学的发展具有重要意义。

维柯等人对共通感概念的援引为精神科学的人文主义传统做出了辩护，在反对理性主义以及现代科学的独断性的同时，捍卫了精神科学的合法性，使我们更加接近了精神科学知识的真理要素，并且这种要素绝不是19世纪精神科学所表现出来的对方法论的追求，因为受现代科学方法论的支配对于精神科学而言从本质上就是陌生的。事实上，在精神科学领域采用方法论的模式与"共通感"概念的意义在德国的弱化有很大的关系，那种古希腊传统中的修辞学—人文主义文化传统及其蕴含的共通感意义没有在意大利中断，但也并未在德国延续并发挥决定性的作用，维柯和沙夫茨伯里等人所主张的那种带有道德传统的共通感，也没有在德国产生像在英国和拉丁语国家那样的巨大影响。在后者那里,共通感至今仍然不仅仅意味着一种批判形而上学的术语,还表示一种国家公民的共同品性。伽达默尔指出,18世纪的德国学院派形而上学和大众哲学虽然也注意向英国和法国这两个启蒙运动的主要国家学习,但由于各国社会政治环境不同,因而不能完全接纳共通感概念,只能吸收共通感概念所蕴含的部分意义。沙夫茨伯里的德国追随者们即使在他的鼎盛时期也没有完全吸收共通感概念在英国和法国所包含的政治—社会内容,以致这一概念在德国失去了批判意义,成为一种仅与道德意识和趣味并列的理论判断力,并被视为经院哲学的某种基本能力,而赫尔德正是基于对这种能力的批判成为美学领域中历史主义的先驱。这也从另一个角度表明人文主义传统是根植于它的生成环境的,因而精神科学并不能够像自然科学那样可以脱离具体的情境考虑问题。通过方法论得到的自然科学的结果可以应用于自然科学的各个领域,但精神科学的结果却需要从整体和个体的相互关系中产生。

共通感概念在德国的弱化使得人文主义传统衰落,不足以成为精神科学发展的有力支撑。此外,随着道德和政治含义在共通感概念中支配地位的消解,共通感逐渐转变为一种理论能力,并最终被方法论取代,成为精神科学的核心要素,使得为精神科学寻找适当的方法成为19世纪精神科学发展的主要目标。伽达默尔因此认为,对19世纪精神科学的自我认识起决定性影响的,不是哲学的道德传统,而是康德和歌德时代的德国哲学。然而,"精神科学的对象、人的道德的和历史的存在,正如它们在人的行为和活动中所表现的,本身就是被共通感所根本规定的"(伽达默尔,2010a:38),对于人类事务而言,自然科学那种基于共相的推论和根据公理的证明都是不充分的,因为在人文领域中,凡事都依赖于具体情况,这实质上就是共通感所传递的特有的肯定性认识。同样,对于历史的认知方式也不在于要用外来的证据去取代自觉的推论,历史是与理论理性完全不同的真理源泉,"历史自身存在的权利在于:人的激情是不能为理性的一般规则所支配"(伽达默尔,2010a:39),只有历史本身才能提出令人信服的事例。对于精神科学来说,伦理习俗对于知识的获取过程始终发挥作用,这一点是无法忽视的,也是在理解精神科学的过程中所无法回避和否定的。因此,对罗马古典作家所使用的共通感概念的复归,以及对人文主义传统的捍卫,是精神科学取得自身合法性并能够独立发展的基础和前提。

三 判断力与趣味的道德维度

18世纪后期,维柯和沙夫茨伯里的"道德—政治—社会"意义上的共通感逐渐具有一种校正意义,即"凡是与情感、判断和推理中的consensus(一致意见)即共通感相矛盾的东西就不能是正确的"(伽达默尔,2010a:49),这使得共通感概念与判断力概念紧密地结合起来,或者说共通感开始具有了批判的意义。这种批判意义体现在它是作为一个包含了判断和规定判断内容的判断标准的总体,而不是某种规则或人们必须练习的形式能力或精神能力。事实上,共通感所具有的那种"健全理性"和"共同感觉"的意义,"首先表现在它所做的关于合理和不合理、适当和不适当的判断里"(伽达默尔,2010a:52)。

"判断"不仅仅从属于理性,它也被认为是精神的一种基本品性。在英国的道德哲学家那里,道德判断和审美判断不服从理性,而是具有感情或情趣的特质,或者说判断的实质是感性判断而非理性判断,人们在18世纪对判断力的援引也是为了恢复这种精神品性。健全的判断并不是以普遍的观点去评判特殊的事物,或者说并不是对既定规则的实际应用,而是知道真正关键的东西是什么,这种"知道"来自通过健全、合理、正确的观点所观看的事物。因此,判断力与其说是一种理论能力,毋宁说是一种感觉能力,是把个别的东西归于一般东西的能力,这种能力反映的是一种概括,即把所给定的东西归于一般的东西中,归入我们所谋求的正确事物所由之得出的目的之中,例如把某事认作某个规则的实例。从与人有关的事物而言,这种概括需要对具体情况的掌握和社会习俗上的适应,因此要以社会习俗上的存在为前提条件。

能够反映社会习俗存在规定性的智慧是亚里士多德所说的实践智慧，它是一种精神品性，需要与道德品性一同发挥作用，这表明判断力与道德之间存在关联，因此伽达默尔指出，"判断力这个词指的是，从生活经验中产生被人认为是健全理智的东西"（伽达默尔，1988b：79）。

具有判断力的人能正确地概括他所学到和知道的东西，但判断力本身是无法学到的，它不是那种需要通过练习才能获得的能力，也不能通过规则、理论的学习或模仿得到，因为没有一种概念的说明能指导规则的应用，它只能通过经验获得或从具体事情上去训练。在伽达默尔看来，判断力具有一种普遍性，这种普遍性并不是一般意义上具有共同性的东西，而是一种对一切人提出的要求，或者说是所有人都应该具有的东西，即真正的公民道德的团结一致。这种团结并不是简单的联结，而是一种潜移默化的生成，"团结是世界经验和社会现实的表现形式，我们无法通过强制的对象化去设计它，也不能通过人为的制度产生它"（Gadamer，2001：123）。在这种意义上的共同性本身也意味着对公民共同利益的关心，以及对于正当和不正当的判断，这一点在共通感那里也有所体现。从这个角度来说，道德使共通感与判断联系了起来，共通感具有批判功能就在于它是公民道德存在的要素之一，这也表明了它与人文主义的政治—社会传统的相关性，即使苏格兰哲学和虔信派是从与形而上学对立的角度强调共通感，这种相关性仍然是共通感概念的真正意义所在。

共通感与判断力的关联使得共通感所具有的政治—社会意义在判断力那里也得到了凸显。但在德国启蒙运动看来，这意味着判断力具有过多的感觉性质，因此将判断力视为低级的认识能力，而非精神的高级能力。这导致判断力概念与共通感概念之间的联系受到质疑。康德则通过取消共通感和判断力各自的道德意义而中断了二者之间的关联。一方面，他将共通感视为一种感觉，认为道德命令的无条件性是不能建立在情感基础上的，因此将共通感概念从他的道德哲学中排除了出去。另一方面，在他的判断力的先验学说里，康德论述的是先天对象的概念，涉及的是关于图式和公理的学说，而不是把单个事物归于一般事物的概括。于是，判断力的含义逐渐从"归属"转向

"符合",不再涉及政治—社会内容和道德,脱离了与共通感的关联,或者准确地说是不再与维柯和沙夫茨伯里意义上的共通感相关。

在伽达默尔看来,康德将那种没有对普遍东西的应用也不存在任何概念的判断,理解为按照真实的和形式的合目的性的判断,单个事物在其中只是被内在地判断,就如鲍姆加登所说"判断力所认识的东西是感性的个体,即单个事物,判断力在单个事物中所断定的东西则是该事物的完满性,或者说是非完满性"(伽达默尔,2010a:51)。这种意义上的判断是一种感性判断,在康德那里,"'感性的'和'审美的'是被打通来使用的"(何卫平,2009:82),这种感性判断也就成为审美的趣味(鉴赏)判断,它使得判断概念发生了美学转换。在这种判断中虽然也存在共通感的维度,但这里的共通感却不是维柯和沙夫茨伯里意义上的共通感,不具有政治—社会内容和道德含义,也不涉及认单个事物为一般事物的实例的能力,而只是意味着"共同的东西",或者是"某种我们在任何地方都可以找到的东西,占有这些东西绝不是功绩或优点"(伽达默尔,2010a:54)。康德实质上将这种"共同东西"意义上的共通感与趣味联系了起来,在他看来,共同的东西是好的趣味的基础,"真正的共同感觉就是趣味"(伽达默尔,2010a:55),好的趣味作为一种共同感觉只有在为趣味批判做先天证明时才有意义。由此,康德将消除了道德维度的共通感概念限制在关于美的东西的趣味判断上,使得趣味带有一种主观先天性以达到先验目的,但这却使得共通感和判断力失去了其原本的精神层面的意义,对精神科学的自我理解也产生了重要的影响。

事实上,"趣味"最初也并不是一个审美性的概念,而是一个道德性的概念。它最早可以追溯至古希腊时期,古希腊的伦理学从某种程度上来说就是好的趣味的伦理学,例如毕达哥拉斯学派和柏拉图的适度伦理学、亚里士多德的中庸伦理学等,它们描述了一种真正的人性理想,是一种人文主义的组成要素,具有社会性和联结社会的作用。伽达默尔认为,趣味的道德意义可以追溯至格拉西安那里,在他那里,趣味被认为是感性的,"感性趣味是我们感觉里最动物性的和最内在的一种感觉,因而它已经包含了我们在对事物的高级判断里所作分辨的端倪。所以，趣味的感性差别——以最直接的方式享有的接受和拒绝——实际上并不是单纯的本能，而是介乎感性本能和精神自由之间的东西。这一点正表现了感性趣味的特征，即它对于那些属于生活最紧迫需要的东西具有选择和判断的距离"（伽达默尔，2010a：56）。这种"选择和判断的距离"意味着在趣味中也存在教化，格拉西安正是从趣味的这种意义出发提出他的教化理想，即有教养的人或称完美的人，获得的是"同生活和社会的一切事物保持正确距离的自由，所以他知道自觉而冷静地分辨和选择"（伽达默尔，2010a：56~57）。与基督教的教化理想相比，格拉西安的教化理想的卓越之处在于，它不依赖于等级制度，是一种社会教化的理想，这种理想还随着专制制度的形成及其对世袭贵族制的压制而在各处产生，趣味概念由此依循着专制制度从西班牙发展到法国和英国等地，并与农民、手工业者、小商贩、城市贫民和资产阶级等社会第三等级的前期发展形成一致。在这里，趣味不仅仅是作为一种新社会的理想，更在于好的趣味是形成好的社会的基础，"好的趣味"的标志在于人能够对自己本身和个人偏爱保持距离，同样，"好的社会"的标志也并不在于个人的特征，例如出身和等级，而在于它的判断的共同性，即它能够对自己的狭隘性和自私性提出批判的要求，也正是由于这一点，"好的社会"才能够被承认和合法化。

　　伽达默尔认为，趣味中存在的教化意义表明趣味概念也包含认知方式，"如果趣味对某物表现了否定的反应，那么它是不能说为什么的。但它非常确切地知道这是为什么"（伽达默尔，2010a：58）。然而，正是这一点使趣味被自然科学所排斥，因为它并不能展示出一个明确的规则来为这种否定反应提供依据。但从另一个角度来说，这也表明趣味的裁决具有一种特殊的坚定性，它表明自己不是个人的东西，而是第一级的社会现象，以某种普遍性去抵制个人的私有化倾向。同时，这种坚定性也包含了一种效用，即好的趣味总是可以信赖的判断，对于这种判断我们完全可以不经过复杂思考而是简单地回应，即要么接受，要么拒绝，无须犹豫或纠结，也无须刨根问底。事实上，在有关趣味的事情上没有需要论证的可能性，或者说在趣味的事情上可能有争执但没有论辩，这是由于在趣味中不存在一种所有人都必须承认的概念上的普遍标准，而即使存在这样的标准我们也不能马上找到它，因为它根本不是显而易见的。

同共通感、判断力一样，趣味也是某种类似感觉的东西，它的活动不具有任何有根据的知识，它也无法通过学习和模仿得到，因为趣味并不是人的确定不变的特性，而是不断变化的，它的目标是要成为"好的趣味"。人总是具有趣味，但在趣味对事物所做的肯定和否定的分辨中，人们对于否定的现象更加敏感，也就是说，人们总是会对那些无趣的东西拒绝得更为彻底，这表明"趣味所真正追求的，根本不是充满趣味的东西，而是那种不伤害趣味的东西。这首先就是趣味对之下判断的东西。趣味正是这样被定义的，即它被无趣味的东西所伤害，因此它要回避这种东西，有如一切受到伤害之威胁的事物一样"（伽达默尔，2010a：58），因此，"好的趣味"的对立面并不是"坏的趣味"，而是"毫无趣味"。

在伽达默尔看来，趣味在康德那里被与"共同的东西"联系起来，实质上凸显了趣味概念中所包含的那种社会普遍化的要素，这使得趣味概念更接近于"时尚"概念。但二者仍有不同，时尚的普遍化基础只是经验的普遍性，"它关系到在一个经常稳固的社会行为整体里的一种具有可变性的方式……对于时尚来说，本质的东西实际上是经验的普遍性，对其他事物的顾及、比较，以及置身于一种普遍性的观点中。就此而言，时尚造就了一种社会的依赖性，而很少有人能摆脱这种依赖性"（伽达默尔，2010a：59），这种依赖性从另一个角度来说，也是时尚所表现出来的强制性和规范性。单纯只是时尚的东西，本身只是有由所有人的行动给出的准则，同时也只能规范那些对于其他人也同样能规范的事物。与时尚不同，趣味作为精神的一种分辨能力，不会迎合经验的普遍性要求，而是使用自己的判断，也就是说，有趣味的人会将经验的普遍性的要求"同他们自己趣味所注视着的整体联系起来，并接受那种与这个整体相适合、相适应的东西。所以，趣味的首要问题不仅是承认这个东西或那个东西是美的，而且还要注意所有美的东西都必须与之相适合的整体。

因此趣味不是这种意义上的共同性感觉，即它使自身依赖于一种经验的普遍性，依赖于他人判断的完全一致性。趣味并不要求每个人都同意我们的判断，而是要求每个人都应当与我们的判断相协调"（伽达默尔，2010a：59~60）。因此，与时尚表现出来的强制性不同的是，趣味保留了一种特殊的自由和优越性，它自身所具有的规范力量仅仅在于，它确切地知道什么是理想共同体所同意的东西。

这就意味着趣味是一种特有的认识方式，这种方式并不涉及规则和概念，而是属于特殊的认识领域，"在这领域内是以反思判断力的方式从个体去把握该个体可以归于其下的一般性"（伽达默尔，2010a：60）。因此，趣味同判断力一样，都是根据整体对个别事物进行评判，如评判个别事物是否与所有其他事物相适应，对此我们只能具有感觉，因为这是无法论证的。伽达默尔由此指出，"凡是想到整体的地方都需要这样一种感觉，但是，这种感觉不是作为一个整体被给出，或者说，不是在目的的概念中被设想的：所以趣味决不限制于在其装饰性质上被确定的自然美和艺术美，而是包括了道德和礼仪的整个领域。甚至道德观念也从不是作为整体而给出的，或以一种规范的单义的方式被规定的。确切地说，用法律和道德的规则去调理生活是不完善的，这种调理还需要创造性的补充"（伽达默尔，2010a：60~61）。趣味所具有的整体性实质上是基于个别性的，判断力也是如此，它并不是通过规则来把握的，也不仅仅限于某种普遍规则或概念的特殊事例，而是经常针对个别情况。对于每个我们想在其具体个别性里加以理解的东西的判断，都是关于独特情况的判断，只有亲身经历那种具体情境才能做出正确的、适当的判断。这表明，"对情况的判断并不是简单地应用它据此产生的普遍事物的准则，而是这判断本身一同规定、补充和修正了这准则"（伽达默尔，2010a：62）。

总体而言，趣味作为一个整体概念，其内涵是不断变化的，或者说是在不断充实和补充的，对于这种补充，首先需要判断力去正确评价具体情况，其次才能进行补充，使之具体化。事实上，这是一个比正确运用普遍原理更广泛的问题，对于诸如法律和道德等精神科学的知识而言，它们实质上是被创造性地规定的,因为这些知识总是从个别情况中得到补充,例如,法官在对个别案件进行具体裁决时,既是将法律应用于个别案件中,同时也是通过对法律的具体运用而创造性地发展法律,同样,道德也是在个别情况的创造性中得到发展的。伽达默尔认为"一切道德上的决定都需要趣味"(伽达默尔,2010a:62),这实际上是一种不可论证的机敏行为,因为它"抓住了正确的东西,并对普遍性和道德规则的应用给出了规范,而理性自身是不能给出这种规范的,所以趣味虽然确实不是道德判断的基础,但它却是道德判断的最高实现。视不合理的东西为反趣味的人,就有最高的确信去接受好的东西和拒绝坏的东西"(伽达默尔,2010a:63)。

然而,在康德美学中,趣味被限制为判断力的一个特有原则并且要求独立的有效性,被先验目的所主导的康德把更一般的趣味经验概念和审美判断力在法权和道德领域内的活动从哲学的中心排除了出去,并将认识概念限制在理论的和实践的理性使用上。伽达默尔认为这种排除和限制本身并不是对美的彰显,反而是对美的禁锢,因为"自然和艺术中的美应当被那弥散于人的道德现实中的美的整个广阔海洋所充实"(伽达默尔,2010a:61)。事实上,那些被康德所放弃的东西正是精神科学赖以生存的东西,尽管在康德看来除了自然科学知识之外不存在任何其他的理论知识。也正因为如此,对精神科学有重要意义的传承物无法承认自身特有的真理要求,语文学—历史研究也不再以培养和研究这种传承物为己任,这些都使得精神科学失去了自己的领域,其寻求真理之路也丧失了合法性,因而不得不走上自然科学的真理之路——方法论。

第三节 精神科学的本质

精神科学作为与人有关的科学,其不同于自然科学的特征表明,精神科学的真理不是自然科学那种符合的真理，而是去蔽的真理，对这种真理的追求需要我们看到"先行关系"，这种关系是历史对活动于其中的人及事物所产生的效果和烙印，它决定了以历史及其传承物作为研究对象的精神科学不能忽略时间产生的影响，或者说只有考虑了时间的影响才能认识到精神科学的本质，这就意味着被自然科学坚决排斥的"前见""传统""先行关系"在精神科学中扮演着重要角色。当我们将这种作用扩展至整个人类发展过程之中时，就会发现精神科学实质上就是人类个体经验与人类基本经验之间相互阐释的结果。人类基本经验是历史的筛选与积淀，它由个体经验构成，并对个体经验产生影响，但它并不是一成不变的，而是随着个体经验的改变而改变，是一种循序渐进的结果。在库恩那里，这种特征被称为"范式转换"，从人文主义传统的角度来看，这种特征是教化的结果。教化最终形成的是一种具体的普遍性，这也正是精神科学的本质特征之一，无论是从生活世界作为科学世界基础的角度，还是从历史作为效果历史的角度，都表明精神科学的经验是一种基本的生活经验，它生成了一种能够适应各种变化的处境，并因而呈现了其他经验所预先给定的基础。

一　去蔽的真理与先行关系

现代人们所使用的"科学"一词的概念和意义是从17世纪自然科学的发展演变而来的，它主要标志着我们不断增长的对自然的统治。与现代意义不同的是，"科学"在古希腊是指一种对不知的、少见的、令人惊奇的事物进行认识、再认识和研究的独特追求，是一种对人们自己解释并认作真的事物的独特怀疑，这种最极端的怀疑把希腊人渴求认识和要求真理的直接性发展成了科学，或者说正是这种独特的追求和怀疑创造了科学，使其构成了西方文明一致性的主要特点。但在近现代，科学开始执着于"证明"，它的真理要求就在于对未经验证的成见提出疑问。它要求证明或者提出证明，以期通过这种方式使我们对事物的认识达到比迄今为止所知的更多更好。从本质上而言，近现代科学的真理观是一种符合性的真理观，它将真理的特性视为可验证性，即是否能够成为真理需要经过验证得知。于是，在真理认识和陈述之间存在按陈述的可证实性来衡量的关系，能否成为知识的衡量尺度就是实证性，只有被证明了确实性的认识才能被称为知识。这意味着，笛卡尔表述的古典的确实性规则已经成为现代科学的基本框架，因为只有满足确实性理想的东西才具备满足真理的条件。

然而，所有认识都具有可证实性这种理想很难达到，那些力求最精确地达到该理想的研究者也常常未能讲出真正重要的东西，因此伽达默尔指出，"证实的理想，即把知识限制于可验证性，都只有在仿造中才能得到实现"（伽达默尔，2010b：60）。符合性的真理观所表达的只是逻辑学意义上的真理，即知性对事物的符合，这种观点认为真理可以体现为话语的真理性，它以话语的呈现与所呈现的事物是否符合来确定。伽达默尔认为这是根源于古希腊的一种观点，即"如果一个判断把事物中的联系如其所是地呈现出来，它就是一个真判断，如果在其话语中呈现的联系并非事物本身中的联系，它就是一个错误的判断"（伽达默尔，2010b：58）。这种符合性的表述方式由于与真理产生了联系而成为追求真理的"方法"，而对自然科学而言，保证了方法也就等于保证了真理。但在伽达默尔看来，方法虽然在不同的学科中表现为多样性，但它在本质上却具有一种统一性，这种"统一性"表明了方法只是一条"跟踪之路"，即总是可以像走过的路一样让人跟随着走，虽然遵循这条认识之路可以很快达到目标，但也限制了我们不能选择其他的道路去认识事物。因此，虽然方法标志出了科学的进程，但它也必然会对除了真理要求之外的其他东西进行限制，这就使得它必然会忽略一些重要的价值，如强调方法论的重要性的自然科学在实现最终目标的过程中，不会考虑这一目标与人的关系，精神科学则与之相反，它并不唯方法是从，始终将对人的考虑置于首位。

从科学的古希腊起源来看，科学的目标是对事物的不断认识和追求，因此，虽然现代科学主要是指自然科学，但这并不意味着自然科学就是科学的全部。事实上，在亚里士多德的实践哲学那里，我们可以看到一种不同于自然科学的知识，这种知识是具体的、特殊的知识，并且至今仍然在我们的世界中发挥影响，伽达默尔指出，无论在何时何地，"亚里士多德所认识的那种伦理习俗知识的存在方式都在起作用"（伽达默尔，2010a：40），这种知识就是精神科学的知识。精神科学与自然科学一起，构成了完整意义上的"科学"，并在生活世界中达到一种互补性的平衡。在精神科学中，自然科学所考虑的那些东西，例如发现新的、从未认识过的东西，以及开辟一条安全的、经由所有可反复检验的道路达到新的真理等，都处于次要地位，人们从精神科学中得到的是另一种知识。精神科学的知识更接近于艺术家的直觉本能而不是自然科学的方法精神，虽然自然科学通过方法不断产生出新的见识，人们也因此认为科学本身就藏身于方法的运用中，但这并不意味着精神科学也必然要通过方法和证明来保证其真理性。在精神科学领域，业余爱好者的非科学作品有可能比使用了通用的研究方法形成的作品存在更多的真理，因此，伽达默尔指出，"在这个世界中没有'不正当的证明'，而只有正当的自我确信无须证明地指示和诉说出来"（伽达默尔，2010b：55）。虽然方法在精神科学的某些研究中也发挥作用，例如通俗科学的美文学中的某种可验证性显示着方法的运用，但方法在这里只是工具，而不是决定结果的重要因素，因为这种验证性只是体现在材料上而不是从这些材料中得出的结果上。

精神科学虽然总是被视为自然科学的附庸，但事实上它的根本的动力并非来自自然科学，而是来自浪漫主义和德国唯心主义精神，在这二者中凸显的是关于启蒙以及科学方法的有限性。在精神科学领域，那些将自己理解为科学方法论、绝不接受自己不能通过反复试验而被证实为有意义的观点，绝不会意识到正是这种界定使得它们远离了科学，因为方法只是以外在形式出现，而并不能保证自身就是表达科学的最好方式，"凡使科学可能的，则它同样也能阻碍科学认识的成就"（伽达默尔，2010b：63）。事实上，方法与真理产生关联，或者说真理被认为是通过方法获得以及方法成为科学的标志之一，是从近现代科学而非古希腊时期的科学开始的。以数学为例，在古希腊时期，"数学的对象是一种纯理性的存在，又因为它可以在封闭的演绎联系中得到表现，因此它就是所有科学的典范"（伽达默尔，2010b：59）；在近现代科学中，数学虽然仍作为典范，但不再是因其对象的存在方式，而是因为它拥有严密的逻辑关系，从而被视为一种完美的认识方法。因此，方法并不是所有科学获得真理的唯一途径，特别是对于自然科学以外的科学，正如伽达默尔所说，"理性这个概念所表示的，是知识和真理的整个作为科学的方法意识所不能把握的半圆状态"（伽达默尔，1988a：作者自序3）。

在伽达默尔看来，方法之所以成为现代科学的标志之一，主要源于人们并没有认识到真理的全部意义，这一点也是他批判符合性的真理观的出发点。有学者认为，"伽达默尔虽然没有在《真理与方法》中阐述真理的概念，但他在几篇文章中都表明自己非常信赖海德格尔关于真理即是去蔽的观点"（Dostal，2002：254~255）。在伽达默尔那里，真理的意义并不仅仅是在自然科学那里体现出的认识与陈述之间的符合，真理的真实意义是去蔽，或者说真理是呈现出来的真理。事物总是从自身出发保持在遮蔽性之中，并且事物的特性需要通过人的言语来表达，而掩饰性是人言行中所固有的特性，因此，人的话语并非总是传达真理，它也包括假象、幻觉和伪装，只有剥除了事物的遮蔽性和人话语的掩饰性才能显露出真理。这样一来，"在真的存在和真的话语之间就有一种原始的联系。在者的去蔽就在陈述的揭露中得到表达"（伽达默尔，2010b：57）。能够最精妙地表达这种联系的讲话方式是理论，而理论教导并不是讲话唯一的、首要的经验，但当希腊哲学家意识到保持和隐藏在话语中的就是让事物本身处于可理解状态时，这种经验就成为科学。于是讲话—逻各斯就被翻译成了理性，"在特定的讲话方式中得到展现和转达的正是事物本身的理性，人们把这种讲话方式叫作陈述或判断"（伽达默尔，2010b：58），除了判断之外还有很多种讲话方式，如命令、请求、咒骂等，它们虽然也能说明一些真实的东西，"但它们的最终规定性并不是按在者本身来指明在者"（伽达默尔，2010b：58），而判断的独特之处就在于它只想成为真的，它的衡量尺度也只在于它按在者的存在样式去表现在者。

伽达默尔指出，仅仅把存在的东西如其所是地呈现出来虽说是真实的，但对真理而言，其更重要的意义在于指出对哪些东西可以继续做有意义的追问，并能在进一步的认识中得到揭示。这种无法忽视的意义是随着认识一起出现的，"仅仅取得认识的进步，而不同时提出可能的真理，这是不可能的"（伽达默尔，2010b：63）。伽达默尔认为，当我们追问真理的时候，我们并没有站在它的对面或与之保持距离，而是始终处于真理之中，这表明某些东西我们根本无法用客观的方法去认识，因为我们需要进入前见之中才能了解它们，认识它们。在这种情况下，我们曾经借以认识真理的方法只会使我们在取得表面进步的同时不断远离出发的前提，并使其越来越难以超越，难以检验新的前提并获得真正新的认识。因此，真理的条件性并不存在于研究的逻辑之中，而是先于它而存在，这一点尤其体现在精神科学领域，"'精神科学'中最关键的并不是客观性，而是与对象的先行关系"（伽达默尔，2010b：406）。

这种先行关系是获得精神科学真理的重要条件。精神科学是一门特殊的科学，它具有合理性和先见之明的优势，并且需要一种与人有关的人的条件来达到真理。这一点与自然科学不同，它表明条件性也是真理本身的一个要素，而不是对真理认识的妨碍，如果我们不想随意地陷入这种条件的限制，我们就必须同时考虑这种条件。精神科学真理的条件就在于"先行关系"，在海德格尔那里，它表现为前理解或前见，在伽达默尔那里，它表现为历史及其传承物。倾听传承物并使自己置身于其中，是精神科学行之有效的寻求真理的途径，从历史传承物中听出的并非只是我们自己，还有其他的使我们能够经验到推动并能超越自我的东西。在历史传承物中，精神科学能发现比自己看到的更好的东西，伽达默尔称之为"权威性"，权威性并不是一种要求盲目听从、禁止思考的权力优势，相反，它更类似人文主义传统中的共通感，它在本质上是一种理性自身的要求，以克服自己判断的观点为前提，并能够听从他者以及从传承物和历史中发出的其他声音，领会到比自己看得更全面、透彻的东西，因此权威性能够避免精神科学的独断性，使它通过不断参与、不断和事情打交道得到知识。

从自然科学的角度来看，先行关系作为精神科学的真理条件，使得精神科学没有绝对确定的标准来区分真正的成就和空洞的要求。从自然科学的角度来看，这表明衡量精神科学成就的尺度极难控制，或者说精神科学几乎面临无法解决的任务，因为在这里无法看到新的富有成果的东西，也看不到属于精神科学的独特方法。然而，事实上，正是这种方法意识挡住了人们看到精神科学本质的目光，方法最终导向的并不是精神科学的真理，而是自然科学的真理。在伽达默尔看来，"在精神科学中并不存在区分正确和错误的手段"（伽达默尔，2010b：53），因为精神科学中并不存在公理、定理等可以不假思索就认为是真的东西。精神科学中所使用的手段，或者说工具，是属于记忆、想象、机敏、缪斯的敏感和世界经验的东西，它们虽然与自然科学所需要的工具完全不同，但也仍然是工具，只是它们不能被制造出来，而是通过传承，需要进入人类历史巨大的传承物中才能得到增长。从本质上来说，精神科学关注的是人而不是方法，它通过研究和理解进入历史这一宽广领域，并由此扩展了人类关于整个过去的精神视域，"我们历史地认识的东西其实归根结底就是我们自己"（伽达默尔，2010b：50），也就是说这实质上是一种自我认识，它包括了我们本身的存在以及我们能从过去的历史中听出的东西。自我认识是精神科学认识的特征，在自我认识中比在任何地方都更能达到对人的存在的深刻洞见。归根结底，在精神科学中得到帮助的只是人，人的有限性使得这个领域中充满了不确定性，只有认识到这种有限性才能避免在精神科学中采用自然科学的方式，得到一些与人无关的或不切合人的实际的幻想。可以说，精神科学所构造的历史意义带来的是一种适应可变标准的习惯，对于以确定性为目标的自然科学而言，这种习惯只是一种不确定性，但这并不意味着不确定性就是精神科学的弱点，而只是表明精神科学是不同于自然科学的科学。关于这一点，赫尔姆霍茨早在一百多年前就提了出来，作为一个自然科学家，他是以自然科学的方式来考察精神科学的，这就使得精神科学不同于自然科学的特性变得更加明确。

此外，对先行关系的把握也有助于精神科学的理解。精神科学的理解与其说是认知意识借以研讨某个它所选择的对象并对之获得客观认识的方法,不如说是一种以逗留于某个传统进程中为前提的活动,"理解本身表明自己是一个事件"(伽达默尔,2010a:437)。精神科学理解的关键之处就在于赫尔姆霍茨所说的机敏,机敏的形成需要一种前理解,这种前理解在精神科学那里来自传统,传统的本质是自然而然地不断生长出传承物,这也正是精神科学赖以成长的土壤,它意味着精神科学的理解就是参与一个传统的发生。在精神科学的领域中,主体并不能完全控制对于意义或无意义东西的领悟,只有事先与对象处于同一境况中才能获得关于对象的知识,从而了解它并进而引导它,但这并不意味着掌控,反而更多的是共同参与。

因此,正如海德格尔所说,我们认识到我们时代的解释倾向与其说是某种我们有意而为之的东西,不如说是风俗习惯,或者说是一种对传统的参与,伽达默尔认为,"在精神科学中参与正是其理论有无价值的根本标准"(伽达默尔,2010b:406)。也正是在这一点上,19世纪历史主义的精神科学的问题被暴露出来,他们的历史意识始终刻意地与一切历史传承物保持距离,并力图摆脱传统带来的前理解,这就使得精神科学的理解被割裂和孤立起来,成为一项需要方法论指导和沟通的任务。

二 人类个体经验与基本经验的相互阐释

关于精神科学的本质,伽达默尔并不是从内容或形式的角度来论述的,而是从经验的角度出发,认为精神科学的经验是一种具体的经验,与自然科学那种着力体现客观性的经验不同。在自然科学中,经验的客观性可以使其任意重复,以迎合各种检验和证明,因而"一切经验只有当被证实时才是有效的"(伽达默尔,2010a:490)。但在伽达默尔看来,这正是自然科学经验理论的缺点,即"它们完全是从科学出发看问题,因而未注意经验的内在历史性"(伽达默尔,2010a:490),甚至将经验的威望依赖于它的可重复性。可以说,经验实现可重复性的前提就是取消自己的历史性,这就意味着,它需要通过方法论程序排除历史要素从而使自身客观化。这一点在很多科学的经验中都有所体现，如穆勒就是通过凸显精神科学经验的客观性，表明其全部程序都是可以被检验的，来证明精神科学的科学性，19世纪的精神科学则采用历史批判的方法来实现经验的客观化。

在伽达默尔看来，"经验的原则包含一个无限重要的规定，就是为了要接受或承认某个内容为真，我们必须自身出现在那里，或更确切地说，我们必须发现那一内容与我们自身的确实性相结合和相统一"（伽达默尔，2010a：501~502），经验概念所意指的正是与我们自身相结合，并且这是需要首先被确立的。经验并不只是指某一事物给予我们的教导，而是指整个的经验，即"那种必须经常被获取并且没有人能避免的经验。经验在这里是某种属于人类历史本质的东西"（伽达默尔，2010a：503）。事实上，人类的历史存在始终包含一种根本的否定性作为本质要素，每一种名副其实的经验都与我们的期望相违背，因此真正的经验总是使人类认识到自身的有限性，这也是经验本身所展现出的"实际性"特征。完满经验"并不是说经验来到了终点和达到了一个更高级的知识形式，而是说经验第一次完全地和真正地得到了存在"（伽达默尔，2010a：505）。在经验中，没有事物能够超越时空或颠倒乾坤，一切由人类心境中的欲望所形成的独断论都遭遇到了绝对的界限，人类筹划理性的能力和自我认识也都找到了它们的界限，因此，真正的经验就是对我们自身历史性的经验。

伽达默尔认为，经验在本质上并不存在于先在的普遍性中，而是存在于个别的观察中，它不是科学，却是科学的必要前提。关于经验与科学的关系，亚里士多德指出，科学并不依赖于观察的偶然性，而应当具有一种真正普遍的有效性。观察总是变化的，如果在普遍的观察中有某个观察被重复的经验所证明，那么这个观察就是固定不变的，或者说是一种共相，如果其他的观察也同这个观察一样，就会出现对整体的统一控制，形成真正的普遍的有效性，普遍真理就由此产生。在伽达默尔看来，自然科学的经验概念只是现代科学从目的论的角度对经验进行的理想化处理，而"经验概念在归纳逻辑中对自然科学起了主导的作用,所以它被隶属于一种认识论的解释图示"(伽达默尔,2010a:489~490)。伽达默尔指出,"如果我们是以对于规律性不断深化的认识为标准去衡量精神科学,那么我们就不能正确地把握精神科学的本质。社会—历史世界的经验是不能以自然科学的归纳程序而提升为科学的。无论这里所谓科学有什么意思,并且即使一切历史知识都包含普遍经验对个别研究对象的应用,历史认识也不力求把具体现象看成某个普遍规则的实例。个别事件并不是单纯地对那种可以在实践活动中做出预测的规律性进行证明。历史认识的理想其实是,在现象的一次性和历史性的具体关系中去理解现象本身"(伽达默尔,2010a:13)。在这种理解活动中,无论有多少的普遍经验在起作用,其目的都绝不是证明和扩充这些普遍经验以达到规律性的认识,而是去认识那些具体经验是怎样成为今天这样的。简单地说,这种不同于自然科学方式和目的的认识就是,因为理解了某物是如何而来的,从而理解了某物是这样的。

除了具体性和普遍性的区别之外,精神科学经验与自然科学经验的不同还在于,精神科学的经验是一种生成的而非建构的经验。事实上,从亚里士多德的思想中我们就能看到,经验不是由某个特殊力量所决定的,在经验的产生过程中,当所有东西都以某种方式被组合在一起时,"经验是突然地、不可预见地、然而又不是没有准备地从这个或那个对象所获得,并且从那时直到有新的经验为止都是有效的"(伽达默尔,2010a:498)。在伽达默尔看来,自然科学经验的完成标志是其自身在知识中的确实性,它用以思考经验的标准就是自我认识的标准,这就意味着在自然科学那里,某种超出经验的东西从一开始就被用来设想经验的本质,但自然科学经验运动的结果却要求"必须以克服一切经验为告终,而这种克服是在绝对的知识里,即在意识和对象的完全等同里才达到"(伽达默尔,2010a:502),这显然是自相矛盾的。因此,伽达默尔指出,经验本身从来不是科学,作为生命世界的经验早在它被科学理想化之前就存在,"经验永远与知识、与那种由理论的或技艺的一般知识而来的教导处于绝对的对立之中。经验的真理经常包含与新经验的关联"

（伽达默尔，2010a：502），而经验运动的真正完成"并不在于某种封闭的知识，而是在于那种通过经验本身所促成的对于经验的开放性"（伽达默尔，2010a：503）。有经验的人的完满性，并不体现在他比任何人都更好地知道一切，而是体现为一种彻底的非独断性，正是由于他具有如此之多的经验并且从经验中学习到如此之多的东西，才具有获得新经验并从经验中学习的能力。因此，经验对新经验具有一种开放性，无论是现代科学活动意义上的经验，还是每个人所具有的日常生活经验，经验本质的特征就表现在，"经验只有在它不被新的经验所反驳时才是有效的"（伽达默尔，2010a：494）。经验被反驳表明了它的生长性、开放性，也体现着经验本身所特有的实际性。

经验的生成性和开放性表明精神科学经验本身具有辩证性，它表现为精神科学是人类个体经验与人类基本经验相互阐释的结果，这种相互阐释体现在前者丰富后者，后者指导前者。例如，艺术作品的原型可以说是一种人类基本经验，人们总是需要原型来指导艺术作品的创作，但又不拘泥于原型之中，而是使原型焕发新的生机。以绘画为例，绘画是原型的表现，"原型通过表现好像经历了一种在的扩充。绘画的独特内容从本体论上说被规定为原型的流射。流射的本质在于，所流射出的东西是一种剩余物"（伽达默尔，2010a：206），但在这一过程中，流射源本身并没有被削弱，反而变得更加丰富，源头与剩余物交织在一起，任何一方的发展和变化都会影响到另一方。再如，法律也是一种人类基本经验，它是人的生活中不可或缺的一部分，生活秩序的有条不紊需要法律的规范和指导，但法律并非一成不变，它的规范内容是通过它要被使用的实际情况来规定的，法律的意义也是在使用中才能成为具体的，否则就只是抽象的，法律学家不能使自己束缚于法律被制定时所要体现的意图，而是要认识到法律制定之后所发生的情况的变化，并因此重新规定法律的规范作用。这也使得法律学家和法律史学家有所区别，前者是从现存的情况出发去理解法律的意义，后者则"只是想通过建设性地考虑法律的全部应用范围物规定法律的意义"（伽达默尔，2010a：461）。

从人类个体经验与人类基本经验之间的关系来看，无论是前者对后者的丰富，还是后者对前者的指导，都是以否定的方式来实现的。伽达默尔认为，经验产生的过程实质上就是一个否定的过程，"如果我们对某个对象做出一个经验，那么这意味着，我们至今一直未能正确地看事物，而现在才更好地知道了它是什么"（伽达默尔，2010a：499）。经验的否定性具有一种特殊的创造性的意义，是我们所获得的一种深远的知识。那些被我们做出经验的对象必定具有这样的性质，即"我们通过它不仅获得对它本身的更好的知识，而且也获得对于我们事先已知道的东西，即某种共相的更好的知识。经验通过否定而做到这一点"（伽达默尔，2010a：499），这种否定是肯定的否定，这意味着经验在本质上具有辩证的特征。在伽达默尔看来，经验辩证性的见证人非黑格尔莫属，在黑格尔那里，意识的对象是自在之物，但自在之物总是以它对经验着的意识的表现而体现自身，也就是说，对于经验着的意识而言，对象的自在性只是相对于我们而言的自在，"意识对它自身——既对它的知识又对它的对象——所实行的这种辩证的运动，就其替意识产生出新的真实对象这一点而言，恰恰就是人们称之为经验的那种东西"（黑格尔，2009a：68）。黑格尔认为，意识在这里发生了"倒转"，即在陌生的东西中、在他物中认识自身，而经验本身的真实本质就在于倒转自身。人不能两次做出同一个经验，当我们做出一个经验，这就意味着我们占有它，并可以预见以前未曾期待的东西。同样的经验对于已经获得它的人而言不再是新的经验，只有某个未曾期待的东西才能提供新的经验，为此，经验需要倒转自身才能成为新的经验。在黑格尔那里，"经验具有一种倒转意识的结构，因此它是一种辩证的运动"（伽达默尔，2010a：501），并且经验运动在任何情况下，即"不管是作为一种向内容的多样性的自我扩展，还是作为愈来愈新的精神形式的涌现"（伽达默尔，2010a：502），它都是意识的倒转。

这种意识的倒转与精神的基本运动相类似，即从他物出发向自己本身的返回，而这一过程也是精神科学人文主义传统之一的教化过程。教化的本质就是使人摆脱直接性和本能性的东西，成为一个普遍的精神存在，这种普遍实质上就是作为人类基本世界经验的普遍性，这种普遍性是一种具体的普遍性而非抽象的普遍性,它所体现的是人之为人的基本特征以及人的自由性和多样性。因而这一过程实质上是一种提升的过程,它带有否定的性质,否定的是人的个别性,例如个人欲望、没有节制等,并最终形成一种"普遍的和共同的感觉",即精神科学人文主义传统之一的共通感,这种共通感"是在所有人中存在的一种对于合理事物和公共福利的感觉"(伽达默尔,2010a:37),它表现的是整个人类共同性的具体普遍性。此外,由于人自身的特殊性是由"普遍性出发才得到正确而恰当的规定"(伽达默尔,2010a:23),因此教化所体现出的否定性实质上是在共通感的引导下实现的,这就体现了人类个体经验与人类基本经验之间的辩证关系。一方面,人类个体经验需要人类基本经验的引导,才能摆脱个别性对人本身的羁绊,对于人类整体而言,这种对个别性的否定是维护人的群体性所不可或缺的部分;另一方面,人类基本经验需要个体经验去丰富,才能形成对于所有人而言的那种具体的普遍性,它使得人类整体和个体都能够不断发展和进步。教化过程中所否定的人的那些特殊的、个别的东西,在亚里士多德的实践哲学中都被视为"过度"或"不及"等不当的行为,而引导它们成为适当行为的过程所体现的正是实践智慧与总体的善之间的辩证关系,因此,从人类个体经验与人类基本经验相互阐释的角度而言,精神科学可以说是与实践哲学一脉相承的,或者说,实践哲学能够为精神科学奠定合法性的基础。

精神科学体现的人类个体经验与人类基本经验的相互阐释,意味着精神科学的经验具有道德性质。在精神科学中,并不存在自然科学中的那种主客体关系,而只有我—你关系,伽达默尔认为,当经验被视为"你"的经验时,经验就成为一种道德现象,经验对象本身也就具有了人的特征,这使得经验成为一种道德现象,而那些在"我"和"你"关系的交互性之外的反思,将改变这种关系,破坏道德的制约性。例如,"人性知识"是指"试图从同伴的行为中看出典型的东西,并且能够根据经验做出关于另一个人的预见"(伽达默尔,2010a:506),在这种知识中,人实质上是被视为一个可以绝对被认识和使用的工具,并且每个人都具有相似的结构,这使得关于人的常识可以在每个人那里得到运用。但实际上，我们对人的理解只是一种估量，就像我们理解我们经验领域内的某个典型事件一样。从道德上看，将人视为工具的态度意味着一种纯粹的自我关联性，它与人的道德规范相抵触，因为我们不应把他人作为工具，而应当承认他们本身就是目的。如果将这种人性知识用于精神科学，那么"对应的东西就是对方法的朴素信仰以及通过方法可能达到的客观性"（伽达默尔，2010a：507）。而以这种方式理解传承物实质上也就是使传承物成为对象，它不仅在方法上排除了传承物关系中的一切与人有关的因素，还要使人脱离了那种曾使他自身具有历史性实在的传统的继续影响，精神科学的经验也就因此失去光泽。伽达默尔指出，这种对人类行为中典型的、合乎既定规则的东西的认识，正是19世纪遵循了方法论思想的精神科学的目标，其实质就是简化了的自然科学方法论的应用。

此外，我们与传承物之间的对话也可以说是一种人类个体经验与人类基本经验之间的相互阐释。我们与传承物的关系，就像"我"和"你"的交往伙伴关系一样，传承物像一个"你"那样自行讲话，"你"不是在"我"之外的对象，而是与我们发生关联的"你"。"你"的经验是一种特殊的经验，因为在传承物中被经验的东西并不是与我们无关的另一个人的意见，而是切实与我们有关的经验，或者说，传承物是可被我们经验之物，而不只是被我们认识和支配之物，它并没有一成不变的客观意义。精神科学的经验与传承物有关，精神科学的理解和传统的继续存在，其根本条件就在于持续地与传承物对话，或者说是将传承物作为"你"来看待。这一点对于传承物和精神科学而言都非常重要，因为在人类行为中最重要的东西是真正把"你"作为与"我"有关的"你"来经验，而不是拒绝"你"对我们所说的东西，或者忽略"你"的要求。"你"的经验揭示了一种矛盾，即在"我"面前的东西提出了它自身的权力并要求绝对地承认这种权力。"你"正是如此而被理解，但这种理解不是理解"你"自身，而是理解"你"向"我"所说的真理，这种真理只有通过"你"才对"我"成为可见的，是通过"我"让自己被"你"告知了些东西，才成为可见的。历史传承物也是如此，如果历史传承物不能告诉我们一些靠我们自己不能认识的东西，历史传承物就不能享有我们对它的兴趣。

　　历史意识在本质上就与这种对"你"的经验相对应。历史意识知道他物的他性，知道在他物他性中的过去，它在过去的他物中并不是要寻找某种普遍规律性的事件，而是寻找某种历史一致性的东西，就像寻找对"你"的理解一样。但历史主义的历史意识却试图在对他物的认识中超越自己的一切条件，从而摆脱传统带来的前见，并成为过去的统治者。这种理想是不可能实现的，因为如果它认为自己能够依据方法的客观性和否认自己的历史条件性就能摆脱前见，这恰恰说明它已经不自觉地被前见所支配，"凡是不承认他被前见所统治的人将不能看到前见光芒所揭示的东西"（伽达默尔，2010a：509）。站在与传统的生命关系之外来反思人自身的方式，无疑会破坏传统的真实意义。历史意识必须考虑自己的历史性，通过批判的方法去接触原始资料从而理解传统，并确保不将自己的判断与前见区分开，因为只有立于传统之中，不限制认识的自由，才能使这种自由成为可能。真正的历史意识应该具有一种开放性，开放性的本质在于能够听取别人说的话，即使那些话是对自己的批判和反驳，彼此的开放性是指彼此能够相互听取，"对他人的开放性包含这样一种承认，即我们必须接受某些反对我自己的东西，即使没有任何其他人要求我这样做"（伽达默尔，2010a：510）。然而，历史主义的历史意识并没有对传统实行真正开放，因为"当它'历史地'读它的文本时，它总是已经先行地和基本地弄平了传统，以致我们自身认识的标准从未被传统提出问题"（伽达默尔，2010a：511）。只有将传统视为与"我们"有关的"你"，让自身经验传统，并对传统所具有的真理要求保持开放，才是真正地获得经验。

三　具体的普遍性

　　关于精神科学的普遍性问题，伽达默尔并没有直接提出，但从他对生活世界、经验、效果历史、教化等问题的论述中，我们仍然可以看出端倪。例如，他认为胡塞尔试图穿过赋予意义的意识的现实性，穿过共同意义的潜在性，返回到某种"作为"的普遍性，并认为只有这种"作为"才能衡量被构成的东西的普遍性，这一过程基本上是一种不以任何个人的名义所完成的意向性，正是通过这种意向性，无所不包的世界边缘域或称世界视域才被构成，这种世界视域正是"生活世界"。作为一种视域，生活世界在本质上与主体性相关联，但它并不是对象性的东西，而是呈现了一切经验的预先给定的基础，并且"这个世界边缘域在一切科学里也是预先设定的，因而比一切科学更原始"（伽达默尔，2010a：352）。精神科学正是来自无所不包的生活世界，因此也具有普遍性的特征，这一点在精神科学的经验方面表现得更为明显。

在伽达默尔看来，胡塞尔意在"从意义起源学上返回到经验的起源地并克服科学所造成的理想化"（伽达默尔，2010a：491），这种理想化即经验的客观化。经验的客观化表现为经验的可重复性和可检验性，这通常是自然科学的特征，它是通过取消经验的历史性来实现的，这也正是自然科学方法论得以发挥作用的原因之一。然而，"方法论本身并不能在任何意义上保证其应用的创造性"（伽达默尔，2010b：280），甚至可以说方法论阻碍了创造性的产生，作为一条"跟踪之路"，方法论最终要体现的是"统一性"而非"多样性"。日常生活中的很多经验都可以证明，存在运用方法论而毫无成果的事实，因为在很多情况下，使用方法要去认识的事物并不是以符合认识论的模式形成的，或者说方法被用到那些还没有成为以真问题为基础的研究对象的事物身上。在这些情境中形成的经验也是经验，甚至可以说是完整的经验。胡塞尔认为，经验是生命世界的经验，并且"经验作为生命世界的经验在它被科学理想化之前就存在"（伽达默尔，2010a：491），伽达默尔也指出，"迄今为止经验理论的缺点在于：它们完全是从科学出发看问题"（伽达默尔，2010a：490）。从本质上来看，经验存在于个别的观察中，而不是先在的普遍性中。经验本身必须是确实的，并且只有当经验的普遍性被把握了，我们才能开始走向科学。经验的普遍性并不是科学的普遍性，科学的普遍性以概念的普遍性为基础，经验的普遍性则涉及了许多个别观察的无差别的共同东西，它存在于许多个别的知觉和真正的概念普遍性之间。正是由于我们记住了这许多观察才能做出确实的预见,因此,只有经验的普遍性才能产生概念普遍性和科学的可能性。然而,人们总是会忽略那种普遍的、基础性的、早已司空见惯的经验,但事实上,正是这种经验左右我们的思想和行为,精神科学的经验就是这种经验。

对精神科学经验的忽略,实质上源于对自然科学经验的过度关注,这种关注使其逐渐远离生活世界,也使得我们建筑在现代科学之上的整个文明显得并不完整,因此,在伽达默尔看来,"真正的关键是确立一种理论基础,从而能够承担当代文化的基本事实,承担科学及其工业的、技术的利用"(伽达默尔,2010b:280)。自然科学无法做到这一点,因为它总是处于方法论抽象的限制条件之中,只有精神科学才能担此重任,并且也只有精神科学才能够将已经逐渐游离出去的自然科学经验重新纳入生活世界,使经验成为完整的经验,伽达默尔指出,"如果我们所面对的不仅仅是一个民族的艺术传统,不仅仅是历史传统,不仅仅是处于其诠释学前提条件中的现代科学原则,而是我们的全部经验生活,我认为,我们这才算是成功地把科学的经验加入了我们自身的、普遍的和人类的生活经验"(伽达默尔,2010b:282),这是真正意义上的完满的生活经验。

完满的生活经验来自完满的生活世界,生活世界的完满性表现为包罗万象的生活现象。伽达默尔认为,生活世界的现象构成了把我们都包括在一起的"我们—存在",这表明"我和你"这种表述是不存在的,也就是说,既不存在"这个"我,也不存在"那个"你,只有一种对我而言的"你说"和相对于你的"我说"。"我"和"你"实质上是融合在一起的。每一个"你说"或"我说"都以某种深层的共同一致为前提。在伽达默尔看来,这里包含了一种持久的东西,当我们试图对持有不同意见的问题达到一致时,这种深层因素总是开始起作用,这种因素即海德格尔所说的"前见","构成我们存在的与其说是我们的判断,不如说是我们的前见"(伽达默尔,2010b:278)。

前见这一概念是被法国和英国的启蒙学者从语言用法中驱逐出去的,因为它总是与歪曲真理的"偏见"联系起来。但在伽达默尔看来，前见的那种有失偏颇的意义是我们加之于它的，就其本义而言，前见概念并非必然错误的、要被排斥的，反而是构成理解的基础并需要被重视的。这一表述可以说是对"前见"概念合法地位的恢复，伽达默尔认为，前见概念构成了我们整个经验能力的先行指向，这一点从我们存在的历史性就可以看出，"所有作为存在着的所与的东西都是在世界里被给予的"（伽达默尔，2010a：350~351）。前见是我们开启世界的先入之见，正是它构成我们经验事物的条件，构成我们遭遇到的事物对我们诉说的条件。我们总是先被某种东西所支配，而正是借助于这种支配，我们的东西才会向新的、不同的、真实的东西开放，这种东西不仅仅来自人文世界，也包括自然世界。这表明前见并不是只在精神科学中具有重要地位，在自然科学那里也同样发挥作用，至少对自然科学家来说，社会习俗及环境中的一切因素都可能会成为其研究的前见，因为"在他的科学经验内部，并不是'铁定般的推论规则'（赫尔姆霍茨语），而是不可预见的命运为他提供了有成果的思想，例如牛顿的苹果落地及其他偶然的观察燃起了科学灵感的火花"（伽达默尔，2010b：283）。

　　需要注意的是，前见与自然科学所标榜的客观性是不相容的，因此其也是遵循自然科学模式的，是历史主义所要排斥的。当自然科学凭借其创造出诸多令人惊奇的知识和控制力量而成为历史主义的精神科学所效仿的对象时，那种遵循不带先入之见和无成见的原则就融入了这种效仿。具体而言，历史主义的精神科学对前见的排斥是通过取消事物的历史性来实现的，或者说是将历史与现在分割开来，将历史限制在与现在毫无关联的过去那里。但事实上，历史对我们的影响并不仅仅在于过去和现在，更在于未来，"我们的文化和我们的当代由之生存的巨大的过去视域，无疑影响着我们对未来的一切向往、希望和畏惧。历史是与我们的未来相联系，并且本身只是根据我们的未来而存在"（伽达默尔，2010b：277）。历史对我们的影响表明历史总是效果历史，无论人们是否承认，效果历史无处不在，"历史高于有限人类意识的力量正在于：凡在人们由于信仰方法而否认自己的历史性的地方，效果历史就在那里获得认可"（伽达默尔，2010a：426），并且凡是在效果历史被方法论否认的地方，其结果就只是一种在事实上歪曲了的认识。效果历史意识"是科学意识的一种必不可少的要求"（伽达默尔，2010a：426），它预先规定我们一切认识的可能性，这种规定不是在绝对的意义上实现的，而是作为理解活动过程本身的一个要素来实现的。在一切理解活动中，无论是自然科学的理解还是精神科学的理解，效果历史的影响总是在发挥着作用，伽达默尔因此指出"一切自我认识都是从历史地在先给定的东西开始的"（伽达默尔，2010a：427）。

效果历史的广泛影响使得以历史传承物为研究对象的精神科学带有了普遍性的特征，事实上，这种特征在精神科学由之而来的人文主义传统之一的教化那里，已经有所体现了。伽达默尔认为，"人类教化的一般本质就是使自身成为一个普遍的精神存在"（伽达默尔，2010a：23），因而教化的一个重要意义就在于它产生了一种普遍性。这种普遍性是理性概念表达的、包含了特殊性的具体普遍性，而并非知性概念表达的、排斥特殊性的抽象普遍性。这意味着黑格尔指出"知性的活动，一般可以说是在于赋予它的内容以普遍性的形式。不过由知性所建立的普遍性乃是一种抽象的普遍性，这种普遍性与特殊性坚持地对立着，致使其自身同时也成为一特殊的东西了。知性对于它的对象既持分离和抽象的态度，因而它就是直接的直观和感觉的反面，而直接的直观和感觉只涉及具体的内容，而且始终停留在具体性里"（黑格尔，1996：172~173）。具体的普遍性是表象和直观中无限系列的单一现象和特殊现象之存在和变化的规律，是个别对象、现象和个体的差异与对立的总和。抽象普遍性是知性思维的片面性造成的，是一种不真实的普遍性，只有理性所把握的具体普遍性才是真实的普遍性，因此黑格尔认为"真理不是抽象的普遍性，而是具体的普遍性"（黑格尔，1996：152）。

黑格尔反对那种静止的、客观的、追求确定性的抽象的普遍性。近代以来，哲学家们所共同面对的是认识论问题、思维与存在的关系问题，黑格尔对抽象的普遍性的批判主要集中在近代认识论转向以后出现的哲学家的思想中。例如，在笛卡尔那里，"理性"处于前所未有的高度，他的抽象普遍性观点主要体现在"我思故我在"。"我思"是对全部知识进行反思所确定的起点，确切地说，"我思"是以意识活动为对象的自我意识，"我思"本身是没有内容的纯粹活动，但它却包括了一切意识活动，无论是理性的、感性的或是情感的。黑格尔认为，将理性的抽象概念确定为真理会不可避免地产生一种矛盾。一方面，实在直接地出现，但它却不属于理性的实在；另一方面，理性被认为是一切实在，成为一个永久的追求，但这种追求却又无法获得结果，因此，笛卡尔的"我思"只是一个空虚的我性。在黑格尔看来，真正能够带来成果的是现实的理性，"当它首先仅仅是确信自己即一切实在这个确定性时，它在这个概念中意识到，作为确定性，作为我它还并不是真正地即是实在，因而它已被迫将它的确定性提高为真理性，并已被迫将空虚的我性予以充实"（黑格尔，2009a：181~182）。

在黑格尔看来，将抽象普遍性看作一种"绝对"，并断言凡是不满足于这种普遍性的人都是没有能力去掌握和坚持这种绝对观点的，都只不过是一种形式主义。"无论是把'在绝对中一切同一'这一知识拿来对抗那种进行区别的、实现了的或正在寻求实现的知识，或是把它的绝对说成黑夜，就像人们通常所说的一切牛在黑夜里都是黑的那个黑夜一样，这两种做法，都是知识空虚的一种幼稚表现。"（黑格尔，2009a：11）抽象普遍性并不总是作为法则而出现，黑格尔指出，"当人们刚开始争取摆脱实质生活的直接性的时候，永远必须这样入手：获得关于普遍原理和观点的知识，争取第一步达到对事情的一般的思想，同时根据理由以支持或反对它，按照它的规定性去理解它的具体和丰富的内容，并能够对它做出有条理的陈述和严肃的判断"（黑格尔，2009a：3）。然而，当面对现实生活时，那种使人直接经验到事情本身的严肃性则表明这种普遍原理不再是知识的唯一源泉。伽达默尔指出，"普遍法则是需要运用的，而法则的运用却又是没有法则的"（伽达默尔，1988a：43），正是对具体的普遍性的了解使得伽达默尔最终将拥有具体的普遍性的东西看作解释学的基本经验，认为精神科学的普遍性是一种具体的普遍性，也由此使他与"论述了具体的普遍的伟大老师——黑格尔"（伽达默尔，1988a：43）走到了一起。

精神科学所表现出来的具体的普遍性，使它相对于自然科学而言更具有一种基础性的地位。如果我们抛开自然科学与精神科学相对立的那些特征，以更广阔的视角来看待它们，就会发现，精神科学研究可以说是为自然科学研究提供了处境。处境的特征在于，我们并不是处于处境的对面，而是始终处于处境之中，无法脱离和摆脱，这使得我们所有的认识都会带有处境自身的特征，处境可以说是一种在先的给定，是一切理解和认识的基础。正是精神科学的研究为自然科学创造了发展空间。因此，"处境"的意义也在于解决自然科学与精神科学的断裂和对立问题。这也始终是伽达默尔关注的一个问题，即"当我们经历了自己的生活历史和生活命运之后，我们作为人所具有的天然的世界观和世界经验如何和那种表现科学见解的不容置疑的、匿名的权威发生关系"（伽达默尔，2010b：271），这个问题也始终是哲学所要解决的问题，因为"自从十七世纪以来，哲学的真正任务一直在于把人的认识能力和创造能力的新运用和我们人类生活经验的总体相调解"（伽达默尔，2010b：271）。自然科学与精神科学之间的断裂使得"我们总是具有以下任务，把通过科学而可支配的并受我们随意操纵的对象世界，亦即我们称之为技术世界和那种既不是任意的也不是可由我们操纵的，而仅仅要求我们尊重我们存在的基本秩序重新连接起来"（伽达默尔，2010b：271）。对于这种连接，穆勒采用的是用自然科学统摄精神科学的方式，这必然是伽达默尔所要反对的，在他那里，精神科学才是自然科学的基础，也只有精神科学才具有真正的普遍性。

第四节　精神科学的理解之途

对精神科学的理解不同于对自然科学的理解，自然科学通常是通过概念入手并结合理论的具体应用来实现理解,但这种方式并不适用于精神科学。作为人类个体经验与基本经验相互阐释的结果,精神科学需要通过整体与部分的理解循环来理解自身,效果历史对精神科学的影响使得这种循环具体表现为前见与事物自身的理解循环。从另一个角度来说,历史实质上就是理解精神科学的中介,对精神科学的理解必然要从历史的角度进行。但历史既不能事无巨细地呈现自身,我们对历史的理解也不能摆脱当代对我们的影响,因此对于精神科学的理解需要通过对话来实现。在对话之中,我们与对象从某个论题开始并最终形成一种融合的视域,对话双方各自的视域在这一过程中都得到了扩展,并获得了新的、对双方而言都是统一的认识,即理解。

一 前见与事物自身的理解循环

精神科学的本质特征表明,精神科学的理解有其独特的不同于自然科学的方式。自然科学的理解是通过认同将"不同"转化为"相同"来实现的,也就是说,自然科学是以"相同"、"同化"或者"排斥不同"为最终的理解目标的,精神科学的理解则是基于对"不同"的尊重。伽达默尔指出,"理解意味着我能够公正地衡量和思考别人所想的东西!人们应该认识到其他人在他或她所说或想说的东西中包含着正确的东西。因此,理解不是简单地控制与你对立的东西,无论它是某个人还是整个客观世界"(Krajewski,2004:9)。

精神科学与自然科学在理解方式上的区别与二者的本质特征有关。与自然科学所获得的普遍性知识相比,精神科学获得的是特殊性的知识,并且在精神科学中总是存在着某些在自然科学中无法以同样方式出现的东西。这表明,自然科学那种运用统一的方法去认识和理解的方式并不适用于精神科学,在精神科学中,最巨大和最有成果的成就远远先于可证实的理想,因此,并非所有的科学都要依靠方法来认识和理解事物。伽达默尔认为,"在生活中理解的实践与在科学中的一样,也表明了理解者与被理解者以及他所理解的东西之间的密切关系。从理论上对理解的可能性的说明,并不是一种理解某种能够凭借科学和方法论加以掌握的客观化反思；相反，这种说明表明，普遍的东西作为某种人们认识了的东西，是从属于它的合理运用所具有的不可消除的不确定性的"（伽达默尔，1988a：43）。理解实质上就是对某种普遍东西的获得，在自然科学中，普遍的东西本身是一成不变的，而在精神科学中，普遍的东西却会处于变化之中，不具有永恒不变的特性。它来自特殊的东西并引导特殊的东西，但同时也受到特殊东西的制约，这一点无论是在作为精神科学来源的人文主义传统之一的教化那里，还是在精神科学的经验中，都有所体现。因此，精神科学的理解并非要通过自然科学的方式来实现，而是始终蕴含在普遍与特殊的相互关系之中。从解释学的角度来看，精神科学的理解是通过整体与部分的相互阐释来实现的，更具体地说，是通过前见与事物自身的相互阐释来实现的。

整体与部分相互阐释所表明的是一种理解的循环关系，即从部分理解整体并以整体理解部分，这一规则"来自古代修辞学并经由近代诠释学而从一种说话艺术转变为理解的艺术"（伽达默尔，2010b：70）。修辞学的这种转变最早在宗教改革家梅兰希顿（Philipp Melanchthon）那里就有所体现，梅兰希顿在路德[①]（Martin Luther）"唯有《圣经》"的基础上提出了修辞学解释原则，即把在《圣经》中用于制造令人信服的表达的修辞学，反过来用于解释《圣经》，因为"圣经本身就是根据修辞学的原则撰写的，因此，修辞学自身也成了圣经文本意义的必要证明"（格朗丹，2009：71）。于是，从梅兰希顿开始，修辞学就从主动制造表达上令人信服的力量逐渐转向被动的文本讲解，从一种说话的艺术变成了阅读的艺术，"修辞学理论的研究不再服务于雄辩，而是向年轻人提供一种学习方法，从而在解释文本方面有能力进行判断"（格朗丹，2009：72）。对于整体与部分的理解循环规则，梅兰希顿认为，"当无经验的人对文本只有很肤浅的知识时，他们也能理解既复杂又不详细的论文，这是因为文本的整体和部分指明了它，人们能瞬间把握和检验的各单个

[①] 路德（1483~1546），德国基督教新教派神学家，路德新教创始人。路德新教认为，人要想获得上帝的拯救，并不在于遵守教会的规章条约，而在于个人内心的信仰。

因素受到某种程度的协调一致规则的支配"（格朗丹，2009：74）。格朗丹教授认为，梅兰希顿对整体与部分的解释学循环的描述只是从纯粹教学法上把握到的，而没有从认识论的方法程序上去加以理解。在格朗丹教授看来，整体与部分的理解循环结构所获得的最普遍的表达形式，是在阿斯特那里实现的，即"一切理解和认识的基本法则是要在个别中去发现整体，并根据整体去把握个别"（格朗丹，2009：111）。在阿斯特看来，整体是由包罗万象的精神统一体构成的，每一个人的心灵的表达都要根据它所属的整体来理解。在阿斯特之后，解释学循环思想在施莱尔马赫那里产生了共鸣，但施莱尔马赫认为，阿斯特的唯心主义的整体过于庞大，整体实际上应该根据两个方面来界定，即语法和心理。在语法方面，整体是指语法所从属的文学流派，部分则是指语法自身；在心理方面，整体是指创作者的生活整体，部分则是指创作者的活动。除了对整体进行区分之外，施莱尔马赫还将这种区分与他的解释学的双向概念对应了起来。

伽达默尔认为，从19世纪解释学的发展过程来看，施莱尔马赫的思想无疑被视为一种典范，"理解的循环结构局限于个体与整体的形式关系范围内，亦即局限于它的主观反思：先对整体作预测然后在个体中作解释"（伽达默尔，2010b：75~76），这就使得理解的循环运动仅仅围绕文本进行，并随着对文本理解的完成而结束。这种理解理论强调的是对作者思想的再现，即通过对作者意图的预测和证实来消除文本所具有的一切陌生性和疏异性，也就是说，文本的意义完全在于作者的所思所想，只要抓住了作者的写作意图，就是实现了对文本的理解。这意味着，这种理解是以对作者意图的认识为目的的，在其中，理解者只是一种客观认识的实施者，为保证这种客观性，理解者自身以及当下时代的社会思想都被视为理解的障碍，是需要被排斥的对象。施莱尔马赫正是基于这种观点主张重构文本产生之时的历史环境，以获得作品在产生之时所具有的意义，从而理解文本的。施莱尔马赫的这种观点对历史主义产生了影响，在他们那里，整体被扩展为特定时代的历史，任何理解都要放在特定的历史环境中进行。但在海德格尔看来，理解并不仅仅是在作为部分的文本与作者的全部作品、同时代产生的全部作品以及同样类型的全部作品意义上的整体之间形成的，更主要的是要考虑到理解者自身对作品的前理解，以及作品本身对作者诉说的东西，理解者自身也是理解不可或缺的一部分，理解文本并不仅仅意味着对作者意图的追溯和复原，理解始终受到理解者的前理解的前把握活动支配，因此更重要的在于意识到理解者自身的前见，并从事物本身出发去修正这种前见，从而确保科学的论题。他从存在论角度出发对解释学循环所进行的思考使解释学循环获得了一种全新的含义，即将整体与部分的相互阐释具体化为前见与事物本身的相互阐释。

伽达默尔深受海德格尔的影响，并对海德格尔的解释学思想做了进一步的扩展。在他看来，"整体和部分循环的内容意义是所有理解的基础"（伽达默尔，2010b：76），解释学循环的意义不仅在于理解文本本身，更在于建立一种一致性从而使理解得以可能，"只有真正表现出完全意义统一体的才是可理解的"（伽达默尔，2010b：76）。这种一致性既是一切理解和相互理解的前提，同时也是它们的目的，并且表现为解释学的任务。解释学就是要在熟悉和陌生之间架起一座桥梁从而把未出现或被干扰的一致性建立起来，"在熟悉和陌生之间有一种对立性，诠释学任务就建立在这种对立之上"（伽达默尔，2010b：77）。这种一致性的建立在解释学发展的历史过程中也有所体现，例如奥古斯丁就试图把旧约和基督教的福音调解起来，阿斯特也认为解释学应该在新发现的真正古典文化和基督教传统之间建立一致性。对于阿斯特的观点，伽达默尔认为它"对于诠释学现象具有一种真理要素，但施莱尔马赫和他的后继者则不正确地把它抛弃了。阿斯特通过他的思辨能力防止了在历史中只找寻过去而不找寻当前真理的做法，从施莱尔马赫继承下来的诠释学相对于这些背景就显得比较浅薄地流行于方法的诠释学了"（伽达默尔，2010b：72）。伽达默尔指出，解释学任务完成时所形成的一致性体现为视域融合，在融合过程中，历史和现在、客体和主体、自我和他者构成了一个无限的统一整体，"旧的东西和新的东西在这里总是不断地结合成某种更富有生气的有效的东西"（伽达默尔，2010a：433），正是这种东西使理解得以实现，但它也不是最终的结果，而是会继续参与融合过程。有的学者认为，伽达默尔在这里要表明的是，"当遇到更有说服力的证据和解释（即那种用我们能够明白理解的方式所表达的解释）时，我们的理解总是趋于修正。他对解释学循环分析的着眼点就在于这种理解的暂时性"（Dostal，2002：44）。

作为理解前提的一致性被伽达默尔称为"完全性的前把握"或"完满性的前见"，它产生于与所意指东西的内在意义的统一，或者说是一种真理关系，"理解并不是一种充满神秘感的灵魂的分享，而是对共同意义的参与活动"（伽达默尔，2010b：71）。当我们理解文本时，我们并不是将自身置于作者的灵魂状态中，而是置身于每个文本所包含的作者的观点和意见中，只有首先承认作者所说的东西具有事实上的正确性，或者认同作者在作品中所表达的意见，我们才会去接触文本进而理解文本，也就是说，我们是以来自我们自己的事实关系的意义期待作为根据，对传承下来的文本进行理解的。当面对传承下来的文本时，我们总会认为这种文本可能比我们自己的前理解知道得更清楚，只有当我们发现这一前提不可实现，即当文本本身变得不可理解时，我们才会对传承物产生怀疑。因此，完满性前见不仅仅是指文本应该完全说出它的意见，还指它所说的东西具有完全的真理性。此外，这种引导着我们所有理解的前把握还是一种先验意义期待，或者说是一种预先筹划。在理解的过程中，"解释者必须经过从自身方面经常不断经历的整个迷误过程才能注视事物本身"（伽达默尔，2010b：73），这个过程就是前理解与事物本身相互阐释的过程，或者说是一个筹划过程，"谁想理解文本，谁就一直在进行筹划"（伽达默尔，2010b：73）。当文本中显示出第一种意义时，理解者就事先筹划整体的意义，或者说是用某种意义期待来阅读文本，这种预先筹划会通过不断深入意义之中对自身进行修正，"每一种修正都可能是对意义一种新筹划的预先筹划；相互矛盾的筹划可以互相加工，直到清楚地确定意义的统一体"（伽达默尔，2010b：73~74），即最终达到对文本的理解。正是通过这种预先筹划才产生了对放置在那里的东西的理解，伽达默尔因此指出，"解释是带着前把握进行的，这种前把握将被合适的概念取代；正是这种不断更新的重新筹划构成理解和解释的意义运动"（伽达默尔，2010b：74）。前见并不来自事物本身，理解的任务则在于构造正确的、与事物相称的筹划，这种筹划会不断从事物本身得到证明。于是，这里就体现出了一种客观性，亦即理解者并不是从自身的前见出发走向事物，而是以事物本身为标准不断检查自身前见的合法性，检验它的来源和作用。

精神科学的理解在本质上是前见与事物自身的相互阐释。这一点与自然科学的理解完全不同。在自然科学那里，前见是作为一种意见而出现的，由于"真理"与"意见"一直都是对立的，前见被视为偏见，不仅缺乏稳定性和持久性，还被视为导致错误理解的根源。但在伽达默尔那里，意见尽管具有多样性，但这并不意味着意见本身就是任意的，意见只有被听到时才会具有多种可能性。当前见被视为偏见时，人们关注的只是前见影响了既定目标的实现，而忽略了前见也能够帮助人们认识到更多的内容。因此，这实质上是一个理解范式的问题。例如，旧的事物在自然科学那里会由于妨碍新事物的获得而成为偏见，因为在自然科学那里，备受关注的对象总是最新的事物或者事物的最新状态，新事物或新状态终结了旧事物或旧状态，后者由于不符合新的标准而被替代或者被忽略，成为被否定的对象，但这并不是旧事物或前见本身的问题，而是自然科学的目标问题。与此不同的是，人们在遇到自己从未涉足的人生境遇的问题时，会寻求长者的意见，从而更透彻地理解人。因此，意见并不等同于导致错误认识的偏见，它也可以是帮助人们加深理解的前见。但自然科学排斥的是意见整体，其中也包括了可以作为前见的意见，伽达默尔认识到，"使人盲目的偏见与使人认清事物的前见是完全不同的，但这种不同只能通过对话而不是独白式的自我反思来区分"（Dostal，2002：272）。在精神科学中，新事物或新状态并不必然替代旧事物或旧状态，反而要依靠后者才能展示自身，但前提是后者本身要具有真理性。因此，对于精神科学而言，要排斥的不是前见本身，而是毫无依据的前见，"谁想理解，谁就不能一开始听任自己随心所欲的前意见，以便尽可能始终一贯地不听错文本的意见——直到不可能不听到这些意见并且摧毁任意的理解"（伽达默尔，2010b：75）。在精神科学的理解中，我们首先要意识到自己的前见，这种前见有可能与事物本身相符也有可能相左，我们应努力使自己不被前见控制，并从事物本身出发不断修正自己的前见，"所有正确的解释都必须避免随心所欲的偶发奇想和未曾注意的思维习惯的束缚，从而把目光指向'事物本身'"（伽达默尔，2010b：73）。

对事物本身的关注是精神科学理解的基础，也是精神科学自身科学性的体现，"解释领会到它的首要的、不断的和最终的任务始终是不让向来就有的先行具有、先行看见与先行把握以偶发奇想和流俗之见的方式出现，它的任务始终是从事情本身出来清理先有、先见与先行把握，从而保障课题的科学性"（海德格尔，1987：187~188）。海德格尔的解释学思想实际上就是将历史意识具体化，要求人们在理解的过程中努力使历史意识渗透其中，而不是程式化地去把握历史他者以及运用历史方法。因为，虽然我们无法控制前见，却可以通过时间距离来区分真正有帮助的前见和偏见，这是由于前见来自历史，效果历史始终对我们发挥影响。在时间距离中，那种与真实内容和真实意义并不一致的过度共鸣会逐渐消失，作品本身的结构会逐渐显露，从而使我们得以对作品所说的东西提出普遍有效性的理解要求，即把文本或艺术创作品中存在的真实意义析取出来。这本身是一个无尽的过程，并且引导这种析取的时间距离是在经常的运动和扩展中得到理解的，这就是精神科学的理解所具有的创造性方面，它完全不同于自然科学的创造性所推崇的那种从无到有或者推陈出新式的创造。因此，对于精神科学的理解必然要包含一种历史意识，使其能够意识到那些引导理解的前见，并使其作为他在的意见的传承物显露出来并发挥作用。

在精神科学那里，事物是精神科学研究对象的历史传承物，产生它的历史过程形成了前见并进而成为理解它的前提和基础。这意味着前见自身来自历史并要在历史传承物中得到修正，这一点正是精神科学自身的普遍性与特殊性的辩证关系在其理解过程中的体现。这种关系也表明，在精神科学的理解中，历史起到了关键性的中介作用。伽达默尔认为，我们属于历史甚于历史属于我们，历史主义的问题就在于过度信赖工作程序的方法从而忘却了自己的历史性，使得他们的历史思考仅仅是一种单向度的思想独白，"真正的历史思考必须同时想到它自己的历史性。只有这样，它才不会去追逐某个历史对象（历史对象是我们不断研究的对象）的幽灵，而是学会在对象中认出自身的他在性并因而认识自己和他者。真正的历史对象根本就不是对象，而是自己和他者的统一体，是一种关系，在这种历史关系中同时存在着历史的实在和历史理解的实在"（伽达默尔，2010b：80）。这种历史实在就是效果历史，也就是说，理解本身是一种效果历史事件，它属于被理解东西的存在，而不是对某个去时间化的对象使用既定方法所得到的结果。

二 历史作为理解的中介

从精神科学的本质来看，精神科学是与人类事务有关的科学，它适用于社会—历史领域，其研究对象是历史传承物，因而对精神科学的理解也必然涉及历史。历史是一种时间距离，伽达默尔认为对时间距离的意识就是"对传承物的某种失落和疏异化的意识"（伽达默尔，2010a：243），如何看待时间距离决定了我们如何理解精神科学，而如果"我们未从时间距离获得确切的尺度，我们的判断就非常软弱无力"（伽达默尔，2010b：78）。因此，历史就成为理解精神科学的中介，对于精神科学而言，时间距离就变得非常重要，伽达默尔指出"正是历史意识的出现，才使得诠释学在精神科学范围内起了根本的作用"（伽达默尔，2010b：242）。解释学与精神科学的密切关系正是由于解释学要解决由时间距离引起的意义上的差距而形成的，这种差距在自然科学中并不具有决定性的意义，因为自然科学的科学性正是体现在与时间的对立上，它极力要证明的是时间对其产生的影响是微乎其微的。从解释学的发展过程来看，其原本的意义在于使人们能够理解文字作品，因为文艺复兴之后，不仅大量生疏的文字传承物涌现出来，需要被解释以被人们理解，而且所有的传承物，包括古希腊艺术、法律、宗教、哲学等精神创造物都是生疏的、需要被解释的。这就使得那个能够进行解释和传导的神灵——赫尔墨斯在文本解释方面所发挥的作用得到了广泛的扩展,那些因为年代久远而变得陌生了的传承物只有在解释学的帮助下才能找回原来的意义。解释学由此得到了重视,从根本上超出了它原来的实用目的,不再仅仅作为古老的神学和语文学的辅助学科,而是成为整个精神科学活动的基础。

对精神科学的理解而言,解释学的基础性作用主要体现在对时间距离的处理上。在施莱尔马赫那里,历史流传物的意义就是它产生之时所具有的意义,时间距离只能消减这种意义,返回到事物产生的原点或重建这种原点就可以减少时间距离的影响,形成完整的理解。在伽达默尔看来,施莱尔马赫要说明的是,历史流传给我们的艺术和文学已经与原来的世界相脱离,因为进入交往的艺术作品其理解性只有一部分是得自其原来的规定,当"艺术作品原来的关系并未历史地保存下来时,艺术作品也就由于脱离这种原始关系而失去了它的意义……一部艺术作品也是真正扎根于它的根底和基础中,扎根于它的周围环境中。当艺术作品从这种周围环境脱离出来并转入交往时,它就失去了它的意义"(伽达默尔,2010a:243)。因此,施莱尔马赫认为,要想完全地理解一部艺术作品,或者说要想获得艺术作品的真实意义,就必须恢复其原本的环境,也就是说要重建艺术作品的起源和发祥地,即对艺术作品的所属世界进行重建。这个所属世界是创造艺术作品的那个艺术家所要表现的状况,重建的目的就是恢复这种状况,并避免对这种状况的误解以及错误的引申。在这一过程中,历史知识的意义在于追溯原本的东西,以弥补丧失的东西和重建传统。在施莱尔马赫看来,这正是解释学的目标,即努力复制作者的原本创作过程以再次获得使一部艺术作品的意义得以完全理解的那个出发点。

伽达默尔认为,对一部流传下来的作品的原本规定的诸多条件进行重建,对理解来说,不过是一种辅助工程,因为这种重建所获得的东西并不意味着作品所要探求的全部意义。时间距离并不是对历史传承物意义的遮蔽,相反,是对其意义的扩展,"艺术从不只是逝去了的东西,艺术能够通过它自身的现时意义去克服时间的距离"（伽达默尔，2010a：243）。从当代视角对艺术作品进行新的解读，获得新的意义，也仍然是对艺术作品的理解。在伽达默尔看来，那种对过去生活的修补和复原并不是解释学的真正意义所在，因为历史是效果历史，总是会对经历过历史的事物产生影响，因此"鉴于我们存在的历史性，对原来条件的重建乃是一项无效的工作"（伽达默尔，2010a：245）。那些被重建的生命，并不是原来的生命，就如同我们即使现在把博物馆里收藏的古老艺术品放回其诞生的地方，也无法恢复它们的原初意义，最多只是会增加旅游观光的效果而已。因此，"视理解为对原本东西的重建的诠释学工作无非是对一种僵死的意义的传达"（伽达默尔，2010a：245），重建和修复对于精神科学的理解并不具有重要的意义。

这一点早在黑格尔那里就已经被意识到了，在他看来，那些流传而来的艺术作品就像是已经从树上采摘下来的美丽果实，那些制约它们特性的气候、构成它们实体要素的果树和土壤、支配它们生长过程的四季变换等因素都不再对它们产生影响。这种采摘是不可逆的，当果实脱离树枝的那个瞬间，对它产生规定的那些因素就不再对其具有意义，即使对这些因素进行完全的还原，也并不意味着果实能够完全恢复到它被采摘之前的状态。同样，我们所面对的古代艺术作品也不能给我们呈现它们原来的世界，有的只是对那个世界的朦胧的回忆。在伽达默尔看来，黑格尔所要表明的是，人们对待历史传承物的活动只是一种"外在的活动"，这种活动"在环绕着、创造着和鼓舞着伦理生活的现实性的内在因素上建立了它们的外部存在、语言、历史性等等僵死因素之详尽的架构，这并不是为了让自身深入生活于它们之中，而只是为了把它们加以表象式的陈列"（伽达默尔，2010a：246）。对那些充实艺术作品意义的偶缘性东西的研究，并不能重新产生这些作品，或者说，并不能获得这些作品的全部意义，而只能得到僵死的部分意义，"作品仍是从树上摘下的果实。我们通过把这些东西放回到它们的历史关系中去所获得的，并不是与它们活生生的关系，而是单纯的表象关系"（伽达默尔，2010a：246）。

伽达默尔认为，在黑格尔那里，历史的活动是一种外在活动，只有精神在历史中以一种更高的方式表现自身，面对历史的思维着的精神才不会是一种外在的活动。对于艺术作品来说，这个精神就是外在化于艺术作品中精神的内在回忆，它"把所有那些个别的神灵和实体的属性集合到那唯一的万神庙中，集合到那个自己意识到自己作为精神的精神中"（伽达默尔，2010a：247），这就像被摘下的果实如果被人以具有自我意识的神情呈递出来，那么它就不仅仅是一个脱离了树木、空气、日光、气候等元素的没有生命力的、僵死的东西，而是以更高的方式把这些元素聚集起来并超越了它直接生长出来的自然界的东西。"历史精神的本质并不在于对过去事物的恢复，而是在于与现时生命的思维性沟通"（伽达默尔，2010a：247），只有精神的历史性的自我渗透才能实现解释学的使命，在这一过程中，表象的历史态度需要转变成对过去的思维态度。伽达默尔认为，黑格尔的这种观点超出了理解问题在施莱尔马赫那里具有的整个范围，将精神科学的理解提升到一个更高的基础上，他正是在这个基础上建立了自己的作为绝对精神的最高形式的哲学，但这也正是他的问题所在，"如果黑格尔不把这种思维性沟通认作某种外在的和补充性的关系，而是把它与艺术真理本身同等看待，那么他就是正确的"（伽达默尔，2010a：247）。

历史在伽达默尔那里被认为是效果历史，总会对活动于其中的人及事物产生作用，我们所有的历史理解都受到这种效果历史意识的规定，"我们每时每刻都可能从这种源自过去，迎面走来并传承给我们的东西中理解自己"（伽达默尔，2010b：177）。"历史性"这个概念并不是表述发生事件的真实性，而是表述处于历史中的人的存在方式，它包含的是一种本体论的陈述。人的有限性表明，"人的自身存在基本上只能通过历史性概念方可理解"（伽达默尔，2010b：168）。"历史的瞬间"并不是指决定历史的时间点，而是指"人类此在的历史性得到经验的瞬间"（伽达默尔，2010b：168）。因此，"历史传承物"并不仅仅是产生于过去的、真实的事物，而是一种源自过去并始终与现在有关的事物。从这个角度来看，施莱尔马赫对传承物产生环境的"重构"并不能实现对精神科学的真正理解，因为重构的结果只是恢复了"历史"，而忽略了"效果"。效果来自现实,"我们的意识受到效果历史的规定,受到现实事件的规定,这种事件不可能像与过去遥相对峙那样与我们的意识相分离……它还能在我们心中不断重新制造出这种产生的意识——就像所有我们经验到的过去必然使我们能以某种方式获悉它的真理"(伽达默尔,2010b:178)。

效果历史体现的就是历史的现实性,历史是通过发生而存在,而不是通过推理和构想而存在的,因此对精神科学的理解不能采用自然科学的方式。例如,在人成长的过程中,虽然可以通过出生年月计算出年龄,但无法计算出孩子长大成人的时间,孩子会突然之间变得不再是孩子,以前构成其熟悉本质的一切都突然消失了,但任何方式都无法准确衡量这个瞬间。再如,当我们发现自己熟悉的人变老的时候,并不是指这个人达到某个明确的点,严格地符合"老"这个概念,而是说在持续流逝的时间中,现在的他对于他自己和那些认识他的人来说,在外貌、精力、体力、智慧等方面都与当初的那个青年有所不同。除了人之外,时代也是如此,无论是统治者的继承还是革命形式所导致的朝代更替都意味着时代的划分,这种根据事件来划分时代的方式并不是因为它简洁明了,而是因为它使人们注意到,从现在起一切都改变了,以前存在的一切都不存在了。这里所体现的正是历史的现实性,"人们在这里经验的并不是可以完全想象和再现的过去,而是通过发生而存在并且永远不可能不发生的事物"(伽达默尔,2010b:172)。事实上,历史是人的命运经验,是幸运和不幸的轮番交替,是环境对于一种幸运的和有效果的行为或充满痛苦地顺从或抵抗,这一切都是人的原始经验,只有针对这种原始经验,我们才能确定何种意义因素能够解释这种经验。

人的此在的存在是一种历史性的存在,这表明它不像在自然科学视野中的此在那样是现成在手的。与自然科学的对象相比,人的此在是时间性的、历史性的,因而具有更多的可变性。然而,从更原始的意义上来说,历史性亦即时间性才意味着存在,它包含自然科学力图认识的那些使用上手的东西,因此,"理性本身只是一种历史的可能性"(伽达默尔,2010b:44)。人类所关注的历史问题并非科学认识问题，而是自己的生活意识问题，我们正是在命运的沉浮中寻找我们存在的意义，或者说，我们总是在有限性中追问意义，而这实质上是一个历史性的问题。正如伽达默尔所说，"时代的力量把我们拖入时代，又在我们心中唤起某种支配时代的权力意识，而我们本是根据时代塑造自己的命运"（伽达默尔，2010b：35）。时代的更替并不意味着一种结束和新的开始，而只是表明这个时代产生了一些新的因素，它们不会完全替代此前的因素，也不会很快被另一些因素所替代，我们实际上是按这种新因素以一种性质不同的方式把以前的时代称为旧时代。在这一过程中，时间本身也会变旧，但这并不意味着过去因此就不再具有现实意义，或者不再与当前有关，相反，历史是连续的，"历史就是我们从来就是和现在所是。它是我们命运的联结纽带"（伽达默尔，2010b：44），历史虽然来自过去，却也影响我们的现在，并关涉我们的未来。伽达默尔指出，"凡是再现的意识理解为把过去的事物拿过来、保持住，并与创新意志相对峙的东西都根本不是活生生的传统"（伽达默尔，2010b：180），传统真正的真理存在于一种领域之中，即在那里真理是在我们迎向未来去证实新事物的时候才变得现实的。

事实上，无论是传统还是历史传承物，都不是在对一成不变的东西的继承中保持其意义，它们的意义来自我们与自己身处的历史的效果联系之中。历史的理解本身总是对效果和继续效果的经验，它具有一种效用力，使得历史性的此在总是要有一种处境、一种观点和一个视界，这就使得理解总是受到限制的理解。它表明，理解并不是具有无限制的自由，当我们试图理解时我们就能经验到这种限制，或者说"当我们感受到一个完全陌生的历史世界的气息时我们才会认识到自己固有的历史存在"（伽达默尔，2010b：43）。因此，理解的前提在于对理解的限制的理解。例如在我和你之间，如果其中之一总是以自己的存在和意见去理解对方，或者不让对方对自己说什么，是不会产生真正的相互理解的。只有让对方说话、让对方的要求发生作用，了解作为自己理解限制的对方的存在和意见，才能获得真正的理解和自我认识。我们处于狭隘生活经历中的自我并不会在自主的理解中得到真正的扩展，只有放弃固执己见，从对方出发返回自身，理解才真正得以实现。

如何看待历史决定了我们如何理解精神科学。历史就像现实生活一样，只有当它深入我们先前已有的关于事物、人和时代的判断中时，当它向我们攀谈时，它才具有意义，而所有关于意义的理解都有一个前提，即我们要与前见保持联系。这就是海德格尔意义上的解释学循环，这意味着我们只能理解已知的东西，只能听出我们已读出的东西，这一点在自然科学中必然是要被彻底排斥的，因为自然科学及其方法论所要探索和理解的是未知的东西。但在精神科学中，只有发生了的事物才能成为传承物，因此精神科学的理解总是历史的理解。这也从另一个角度说明，对于精神科学的理解而言，关键问题不在于如何避开解释学循环，因为这是无法回避的，因此问题应该是以何种方式进入这种循环。在伽达默尔看来，这种方式就是语言。历史距离要通过语言来沟通，语言不仅统治着历史解释的过程，而且是传递过去和那些消失的事物的形式，"如果我们在传承物中遇到某些可以理解的东西，那么这种行为本身就是发生。如果我们从传承物中取出一个词，让它自己说话，这也是一种事件的发生。这当然不是把历史理解为一种过程，而是理解在历史中向我们诉说，向我们走来而与我们相遇的东西"（伽达默尔，2010b：177）。获得历史传承物意义的前提，是将它们作为与我们谈话中被感受和被证实的参与者，它们回答我们的问题并提出新的问题，表明它们自己的现实性和继续发生作用的活力，也由此促进我们对精神科学不断生成新的理解。

三 理解与对话

在伽达默尔看来，柏拉图对思维本质的认识十分正确，即思维是灵魂和自身的对话，是一种不断进行自我超越，反过来又对自身和自己的意见和观点发生怀疑并提出异议的对话，"如果说有什么东西能标志我们人类的思维，那就是这种永无止境、永不最终导向某物的和我们自身的对话"（伽达默尔，2010b：250）。在伽达默尔看来，那种被柏拉图描述为思维本质的灵魂与自身的内心对话的语言现象就是理解过程本身,"一切理解都是语言问题,一切理解都在语言性的媒介中获得成功或失败……不仅人与人之间的相互理解过程表现为语言现象,而且当理解过程的对象是语言以外的领域,或者倾听的是无声的书写文字的时候,理解过程本身也表现为一种语言现象"(伽达默尔,2010b:230)。

在伽达默尔看来,"和一切理解相适应的就是语言性"(伽达默尔,2010:80),用语言表达事物本身就是实现理解的方式,或者说,对事物的理解必然要通过语言这种形式产生。自然科学采用的是一种独白式的语言结构,它那种科学性的讲话始终是用自身中存在、发展并变化的语言来传递某种专业语言或专业表述,即学术性的术语。这种术语通常是以陈述的方式来表达的,这使得对自然科学的理解往往从概念或结论入手即可获得。对于自然科学而言,陈述真理的抽象以及建立在陈述句之上的逻辑是完全合理的,陈述句中表述的知识能够为一切可能的目的服务,可以说,陈述的意义就是从语言的角度在方法上保证真理。然而,无论是陈述还是近代科学的方法论,这种保证的方式所带来的后果,并没有如它们期望的那样促进人的发展,相反,科学无法像控制事实联系本身那样控制科学知识的应用目的,并且作为科学之应用的技术本身也逐渐超出了人的控制,这一点可以从大规模杀伤性武器的出现使战争不断升级的现象那里得到说明。对于这个问题,伽达默尔的观点是,"独白性的操作并没有证明科学能独立于人的生活经验的整体"(约翰逊,2003:78),在他看来,归根结底不是科学自身,而是"我们一切人的能力和政治能力,才能唯一做到保证合乎理性地运用我们的能力,或至少使我们避免最严重的灾难……面对科学为我们建立的制造能力的普遍性,任何通过理论理性以及借助科学手段对制造能力作的限制都不能与之相适应"(伽达默尔,2010b:242~243)。

因此,陈述的界限在于,在那些不能提供精确验证方法的科学中,理解是不能依靠陈述来实现的。对于精神科学而言,只有借助于谈话这种手段,它才能达到人所能达到的最高真理,也就是说,理解关系在精神科学中表现为一种持续的相互谈话关系,"谁想理解文本,谁就得准备让文本讲话"(伽达默尔,2010b:75)。这种对话总是先于我们就开始了,我们是被"抛入"某些解释的倾向之中进行对话的,在每一次新的与意义相遇的过程中,我们接受、修改从传统流传下来并在我们中表现出来的有意义的观点。这里的"抛入"正是海德格尔意义上的"被抛","在重新描述海德格尔称之为人类存在的'被抛'特性时,伽达默尔指出我们是在特定的时间和地点出生在一个特定的家庭,但这些'特定'却不是我们所选择的。我们身处其中的环境和人的特性早已被塑造,塑造它们的是过去的事件及其意义的积累,也就是我们所说的'传统'。因此,为了理解我们的境况,也就是理解我们自己和所处的世界,我们需要获得关于传统的知识"(Dostal,2002:205)。

在现实中,虽然传承物并不能够像一个活生生的"你"那样对我讲话,但对传承物的理解却必须通过我们自身使它讲话,并且讲话与文本中所期待的回答有关,而不是随意的讲话。这种讲话的前提是形成一种一致性,无论是文本理解还是谈话中的相互理解,其共同点在于,每一种理解和每一种相互理解都想到了一个置于其前面的事物,正如一个人与他的谈话伙伴会关于某事物取得事先的相互理解一样。这就意味着谈话或相互对话并不是相互争论,也不是自说自话,而是构造话题的共同视角。谈话的过程尽管具有扩展性和潜在的无限性,但其本身仍然具有统一性和封闭性。谈话总会在人心中留下某些痕迹,这种痕迹并不必然是指经验到新的、在世界上从未出现过的东西,而是说在其他人那里遇到或通过与他人谈话而在我们这里生成的、在我们自己的世界经验中未曾接触过的东西。"人类交往真正的现实性就在于,谈话并不是以自己的意见反对他人的意见,或把自己的意见作为对他人意见的添补。谈话改变着谈话双方。一种成功的谈话就在于,人们不再会重新回到引起谈话的不一致状态,而是达到了共同性,这种共同性是如此的共同,以致它不再是我的意见或你的意见,而是对世界的共同解释。正是这种共同性才使道德的统一性和社会统一性成为可能"(伽达默尔,2010b:235),这一点也是作为人文主义传统的"教化"和"共通感"的意义所在。在伽达默尔看来，一切正当的或作为正当而产生作用的东西，按其本性都要求共同性，这种共同性就建筑在人的自我理解之中。实际上共同的意见不断地在相互对话中形成，然后又回归到相互一致和自我理解的沉默之中，因此"一切超出语词的理解形式都回归到在讲话和相互对话中得到扩展的理解"（伽达默尔，2010b：235）。

此外，在语言和谈话的本质中最令人惊异的地方在于，谈话双方都不能用自己的意见包括所有真理，而真理却能把谈话双方包括在各自的意见中。在伽达默尔看来，对真理的追求只能通过谈话、回答和由此获得的一致意见，否则我们就无法说出真理。实际上，与真理密切相关的逻各斯的基本含义就是"言谈"，虽然它一向在自然科学的语言范围中被解释为理性、判断、概念、定义、根据、关系等，但事实上，这些被理解成科学语言的用法都是"言谈"这一基本意义的引申及演变。如果将这些演变视为逻各斯的本意，不仅是对逻各斯本身的误解，也是对逻各斯引申意义的误解。在海德格尔看来，逻各斯是关于存在话语的研究，作为言谈的逻各斯是指把言谈时话题所涉及的东西公开展示出来让人看，这种看针对的是相互交谈的人，言谈就是让人从话题所涉及的东西本身来看。"言谈之所谈就当取自言谈之所涉"（海德格尔，1987：41），言谈着的传达只有用所谈的东西才能使他人通达所涉及的东西。逻各斯的这种展示意义使其具有了综合的结构形式，这种综合不是表象的联结，而是从某物与他物共处的角度，把某物作为某种东西让人看。逻各斯所蕴含的"真"表现为把话题所涉及的存在者从其遮蔽状态中展示出来，作为无蔽的东西来看，即要揭示话题所涉及的存在者，而不是"符合"意义上的虚构的真理概念。与其相反的"假"是遮蔽意义上的欺骗，即把某个东西放到某物之前，从而使某物作为它所不是的东西呈现出来让人看，这就意味着善良意志成为对话得以可能的一个基本前提。此外，逻各斯的功能在于朴素地让人看某种东西以及觉知存在者，被展示的东西本身在一切因它而谈的时候总是现成摆在那里作为根据，这就使得逻各斯意味着理性。如果揭示的形式只是在展示的过程中回溯到另外的东西，并将这种东西让人作为某物来看，而不是让人纯粹地看，那么这种综合结构就具有了遮蔽的可能性，会将"理念学说"之类的东西充当为哲学的知识，使人们错失真理。

对精神科学而言，真理的获得要求我们追溯到逻各斯"言谈"的基本含义。伽达默尔指出，精神科学与古希腊的修辞学关系密切，同历史学一样，修辞学在希腊思想中也并不是科学，它承载的是关于人的人文知识的传统洪流，包括所有以谈话能力为基础的交往形式，是联系人类社会的纽带。谈话能力是人的自然能力，"亚里士多德说人是拥有语言的生物，而语言只可能存在于谈话中。尽管语言可以规范化，可以在词典、语法和文学中有一种相对的固定化——但语言固有的生动性，它的老化和更新、它的粗糙化和精美化，直至达到高度的文学艺术风格形式，这一切都依赖于互相进行谈话的人之间生动的交流。语言仅仅存在于谈话之中"（伽达默尔，2010b：259）。如果没有互相的讲话、相互的理解以及相互之间逻辑推论争辩的理解，那就不可能有人类社会。然而，在人类社会的发展和变迁中，很多古代学科都被现代经验科学打上了过去原始的，且无法体现人类文明的烙印，并被自然科学所排斥或同化，丧失了其原本的意义，也使人类社会与过去失去了联结的纽带，出现了断裂，这也正是伽达默尔力图恢复精神科学本质的原因所在。

精神科学的真理需要通过对话获得，"对话就是对话双方在一起相互参与着以获得真理"（伽达默尔，1988b：69）。在对话这种互动形式中，任何一方都无法通观所有发生和未发生的事，谁也不能宣称唯有自己掌握所有事情，而是人们相互参与并最终获得真理。对话模式对于参与形式具有阐明结构的意义，在话语中涌现出来的东西，是"一种不断复现的努力，即要参与某事和与某人交往"（伽达默尔、德里达等，2004：10），这种参与和交往的目的是寻求相互理解。对话对精神科学的参与形式具有重要意义，精神科学的工作就是把当前的视界和历史视界融合起来，而在过去视界和当前视界之间产生综合作用的正是语言。语言有其自身的历史性，每个人都有自己的语言，大众也有不同的语言，但它却能使我们越过个体、民族和时间的界限达到理解。在这里发挥作用的是一种问答逻辑，"要理解某物意味着以这样的方式使它与我们发生关系，即我们在它里面发现一个对我们自己的问题的回答——但是'我们自己的'这些问题，在某种程度上，也被纳入一个传统并被它改变。每一次理解的活动，甚至自我理解的活动，都受预先决定理解视线的问题的推动和激发"（格朗丹，2009：186）。没有任何解释、理解不是对规定了特殊方向的特殊问题的回答，因此，实证主义所渴望的那种无推动力的问题不适合于任何人，因为没有回答因而也不会引起任何认识的兴趣。理解的关键是不要排斥内在于我们问题中的意义，而是要突出这些问题，参与其中，以便使我们试图要理解的文本能特别清楚地回答它们。因此，成功的理解可以被描述为问答辩证法的效果历史的具体化，问答辩证法"能够更进一层规定究竟一种什么样的意识才是效果历史意识。因为我们所论证的问和答的辩证法使得理解关系表现为一种类似于某种谈话的相互关系"（伽达默尔，2010a：533）。精神科学的理解在这里被定义为一种关系，更确切地说，定义为对话，"人是一个以言说方式来拥有它的世界的在者"（海德格尔，2009：26），因此精神科学的理解与其说是把握一个内容、一种抽象的意义，不如说是参与一种对话，一种"我们所是的对话"。

第四章 伽达默尔关于精神科学合法性基础的阐释

从精神科学完全不同于自然科学的本质特性中可以看出，它并不是在自然科学的基础上建立起来的一门学科，而是有其自身的、不同于自然科学的产生源泉，为此，伽达默尔追溯到了亚里士多德的实践哲学。亚里士多德认为，人的活动主要有三种：理论沉思、实践、制作。理论与不动不变的事物有关，实践与人类事务有关，制作则与制造和产品有关，三者拥有各自的理性和知识，相互之间没有交集。实践知识是一种具体的知识，关注的是人的特殊性，这与以普遍的知识为对象的理论沉思完全不同。实践理性即实践智慧，处理的是变动不居的事情，它们是由于人自身的多样性而产生的与人有关的各种事务，因此，实践的逻各斯也是粗略的、不精确的，与确定的、普遍的理论逻各斯不同。实践智慧具有一种根据总体的"好"去协调个体以达到适当的意义，"好"在与人有关的领域体现为"善"。从人的活动目的而言，"总体的好"就是"总体的善"，这也使实践智慧具有了一种道德维度，即以总体的善为前提协调人的各种活动，使人们在具体的情况下做出适当的行为。这种"适当"表现出的是一种无法证明的正确性，或者说是一种完全不同于理论智慧所要求的那种符合某种衡量标准的正确性。事实上，实践智慧所体现的是人的个体经验与作为人类基本世界经验的总体的善之间的辩证关系，这也使得它与精神科学人文主义传统之一的"教化"产生了关联。从实践哲学的种种特性来看，实践哲学是精神科学的合法性基础。

在近现代科学中，实践是作为理论的应用而出现的，理论对实践具有指导作用，这一点与亚里士多德实践哲学中实践的意义完全不同。事实上，"理论"在近代科学中的意义并不是理论的本质特征，理论一词最早是一个神学概念，后经毕达哥拉斯的改造而具有了知识学的意义。理论本身具有双重意义，这也使得亚里士多德在论述理论哲学与实践哲学的关系时，陷入了一种"两难"的境地，即一方面认为理论哲学是第一哲学，另一方面又认为实践哲学是可以支配一切知识的基础性哲学。这实质上是理论作为与神有关的活动与其本身是人的一种活动相交融的结果。从前者来看，在古希腊，神的生活高于人的生活，"理论"具有与神有关的渊源，这使得理论高于包括实践在内的一切活动，即神学意义上的理论对人的生活具有指导意义，而当理论具有知识论的意义后，其指导的意义就转变为应用之意；从后者来看，实践是包括理论在内的人的一切活动的前提和基础，因此理论生活源于实践生活。

  理论的这种"两难"状态随着实践的转向而改变，培根和伽利略所开创的近代经验科学使古希腊时期的实践成为技术活动，于是理论源于实践的意义逐渐被遗忘，只剩下源于神学的知识学意义，并因此成为普遍知识的来源，不仅能够应用于特殊领域，还对特殊知识具有规范和引导的意义。古希腊实践哲学意义的消解使精神科学失去了合法性基础，丧失了基础性地位，被视为自然科学的附属品。同时，经验科学呈现权威性和功利性，逐渐开始控制人类的文明进程和社会生活，通过"合理化"对人类形成一种无形的统治状态，即合理化的社会将人的生活世界转变成一种根据合理的计划、方法以及合理的利用而建造起来的包容一切的组织。个人将被限制于职能服务，为作用着的自动化和机器服务，失去支配自身能力的自由，处于一种不易发觉的物化状态。

第一节 亚里士多德实践哲学的特性

  实践在古希腊是指与人有关的活动，而不是现代意义上的理论的应用。

人自身的特点决定了实践的知识是具体的知识，无法被归纳为某种抽象概念，从而广泛应用。这一点在精神科学那里也有所体现。二者的相同点还体现在使用符合的真理观和方法论既不能获得实践知识，也同样无法获得精神科学的知识。实践的逻各斯是粗略的、不精确的，因而无法体现出理论的逻各斯的那种确定性和普遍性的特征，而理论理性所表现出来的理论高于一切的要求也并不会在以特殊性和具体性为出发点的实践理性那里体现出来。此外，实践理性呈现出的是一种道德维度，它要求人们从总体的善出发来审视自身，并做出适当的行为，这种"适当"是通过实践智慧来判断的。实践智慧综合考虑总体的善与具体的善，根据具体情况在二者之间寻找到最恰当的平衡点，并据此协调人的活动。事实上，实践智慧是以"恰当的调解"为目标所进行的人类基本经验和人类个体经验之间的相互阐释，而这正是精神科学的本质特征之一。

一 实践知识的具体性

亚里士多德将人的活动分为三种：理论沉思、实践、制作。实践在古希腊是指与人类事务有关的活动，其对象是变动不居的，例如政治学，它是实践哲学的一个学科，统筹规定了在城邦中哪门科学应当被研究，哪些公民应当学习哪部分知识，以及学到何种程度。从这一点来看，实践与理论是不相关的，古希腊人对理论的肯定体现在他们对"爱智慧"的推崇，这里所说的智慧是理论智慧，对真理知识的热爱促使柏拉图提倡人们将自身投入纯粹的追求知识的生活中，他认为古希腊城邦的人都应该减少自己的公众职务，从政治生活即实践生活中脱离出来，献身于纯理论的生活。但事实上，在人类文化发展和谋生的早期阶段，纯粹的理论求知生活是极为罕见的情况，它通常需要有宗教或实际利益等充分的理由才能实现，因此，"两耳不闻窗外事，一心只读圣贤书"的纯粹理论生活在古希腊只能是一种"生活理想"。柏拉图对理论的极度赞美可以说是向他所处的时代和社会的通常意识提出了挑战，因为"雅典的公民作为自由民,规定要参与政治,参与社会生活,这也正是雅典公民与从事体力劳动的外籍人和奴隶的区别"(伽达默尔,1988b:21)。理论在古希腊时期的这种状况表明,它本身就蕴含了一种与现实生活对立的特性,因此伽达默尔认为,"要定义理论这个概念可以干脆说:理论就是实践的反义词"(伽达默尔,1988b:21),或者说,对理论的赞美就是对实践的反驳。

但理论与实践在现代社会的关系则恰好相反,古希腊城邦中备受推崇的实践生活日渐式微,不得不与理论生活分庭抗礼。实践为维护自身所进行的斗争在我们的文化生活之中屡见不鲜,它们表现为"实践以及为实践服务的、依靠自身证明的思维要求具有合法的优先权"(伽达默尔,1988b:24),而在科学领域,它表现为精神科学为维护自己的不同于自然科学的特性所做出的所有努力。

在古希腊,亚里士多德试图从善的角度将二者结合起来,使实践生活与理论生活都取得合法性。从人的活动的角度来说,善是人的最高目标,一切追寻知识、能力和选择的努力都趋向于善,这意味着,作为人的活动,无论是理论活动还是实践活动,最终都是为了实现人的总体的善,因此二者都是人类生活不可或缺的部分。

然而这并不等于亚里士多德认同柏拉图的德行学说基础,即"善"等同于"知"。在亚里士多德那里,柏拉图的善的理念只是一种空疏的共相,因为如果人经常在他所处的个别实际情况里遇见善,那么道德知识的任务就一定是在具体情况里考察什么是该情况对他所要求的东西。伽达默尔认同这种观点,"尽管对于柏拉图来说,善是首要的本体论原则,但伽达默尔提醒他的读者们,善只能通过对人类存在的实际的、事实上的可能性的研究来显现,但人类的存在是有限的和有时间性的"(Dostal,2002:204)。亚里士多德把善建立在练习、习惯和习俗的基础之上,在他看来,习俗不同于自然,它属于一个自然规律不起作用的领域,但它也不属于完全没有规则支配的领域,而是属于一种可以改变人的规章制度和人的行为方式,并且只在某种限制程度上具有规则性的领域。同样，道德概念也并不是不变的规范或者单纯的约定，以至于人们只需要觉察到它就足够了，事实上，它能够重新给出事物的本性，并总是首先将自身具体化于行动者的具体境况中。伽达默尔认为，人是通过做什么和怎样做才使其成为以一定方式去行动的人，在其中起作用的并不是生物意义上的某种单纯力量或能力，这就使得人的道德文明与自然禀性在本质上具有了区别。事实上，尽管理论与实践能够在善的层面上统一，但二者在本质上仍然有着完全不同的特性，这注定我们不能用探寻理论知识的方式来探寻实践知识。

由于实践"是针对具体情况的，因此它必须把握'情况'的无限多的变化"（伽达默尔，2010a：36），因此实践的逻各斯就与确定的、普遍的理论的逻各斯不同，是粗略的、不精确的。亚里士多德指出，我们只能以研究题材所具有的逻各斯为基础，而不能期待一切理论都同样确定。例如，研究直角对于几何学家和木匠而言只是在形式上相同，但目的是不同的，前者要弄清的是直角的本性与特性，后者则只是关注直角是否适合他的工作。因此，我们应该根据题材本身的特性去要求该题材研究的确定性，而不是对相同题材的研究要求相同的确定性。同样，我们也不能对不同题材的研究要求相同的确定性。例如，古希腊政治学无法达到数学所具有的那种精确程度，因为政治学关注的是人的行为是否公正、高尚，但其中并不存在某种严格的标准，而是包含许多差异和不确定性，因而政治学仅能达到它的题材所能达到的那种确定程度，但对政治学而言这就足够了。在亚里士多德看来，无论是让数学家给出大致的结论，还是让政治学家做出严格的证明，都是不可思议的。对于不同的事物，我们只能寻求其题材的本性所拥有的确切性，能够做到这一点甚至可以被视为一个人有教养的表现，因为他并不会要求去实现无法实现的事情。由于实践并不包含确定不变的东西，我们也只能从不确定的前提来谈论人的行为这类题材，对"真"的说明也不可能是精确的，因为"当我们的题材与前提基本为真时，我们就只能得出基本为真的结论"（亚里士多德，2003：1094b）。

实践的这种特性使其成为完全不同于理论知识的另外一类知识。理论知识依赖于证明,是一种关于不可改变的东西的知识,它能够被任何人学习,而"实践哲学自身并不能保证我们知道如何找到正确的东西。这种知识保留了实践自身的结果以及实践合理性的美德,并且这种合理性决不仅仅是独创性。这种差别对科学理论而言尤为重要"(Gadamer,1986:166)。实践知识从本质上而言属于道德知识,亚里士多德曾把道德知识称为自我知识,即一种自为的知识,这种知识的对象并不是普遍的东西,而是个别的东西。从这个角度而言,道德知识与技艺知识相类似。技艺是创制活动的理性,创制活动所针对的对象虽然也是可变的、个别的,但与人类事务无关,而是与制造某种事物的手艺、技巧等有关。道德意识的完美性和技艺的完美性之间存在一种类似的关系,它们都意在规定和指导行动,都是人通过选取正确的材料,采用得到卓越指导的行动所获得的。然而,技艺知识却并不等同于道德知识,这种观点曾经被苏格拉底和柏拉图应用于理解人的存在上。他们认为人应当学会按照自己的理念去筹划,然后将自身造就成筹划里应当所是的东西。虽然手艺人知道如何用材料按照计划和愿望把东西呈现出来,但这种方式造就出来的却不是关于人和公民的知识,因为手艺人的知识只是一种实在的知识和技能,它所代表的仅仅是高水平的经验。人不能像手工艺人支配材料那样支配自身,也不能像生产某种东西那样生产自身,因为人无法成为自己的对象,"意识选择和自由决定的可能性总是伴随着我们所是——这表明我们并不是自己的'客观对象'"(Gadamer,2001:123)。

人在道德实践中关于自身所具有的知识,与那种用来指导生产东西的知识是不同的。道德知识的特性表明,所有的实践知识都与实践活动紧密相关,人需要在实践活动中根据具体情况做出各种判断从而获得知识,因此决定实践知识的是产生知识的实践活动。而在技艺知识和一成不变的静止的理论知识那里,决定知识的不是人的活动而是活动的对象,知识或者是在产生后被应用于具体活动中,或者是在只考虑产品而不是使用者意图的情况下产生。实践活动对实践知识的重要意义表明，实践知识的获取不是站在知识的对面，而是处于实践活动之中。由于每种实践活动都不相同，因此实践知识是具体的而非普遍的，并且在一种活动中获得的实践知识并不必然适合于另一种活动。实践知识本身并不是固定的，而是在具体情况中通过自我判断获得的，这表明实践知识只能通过自我领悟来获得而无法习得，因为习得意味着脱离了具体活动的传授，而那可以说只是一种空洞的说教而已。实践知识即使通过背诵等方式被习得，也无法在实际情况中使用，因为每种情况都是不同的。

伽达默尔认为，19世纪解释学和历史学所体现出来的那种受现代科学的客观化方法所支配的特征，是对客观化倾向盲目追求的结果，因为与人有关的科学实质上是"与那种脱离任何特殊存在的'纯粹的'知识完全不同的东西"（伽达默尔，2010a：444），它们的知识更类似于道德知识而不是理论知识。在亚里士多德那里，"道德的知识显然不是任何客观知识，求知者并不只是立于他所观察的事实的对面，而是直接地被他所认识的东西所影响。道德知识就是某种他必须去做的东西"（伽达默尔，2010a：444）。从这个角度来说，习惯带给人的影响要超越任何其他事物，人的道德德性就是通过习惯养成的，凡是要做出道德决定的人，他一定是被教育和习惯所规定的人，训练和教育在他身上造就了一种态度，使他知道什么是正当的。此外，他还需要在生活的具体境况中去保持这种态度并通过正当行为去践行这种态度。在这个意义上，精神科学就是相对于理论科学的道德科学，精神科学的对象是人及其对于自身所知道的东西，在这种东西上人能够找到他必须参与行动的场所，因为人是作为一个行动者来认识自身的，行动者总是与并不总是一样的、总能发生变化的东西打交道，并且人通过认识自身所得到的知识不是为了发现什么东西存在，而是为了指导自己的行动，因此，精神科学的知识不同于自然科学那种确定性的知识，它实质上是一种用于指导人具体行动的具体的知识。

二 实践理性的道德维度

亚里士多德认为，灵魂求真的方式主要有五种：科学、理论智慧、努斯、实践智慧和技艺。努斯是人身上最具神性的部分，合于努斯的生活对人而言是最好的。科学据以推出的始点不是科学、技艺、实践智慧、理论智慧得以达到的，而是通过努斯获得的。实践智慧是实践活动的理性，也被称为"明智"，它从总体的好出发，调节个体的行为使其达到适当，即个体的好，从人的角度而言，其把人自身变好。理论智慧是理论活动的理性，它与实践智慧有明显的区别。对此，亚里士多德举了一个例子：虽然说诸如阿那克萨格拉斯和泰勒斯的那些人对一些罕见的、重大的、困难的、超乎常人想象的事情了如指掌，但人们仍然只认为他们有智慧，而不是明智，因为他们对人的利益一无所知，而只是知道一些没有实际用处的事情（亚里士多德，2003：1141b）。由此可见，在古希腊，实践智慧与科学的明显区别在于以下几点。首先，它们属于不同的活动，实践智慧针对的是可以改变的事物，属于实践活动；科学针对的则是不动不变的事物，属于理论沉思活动，其对象既不生成也不毁灭，是永恒的，或者说是由于必然性而存在的。其次，它们的研究方式不同，考察和证明是科学使用的方式，但这种方式并不适用于那些包括始点在内的一切都可以变化的事物；实践智慧使用的方式是考虑和选择，它意味着研究和推理，这一点使其与科学区分开来，因为不变的事物通常不会是人们考虑的对象。好的考虑也不是判断，因为判断不包含推理，好的考虑是实践智慧的内容之一，或者说是实践智慧的正确使用，它包括正确的思考过程、正确的手段、正确的结论、善的目的等。最后，它们的知识不同，科学知识是确定的、客观的、普遍的知识，可以传授和习得；实践智慧则是一种与具体情况有关的知识，因此它无法习得和传授，只能依靠人生阅历的经验积累，因而亚里士多德认为"青年人可以在几何和数学上学习得很好，可以在这些科目上很聪明，但是我们在他们身上却看不到明智。这原因就在于，明智是同具体的事情相关的，这需要经验，而青年人缺少经验"（亚里士多德，2003：1142a）。

　　实践智慧也不同于技艺，虽然它们同属于具体的、与可变化事物有关的活动。但第一，它们的始因不同，前者针对的是实践活动本身，后者针对的是外在于制作活动的产品。第二，它们的合乎逻各斯的品质不同，前者与善恶相关，旨在指导人选择正确的手段去获得公正、高尚、善的事物，后者与真实的制作相关，其目的是生成某种事物。这种事物的始因是后天制造，是那种可存在也可不存在的事物，这就使得技艺与天然的、必然要生成的和已存在的事物无关，因为它们的始因只在于自身。第三，出于意愿的错误对于二者有不同的意义，对于前者而言，这种错误将导致错上加错，因为它会导致总体的恶和无益，而对于后者，这种错误也有可能是好的，因为它只是在结果上与制作目标不同。从另一个角度来说，技艺上的错误也可以被视为新产品的产生，是一种创造。这种错误不同于无技艺，无技艺体现的是"同虚假的制作相关的逻各斯的品质"（亚里士多德，2003：1140a）。

　　从知识的角度来看，实践智慧也不同于技艺。因为，实践智慧获得的是一种道德知识，这种知识完全不同于技艺的知识，"人在其道德存在里关于自身所具有的知识一定是另外一种知识，这种知识将不同于那种人用来指导生产某种东西的知识"（伽达默尔，2010a：447）。二者的区别表现在以下几点。第一，我们通过传授的方式学习技艺，也会忘记技艺，但我们不是通过这种方式获得实践知识，并且实践知识一旦获得就不会忘记。与技艺不同，我们并不是处于实践知识的对面，去选择接受或不接受它，就像我们可以选择接受或不选择一种技艺一样。实际上，我们总是已经处于那种应当行动的情况中，并因此总是已经具有了道德知识。在这里，伽达默尔特别指出不考虑儿童的特殊情况，因为对于他们而言，"服从教育他们的人取代了他们自己的决定"（伽达默尔，2010a：449）。第二，技艺知识的应用不同于实践知识的应用。技艺知识的应用是首先占有这种知识，其次将其应用到具体情况之中。但对于道德知识，伽达默尔指出，"我们只能应用某种我们事先已自为地具有的东西。但是我们却不这样自为地占有道德知识，以致我们已经具有它并随后应用它于具体情况"（伽达默尔，2010a：449）。人对于他应当是什么所具有的观念就是他的正当和不正当的概念，例如勇敢、尊严、忠诚等正当概念，但这些概念都是理想状态下的概念，在具体情况中很难被直接界定。因此，属正当的东西还需要视具体的情况而定，否则勇敢就可能成为鲁莽，反而成为不正当的东西。这种具体事情具体分析的状况能够使道德知识更加完善，也使其与手艺人制作东西时所要遵循的那种观念不同，后者是被完全规定的，并且无论具体情况如何，都是要被完全实施和体现的。即使在实施过程中有些许改变，这也并不意味着要使技艺的知识变得更完善，而只是涉及计划执行过程的省略或知识应用的不完善问题。第三，实践知识和技艺知识的区别还在于手段和目的之间的根本不同。前者关心的是整个生活的正确性而不包含个别目的，后者则只是某种个别的东西并且服务于个别的目的。关于正确手段的知识总是能够在手段实施前被预先获得，也就是说，凡是有技艺的地方，我们就能学习到它，并且能够找到正确的手段。但关于正确目的的知识不是单纯的对象，我们整个生命所趋向的目的以及这种目的向行动的道德原则的发展，不是某种绝对可学会的知识的对象，因此实践知识不具有可学性。整个正当生活所指向的东西并不存在预先规定性，实践知识不是安稳地坐等人们去获取，而是需要人在具体的情况中通过自我协商和判断才能获得的，它需要答复当时的情况要求，通过提问和研究的方式获得知识，而不是通过固定的方法获得。

亚里士多德认为，实践智慧是唯一与道德德性密切相关的理智德性。道德德性有三个特点：首先，道德德性只能在好的活动中养成；其次，获得道德德性的前提是完成道德德性的要求；最后，道德德性只能通过习惯来形成。道德德性的这些特点表明，道德德性需要通过好的筹划来获得，而这正是实践智慧的意义所在，因为它能够使我们选择正确的手段去实现正确的目的。假如没有实践智慧，勇敢、公正等自然的德性就不能成为道德德性，因为道德德性不仅要合乎正确的逻各斯，还要与逻各斯一起发挥作用，而实践智慧就是道德德性所要求的那种正确的逻各斯。那些为实现目的而去做事情的能力并不是德性，而是手段。例如，聪明是能够很快实现预先确定目的的能力，但如果目的并不高尚，聪明就变成了狡猾，只有高尚的目的才会使聪明成为实践智慧。实践智慧与高尚的、善的目的有关，而聪明则与任何确定的目的有关，因此，有实践智慧的人是聪明的，但聪明的人却不一定有实践智慧。离开了实践智慧，我们的选择就会不正确，而脱离了道德德性的实践智慧就只是聪明，甚至是狡猾。反之，如果聪明是以善为目的的，就可以成为实践智慧，但这种善必须是生活的总体的善。

实践智慧对道德德性的影响表明，道德决定就是要在具体情况下做出正当行为，或者说是在具体情况中去观察并把握属于具体情况的那种正当的东西。与其相对立的不是错误或错觉，而是盲目性。这一点在精神科学中表现为人文主义传统之一的"趣味"，趣味原本是一个道德概念，"趣味所真正追求的，根本不是充满趣味的东西，而是那种不伤害趣味的东西"（伽达默尔，2010a：58）。与好的趣味相对立的不是坏的趣味，而是毫无趣味。好的趣味总是能够做出值得信赖的判断，对于这种判断人们只会接受或者拒绝，而不会刨根问底地追究原因，这就使得趣味判断具有一种特殊的坚定性，它否定事物的原因是无法说出的，但它却非常确切地知道原因。这表明趣味是一种特殊的认识方式，它是生成性的，而非建构性的，它以反思批判力的方式从个体去把握该个体可以归于其下的一般性。这种把握不是在目的概念中被设想出来的，也不具有任何相关的概念知识，它无法论证，因为其中不存在所有人都必须承认的概念意义上的普遍标准，它只是一种感觉，并且这种感觉不是作为一个整体被给出，而是通过对具体情况的正确评价而不断创造性地补充完善的。这一点同实践智慧十分类似，亚里士多德指出，实践智慧"相关于具体的事情，这些具体的东西是感觉而不是科学的对象"（亚里士多德，2003：1142a）。事实上，包括趣味判断在内的大多数判断力活动都不仅仅是简单地将普遍事物的准则应用于特殊实例之中，而是经常有如亲身经历一般对需要在具体个别性中加以理解的东西进行判断，这种判断本身也是对准则的补充和修正。趣味判断就是根据整体对个别事物进行评判，它不依赖于经验的普遍性，也不依赖于他人判断的一致性，而是认为个别事物是否"合适"只在于它是否与所有其他事物相适应。在伽达默尔看来，趣味判断是道德判断的最高实现，因为它抓住了正确的东西，对道德规则的应用给出了规范，而理性自身是不能给出这种规范的，"视不合理的东西为反趣味的人，就有最高的确信去接受好的东西和拒绝坏的东西"（伽达默尔，2010a：63）。

康德通过审美判断力批判证明了不具有任何客观知识的审美趣味的主观普遍性，并指出天才概念对一切规范美学的优越性，从而开创了彻底的主体化倾向。这使得在自然科学知识之外的任何其他理论知识都失去了合法性，历史意识也需要通过审美判断力的先验证明所确立的审美意识的自主性来导出自身的合法性。于是精神科学的自我思考也不得不放弃与自身特征相符的方法，转向自然科学的方法论，而康德的艺术要素、情感和移情等辅助工具减缓了这种转向对精神科学的冲击，以至于当人们意识到这个问题时，精神科学已经深深地陷入了自然科学的困境。在这一过程中，趣味不再是一个道德概念，而成为一个审美概念。康德对美学奠定的先验哲学基础将趣味概念限制为判断力的一个特有原则并要求独立不倚的有效性，这就使得趣味不再是从整体对个别的判断，也无法对具体情况做出正当评价。这一点同样也是现代社会道德问题的表现之一，人们总是试图为道德评判寻找一个坚实的理论基础，但事实表明，任何一种理论都无法保证一种行为在不同的具体事件中始终表现为正当或不正当，这反而使得人们开始质疑道德本身。事实上，造成这一现状的根本原因并不是道德自身的问题，而是实践智慧的缺失问题。

实践智慧的缺失与经验科学占统治地位的境况有直接的关系。这种科学追求的是确定性、客观性和普遍性，与古希腊的"实践"意义完全不同。此外，马基雅维里对实践智慧与道德德性之间联系的彻底割裂，也是现代社会缺失实践智慧的重要原因。在《君主论》中，马基雅维里指出目的总是为手段辩护，因此君主在统治国家时可以抛弃伦理道德而使用暴力手段。例如，在论述阿加托克雷等残暴君主之所以能够统治国家时，马基雅维里认为，"这是由于妥善地使用或者恶劣地使用残暴手段使然。如果可以把坏事称为好事的话，妥善使用的意思就是说，为了自己安全的必要，可以偶尔使用残暴手段"（马基雅维里，1986：43）。在马基雅维里那里，目的与总体的善相脱离，实践智慧与伦理道德相脱离，这使得实践智慧成为一种权术和计谋。对于道德德性而言，其失去了实践智慧的指引，空有良善目的而没有正确的实现手段，只能成为高悬于生活、可望而不可即的理想主义目标。

三　实践智慧与总体的善

"善"在亚里士多德实践哲学中是一个重要概念。亚里士多德认为，所有事物都以善为目的，但有的是活动本身以善为目的，例如理论沉思和实践活动；有的是活动产生的产品以善为目的，例如制作活动，此时产品比活动更有价值。善有两种意义：具体的善和最终的善。具体的善即某种善，是指在某个种属的事物中被看作好事物的东西；最终的善即终极的善、总体的善或最高的善，有总体的性质。最高的善是最高的目的，它包含了所有低于它的目的，具体的善是具体的目的，有些具体的善自身就是目的，有些则作为较远目的的手段。但就更终极的善而言，那些以自身为目的的目的也可以说是一种手段，因为它们最终都要以终极的善为目的。古希腊的政治学就是以最高的善为对象的，它与人类事务有关，使其他科学为自己服务，形成统筹规划，从而达到包括城邦和公民在内的整体意义上的好。因此它的目的就包含了其他学科的目的，这种目的也是最高的善，并且是属人的善。亚里士多德认为，人类的生活总是追求善，城邦共同体追求的是一切善中主导的、最高的善，"我们见到每一个城邦（城市）各是某一种类的社会团体，一切社会团体的建立，其目的总是为了完成某些善业——所有人类的每一种作为，在他们自己看来，其本意总是在求取某一善果。既然一切社会团体都以善业为目的，那么我们也可说社会团体中最高而包含最广的一种，它所求的善业也一定是最高而最广的：这种至高而广涵的社会团体就是所谓'城邦'，即政治社团（城市社团）"（亚里士多德，1981：1252a）。在亚里士多德看来，人是理性的动物，此时人的美德是知德，但人同时也是政治的动物，而此时人的美德则是行德，这两种美德都统一于善。换句话说，从人的活动角度而言，理论与实践都统一于善。

亚里士多德认为，善并不是像柏拉图认为的那样是一个一成不变的普遍概念，或是绝对存在，相反，善在每种活动和技艺中都不同。例如在实体、性质、数量、关系、时间、地点中，善分别表现为神或努斯、德性、适度、有用、良机、适宜的住所等，也正因为如此它才能述说所有范畴，而不是只能述说某一个范畴。可以说，"善"是一个综合性的概念，具有很强的包容性。亚里士多德认为，即使是属于同一范畴的善事物也要根据具体情况由不同的科学来研究。例如"时机"在战争上由战术学来研究，在疾病上由医学来研究；"适度"在食物上由医学来研究，在锻炼上由体育学来研究。而一个人做出的道德决定也是与具体情况下的正当行为有关，或者说是在具体情况中去观察和把握正当的东西。这种观察不是单纯地观看，而是思考，指导他正确行动的也不是理论智慧，而是实践智慧，或称实践理性，"实践智慧与普遍的目的论毫无关系。亚里士多德坚决地把实践哲学分离了出来，是因为我们在理论领域所发现的善——这里的'善'意味着永恒——与人类实践合理性所要实现的东西完全不同"（Gadamer，1986：160）。

实践智慧处理的是具体的事务，它实质上体现的是人类个体经验与作为人类基本世界经验的总体的善之间的辩证关系，即前者丰富后者，后者指导前者。对于总体的善而言，它的完满性体现在自身而不是自身以外的东西，"那些因自身而值得欲求的东西比那些因它物而值得欲求的东西更完善；那些从不因它物而值得欲求的东西比那些既因自身又因它物而值得欲求的东西更完善。所以，我们把那些始终因其自身而从不因它物而值得欲求的东西称为最完善的"（亚里士多德，2003：1097b）。因此，总体的善的"总体"并不是指某个统摄全局的确定性目标，而是意味着它本身就是最值得欲求的目的。"最高的善"作为一个人类共同的目标，将人的个体生活通过这一意义联结成一个整体，并在不同的个体之间发挥调节作用。此外，作为属人的善，总体的善与全人类有关，其本身值得欲求的特性表明它是一种人类基本的世界经验，这种经验并非一成不变，而是能够适应多种范畴的。而这些范畴正是个体经验的领域，而个体经验的变化也能使总体的善发生变化。在这两者之间发挥作用的是实践智慧，它能够同时关注到总体的善和个体经验，并在其中发挥协调作用，包括从总体的角度出发调节个体使其达到"适当"，以及通过个体的状况对总体的善所能够适应的领域进行丰富和扩展。同时，在这一过程中，实践智慧处理的是具体的、与人有关的事务，它也需要遵循总体的善的引导。在伽达默尔看来，实践智慧实质上是一种"精神品性"，这种品性包含的"不只是一种能力，而是一种社会习俗存在的规定性，这种规定性如果没有整个'道德品性'就不能存在"（伽达默尔，2010a：37），而这种来自道德品性的规定性正是总体的善的意义所在。作为一种精神品性，实践智慧虽然"在培养过程中能帮助人们区分应当做的事情和不应当做的事情，但它不只是一种实践性的智慧和一般的才智。这种品性关于应当做的和不应当做的区分，始终包含着适当和不适当的区分，并且由此假定了一种继续加深这种区分的社会习俗上的态度"（伽达默尔，2010a：37）。事实上，实践智慧的这种特性始终是以总体的善为引导的，因此，"谁掌握了实践理性的善，谁就会认识到他所遵循的规范观点，并懂得如何在实践情境所要求作出的具体决定中使之起作用"（伽达默尔，1988a：42）。

实践智慧在人类个体经验与人类基本世界经验之间的协调意义，使其与伽达默尔精神科学人文主义传统之一的"教化"产生了联系。受到教化的人作为一个个体，通过向他者及其他更普遍的观点敞开自身，对自身和个人目的保持距离，从而脱离直接性和本能性的东西，具有人之为人的显著特征，成为一个普遍的精神存在。在这一过程中，由教化所形成的共通感引导个体的特殊性向普遍性提升。这种普遍性是一种具体的普遍性，而非抽象的普遍性，它是通过个体的特殊性来丰富和完善的。这一过程也体现出了"教化"的历史性，因为在教化的过程中，没有什么东西被丢弃，或者被某个确定性的内容所代替,而是一切都被保存了下来。这一过程也正是精神的产生过程,即从他物出发返回自身,精神的基本运动就是"在异己的东西里认识自身、在异己的东西里感到是在自己的家"(伽达默尔,2010a:26)。精神存在与教化观念之间的本质性关联,使教化成为精神科学的重要因素之一。可以说,亚里士多德实践哲学中实践智慧的协调意义与对"适当"的追求,体现的是人类个体经验与基本世界经验的相互阐释关系,这一点为精神科学的发展奠定了合法性的基础。

但在现代社会,特别是现代科学的研究中,实践智慧与总体的善之间的关系并不在人们思考的范畴之中,或者说人们不是从道德品性以及总体的善出发去考虑事物。不同学科的研究内容基本上都是独立的,人们不会认为战争时机和医疗时机有什么关系,也不会将饮食适度与锻炼适度关联起来。能够适应多个领域的总体善被各个领域的具体善所代替,这虽然使现代科学在精细分工的基础上取得了丰硕的研究成果,但同时也使得这些原本属于人的总体善的多个方面变得分裂和难以愈合。从实践哲学的角度而言,这实质上是实践智慧缺失的结果:一方面,实践智慧的缺失使总体的善失去了获得具体性的来源,只具有抽象的普遍性或者空有高屋建瓴的口号;另一方面,作为理智德性与道德德性之间的桥梁,实践智慧考虑的首先是针对生活总体的善和有益,而非个人的某种利益,失去了实践智慧,人们就失去了总体的善的目标,所追求的也只能是具体的善和针对自身有益的事情。

因此,古希腊时期那种理论与实践统一于善的结构,由于实践智慧的缺失而被打破。失去实践智慧指导的理论只能以具体的善为最高目标发展自身,并且逐渐扩展到了实践的领域,甚至将理论领域中的具体的善也用于指导实践的发展。这就是造成自然科学与精神科学发展不平衡的主要原因。近代经验科学的迅速发展及其对人类生活的不断改善使得人们对于科学的观念被重新塑造,自然科学成为代表知识的唯一典范,于是所有知识都应该以自然科学的理论方式来呈现的观点变得似乎十分合理。例如,历史学在古希腊时期并不是理论科学,而是属于好的讲话和好的写作这一大类;到了18世纪,历史学家能够产生影响是由于他为人们提供了大量的道德经验的例证;而到了19世纪,人们推崇某个历史学家则是因为他能够从确定的文献资料出发,对与之不相符的东西持批评的态度,细致地检验所有证词的成见,以及他的作品具有超人的公正性。由此可以看出,受经验科学的影响,在人与人之间发展起来的理解已经转变为批判科学的理解,关于人的知识也需要通过自然科学的方式来表述,即从一个确定无疑的点出发去推论和研究人,并在现实中去检验这种推论的结果。也正因为如此,"捍卫"精神科学的自主有效范围成为哲学当前的主要任务之一。

第二节 理论与实践的关系及其现代转换

"理论"最早是一个具有神学意义的概念,这使其成为一种凌驾于人的其他活动之上的与神有关的活动,作为与人有关的活动的基础而出现。然而,在亚里士多德的实践哲学中,实践是理论的前提,因为任何活动都是人的活动,而人首先要处理好自己的事务才能进行其他的活动,理论沉思活动因而要服从于实践活动。这就造成了理论在凌驾其他活动之上和以实践为基础的两种意义之间的矛盾状态。这种矛盾被培根和伽利略所引发的实践的技术化所打破。当实践成为理论的应用时,实践的基础性意义就消失了,实践与理论的关系也发生了调转,只剩下源自神学意义的知识学意义上的理论指导实践,并且这种关系逐渐扩展至人的日常生活之中,使人的活动在不是基于人自身的特性,而是要遵循某种理论的前提下才能展开。从精神科学的角度来看,这一过程也是精神科学丧失自己的基础性地位,成为自然科学一个分支并需要以自然科学的科学性为标准构建相关元素来体现自身科学性的过程。

一 理论的产生及其意义转换

"理论"与"实践"的关系在现代主要表现为,理论是通过实践概括出来并用于改造自然界和人类社会的与经验相结合的知识体系。在这种意义上,理论就是一种改造世界的工具,实践则是一种与经验有关的实际运作,也可以说是理论的应用。值得注意的是,"理论"的这种意义是从近代才开始出现的,在该词诞生的古希腊时期,它并不与人有关而是与神有关。斯通普夫和菲泽认为,在古希腊诗人荷马那里,诸神在神学的意义上并不是神,因为他们在道德上同人一样不完美,无法克服一般意义上的道德不纯洁和人对短暂生命与死亡的焦虑,也不能成为精神力量的源泉,因此人们渴望那种绝对纯净和完美的能够带给人以慰藉和指引的深沉的精神力量(斯通普夫、菲泽,2005:13)。到了古希腊的奥尔弗斯教那里,神被视为完美的化身,是纯净的,并具有强大的精神力量。人的灵魂来自神,因此是纯净的,但人的肉体是有罪的,只有摆脱了肉体的羁绊,灵魂才能得到解脱,或者说,灵魂的尊贵与价值就表现在它神圣的自身,它来自神,在肉体消亡后又将回归于神。这种观点甚至被刻在了奥尔弗斯的墓碑上,灵魂在那里被描述为"你已经从人变成了神"(康福德,2009:101)。对于活着的人来说,他们的灵魂不能摆脱肉体,但可以通过宗教仪式得到净化和解脱,那些到神庙去求取神谕或执行宗教仪式的特使就被称为"theoria",即"理论"一词的希腊文。这就奠定了理论与神有关的意义,即对神的活动的观看和沉思,因此在古希腊,"'观看'与希腊词'理论'是一个意思"(斯通普夫、菲泽,2005:14)。这种"观"只与神有关,而与人的生活无关,更不会涉及知识和应用,丁立群教授指出,"理论的初始含义标示的是一种'宗教'境界,而这种宗教境界是'此在'向着'神'的'敞开'和'开放',它是一种天人之际、主客体之际未予分裂的前认识论、前知识论状态。所以,理论最初并不具有知识学的意义"(丁立群,2014:17)。理论所具有的知识论意义是从毕达哥拉斯那里开始出现的，它可以说是对理论和神学意义的承接和转换。有的哲学家认为，毕达哥拉斯主义是奥尔弗斯教内部的一种改良运动（邓晓芒、赵林，2005：17），因此毕达哥拉斯的一些思想也与奥尔弗斯教相类似，例如毕达哥拉斯相信理论沉思是灵魂最佳的清洁剂，他对数学的兴趣也与对灵魂的思考和宗教教派的敬神活动有关。

对于宗教教派而言，敬神活动的意义在于吸引神灵使其净化教派成员的灵魂。不同教派的敬神方式却不相同，例如，信奉酒神的狄俄尼索斯教派认为，敬奉酒神的狂欢活动能够吸引神，使其渗入整个崇拜神灵的群体并留居在每个成员之中，从而达到净化灵魂的作用。但在毕达哥拉斯那里，吸引神灵和净化灵魂的方式不在于狂欢或祭祀，而在于摒除衣食欲望、遵守清规戒律，以及 theoria。在他看来，理论是对宇宙秩序的理性思考，因为神包含或体现在宇宙之中，对宇宙的思考即理论沉思，它能够通过服从和模仿神来得到神的启示，从而彻底清洁肉体的桎梏和污染并使灵魂得到净化，更早地达到神的门槛。毕达哥拉斯认为，理论沉思能够使人在对神进行模仿时变得更加井然有序，因为神与灵魂之间并不存在不可逾越的鸿沟，而是共有一个基本的自然社会，生物个体是整体世界的一部分，宏观世界同样是拥有肉体和灵魂的生物，在两者中存在相似的秩序或结构原则，个体能够模仿整体，但并不是片段式地复制，而是整个地与整体相似，整体则将个体全部包含在内，它的性质也都能在每个个体中找到。

毕达哥拉斯的理论沉思表现为"灵魂即和谐"，这一观点的缘起可以追溯至公元前6世纪。那时以血缘关系为基础的旧社会单元开始瓦解，一神教逐渐取代多神教。一神教的教义，即"众生唯一、神唯一"的思想也在人的个体心理上产生了影响，原本由血缘集团所有成员共同承担的集体责任消失，只留下了个人责任，个人行为的过错只能由个人接受惩罚，而不是通过另一个人或者作为整体的血缘集团来赎罪。对于个人来说，惩罚如果今生无法实现，就会降临在来世，这里就涉及了灵魂转世的道德观念，即转世补偿了原罪，"通过生命的轮回，个体灵魂得以不灭，通过受难的洗礼，灵魂得以永生"（康福德，2009：99）。灵魂转世体现的是灵魂不灭的思想，即所有的灵魂都来自一个神圣的根源并以一系列连续的生命形式循环。灵魂起初是纯洁的，保持纯洁是其能够回归于神的条件，但人的肉体是不洁净的，它禁锢着灵魂，并且它的邪恶会污染灵魂，使人无法得到真理的启示，因而每个灵魂都时刻遭受着善与恶的内部冲突，并力求摆脱这种冲突，进入一个和谐的美好世界。

在毕达哥拉斯看来，与肉体相结合的灵魂本身存在矛盾与冲突，使其不能完全摒弃"恶"而成为纯净的"善"，这就需要通过适当的比例来达到善与恶的"和谐"状态，这就是他"灵魂即和谐"思想的主旨，其中"和谐"是指与整体相似的部分在整体中进行组合或调整。"灵魂即和谐"作为一个组织原则，所要实现的是依靠数字和比例使灵魂与肉体达到一种和谐的状态，在这种状态中，灵魂能够得到最大程度的净化。这意味着，数字和比例具有赋予物体生机、净化灵魂的作用。当肉体腐朽的时候，数字和比例体系仍然存在，不会随着具体物质的毁灭而消失，就如同灵魂转世一般，因此，数字虽然是无形的，却体现最终事物的实体。于是，在毕达哥拉斯那里，作为理论沉思的数学知识就成为与神同在的重要途径。

"灵魂即和谐"之中的和谐原则可以说是一种由完美比例构建起来的"规范体系"，它包含无限的因素，只有通过施加界限和标准才能将其限制在一个秩序或一个宇宙之中，"界限（limit）和无限（the unlimited）这两种对立元素相融合构成了有限（the limited）"（康福德，2009：104）。根据这一原则，所有事物都被解释为"有限物"，或者说是"对立物的混合"，其中，"和谐"意味着正确的混合比例以及由此产生的明确法则，并成为区别由不同混合比例产生的物体的决定性要素，"混合物的美在于其组成部分精确而简单的数字比例"（康福德，2009：103）。这种"对立的双方在一定比例下达到和谐"的理念还被用于表示美德、健康或灵魂的良好状态，以及音乐在塑造灵魂方面的作用，例如使人随和、健美、正直等。在伦理方面，"和谐"表现了人的理性与非理性之间的和谐状态，即适度、适当，以及人的自制，因为人类灵魂既包含神圣和理性的部分，也包含非理性的部分，后者经过净化可以变得神圣，但若继续保持不纯洁的状态，则会沉沦到更低的生命形式。英国古典学家康福德（Francis Macdonald Cornford）认为，在毕达哥拉斯那里，灵魂作为一种永恒的不朽事物，存在于自然和精神两个不同层面。在自然层面，灵魂充当区别有机物与无机物的重要原则，是一种通过比例体现的"和谐"，可以用数字表示，是一个规则复合物中的合理因素；在精神层面，它本身就是由善与恶组成的混合物，既包含理性因素，也包含非理性因素。毕达哥拉斯的灵魂与数字的关联、数字比例体系轮回不灭，以及和谐原则在伦理等方面的应用，使得"理论"一词在神学的基础上开始具有现代知识论的意义。此外，人对神的模仿使得神学意义上的理论对人的生活具有指导的倾向，这种意义在理论具有知识论的意义后，成为理论的应用倾向。

"理论"的知识论意义在亚里士多德那里表现得更加明显。他将形而上学、物理学、数学统称为理论哲学，认为理论哲学的知识都源自理论智慧。理论所关注的是不动不变的领域，而与之相对的是实践哲学和实践智慧，它们关注的是与人有关的始终变化的领域，二者完全不同。在理论智慧与实践智慧之间的关系上，丁立群教授认为，亚里士多德表现出了一种"两难"的态度，"一方面，亚里士多德强调实践智慧是对具体事务和特殊情境的直接判断，它与个体存在的特殊生活经验直接相关：在没有普遍知识指导的前提下，正是这种生活经验使个体存在具有一种特殊的直觉，能够对特殊的情景做出判断。这表明实践智慧具有与普遍性不相容的特殊性。另一方面，他又明确地认为沉思的理论生活是最高的、最自由的实践"（丁立群，2012c：79）。在理论哲学与实践哲学的关系上，亚里士多德一方面把探究神这个第一原因的理论，即形而上学视为理论哲学的最高形式，并奉为第一哲学；另一方面他又认为包括伦理学和政治学在内的实践哲学是可以支配理论哲学的最高、最完整的知识，是一种更为根本的基础性哲学，将沉思的理论生活视为实践生活的一种特殊方式。亚里士多德的"两难"状态使得理论与实践的关系变得含混不清，理论时而具有应用和指导实践的意义，时而又处于被实践指导之中。实质上，这种"含混"体现的正是理论本身的神学意义及其衍生的知识学意义，与理论作为人的活动之一的意义相交融的结果，或者说是理论作为与神有关的活动及其本身作为人的活动相交融的结果。从前者来看，在古希腊，神的生活高于人的生活，因而理论高于包括实践在内的一切活动，神学意义及其衍生出的知识学意义上的理论因而具有指导和规范的意义，知识学意义上的理论则具有应用的意义；从后者来看，实践是包括理论在内的一切人的活动的基础，理论生活源于实践生活。从这里我们可以看出，指导和规范并不是理论的全部特征，但这一点随着实践与科学发生的技术转向而改变，理论源于实践的意义逐渐被遗忘，只剩下源于神学的知识学意义，并因此成为普遍性知识的来源，不仅能够作为标准应用于特殊领域，还对特殊性知识具有规范和引导的意义。

在伽达默尔看来，理论的重要意义并不在于应用，"越是把理论作为纯游戏、纯直观和纯旁观，就越是应该远远避开作为使用、利用等严肃的事务"（伽达默尔，1988b：21）。他追溯到理论最初的神学起源，认为理论仅仅是观看而不是意会，但取消意会对于人来说较为困难。作为社会的人，他生来就已经从所依属的团体、人群、文化中获得了自我感觉，这种感觉已经整合为他的一部分，无法清晰地被理顺出来，并且出现在他的所有活动之中。科学方法正是在取消意会方面发挥了作用，因为它使人克服那些由自我感觉而产生出的所谓"幻想"，实现所谓的"客观"，从另一个角度来说，"一切统治术的秘密、权力的魔力以及政治宪法的智慧都隐藏在这里"（伽达默尔，1988b：40），克服在那里并不意味着消除，而是有效引导。

伽达默尔认为，理论的根就在于"观看存在的一切"（伽达默尔，1988b：39）。这种"观"意味着距离，但它"并不像根据建立于自我意识上的理论结构的那种优越地位所意指的，指与存在物的距离，那种距离使得存在事物可以以一种无偏见的方式被认知，由此使之处于一种无名的支配下"（伽达默尔，1988a：15）。事实上，理论的距离是指亲缘性，当 theoria 的意义是作为团体的一员参与崇奉神明的祭祀庆祝活动时，对神圣活动的观察就并不是单纯地看，或者单纯地确认现有存在的东西，而是以真正出席现场的方式来表现的参与状态。这种参与使其能够以理性的方式观察到整个活动的内在逻辑，包括活动本身、活动者、围观者、活动目标和活动方式等。因此，在伽达默尔那里，作为理论的"观"主要体现为"围观"，它实质上关注的并不是某个存在者，而是整个领域，在这个领域中的人必须要加入其他人的活动。因此理论并不是征服一个对象的行动，也不是通过对对象的解释从而使其变得为我所用，而是一种人人都能参与其中的生活。可以说，对理论意义的追溯一方面使其摆脱了作为实践的源头和标准之意，另一方面也使实践摆脱了受制于理论的状态，这一点是精神科学获得自身独立性的重要基础。

二 实践作为理论的前提

亚里士多德在与理论和理论哲学的理想进行深入争辩的过程中，提出了包括政治学在内的实践哲学，他把人的实践提升到独立自主的知识领域，认为实践意味着所有实际事务的整体，包括政治以及法律制定，只有解决了实践的问题才能对人类事务做出正确的规定和安排。这里的实践并不是理论的应用，"实践哲学不是现代意义上的理论科学，理论科学是要被应用到实践中的，就像人们把纯自然科学应用在医学中那样。实践哲学更像是治愈的知识，亚里士多德也经常拿这种知识进行比较。任何将理论'应用'于实践的言论都预示着亚里士多德在道德语用学中所透露的理论与生活实践之间的分离"（Gadamer，1986：161）。实践的"真正基础构成人的中心地位和本质特征，亦即人并非受本能驱使，而是有理性地过自己的生活。从人的本性中得出的基本美德就是引导他'实践'的合理性。对此希腊语的表述是'Phronesis'（实践智慧）"（伽达默尔，2010b：407）。与理论智慧和技艺相比，实践智慧必然具有一种优势地位，否则我们的生活就会任由理论专家和技术专家任意理论化和技术化，并逐渐远离与人有关的特性。伽达默尔从实践哲学意义上的政治出发，认为能够让我们在政治上感到每个人都对自己负责的唯一途径，就是由我们信任的、具有合理性的、负责任的政治家来做出决定。这种合理性或责任性实质上就是实践智慧，它是除了理论和满腔的求知热情之外囊括一切的理性运用，它并不存在于可以习得的技能或盲目的顺应潮流中，而是存在于一个人对自己合理性的责任之中，并且这种责任式的合理性都是从总体的善的角度提出的。

实践智慧所具有的这种地位表明了人相对于科学和技术的优先地位，伽达默尔从存在论的角度将这一特点描述为"人有限的基本状况相对于无限的认知任务处于决定性的地位"（伽达默尔，2010b：408）。这就是合理性的本质特征，并且无论是对精神科学还是实践哲学，它都是具有决定意义的观点。当我们说某人是个合乎理性的人时，并不是说他善于抓住遵循某种既定的标准或理论，而是指他能够经得住充满臆断知识的教条主义的诱惑，能够考虑自己的实际情况而不是武断地妄下结论。人们虽然能够通过自己的行动争取想要的东西，但前提是他必须在有限此在的所与中找到自己的行动依据，这种依据就是实践事务的原则，亚里士多德将其表述为"事实原则"。伽达默尔指出，亚里士多德所讨论的"并不是与某个既成存在相脱离的理性和知识，而是被这个存在所规定并对这个存在进行规定的理性和知识"（伽达默尔，2010a：441）。这里所说的事实既不是指那种需要我们自己去说明它们的陌生事实的事实性，也并非理论科学意义上的那种不动不变的事实，而是人文意义上的变化的事实，它所代表的是人生存的具体境况。

这种事实性是最可理解、最为共同的，被我们所有人一起分享的信念、价值、习惯的事实性，是构成我们生活制度的东西的总体观念。用海德格尔的话来说，这种事实性就是一种"实际性"，"此在与其他在者一样都有自己的事实性，但此在不同的事实性在于它不是既定现成的、固定不变的、僵硬地摆在那里并由静观来发现的东西，它是一种超越性的生存，更多表现为一种可能性"（海德格尔，2009：译者序12~13），而"自己的此在这一事实的'事实性'在存在论上却根本有别于某种岩石事实上的搁在那里。只要此在存在，它就作为实际而存在着。我们把此在的这一事实性称作此在的实际性"

(海德格尔，1987：69）。生存总是实际的生存，生存论结构本质上是由实际性规定的，"实际性不是一个现成东西的（僵硬的事实）那样的事实性，而是此在的一种被接纳到生存之中的、尽管首先是遭受排挤的存在性质"（海德格尔，1987：166）。亚里士多德则用更为朴素的语言来描述这种事实，他认为，"事实就是最初的东西，它就是一个始点。不同的始点是以不同的方式获得的。有的是通过归纳，有的是通过感觉，还有的是通过习惯等而获得的。对每种始点，我们必须以它的本性的方式理解，必须正确地定义它们，因为它们对于尔后的研究至关重要"（亚里士多德，2003：1098b）。

伽达默尔将这种事实性概念视为我们行动的原则和首要的、规定性的出发点。它在古希腊被称为"伦理"，亚里士多德因使这种事实性特征成为规定性的东西而受到重视，并因此成为伦理学的创始人。伦理是通过练习和习惯而生成的存在概念，实践智慧这种负责的合理性能够保证它不是纯粹地训练或适应，也不是善恶不分地顺应潮流，更不是天性。伦理表明我们是在与同伴交换意见中，在社会和国家的共同生活中了解自己、信奉共同的信念和决定，这本身就构成了人的自我存在和自我理解的尊严。任何人只要不是反社会的人，他就已经承认了他人，愿意与他人交换意见，并建造一个共同的习俗世界。习俗就是指意见一致，其作用不是作为外部规定的规则体系，而是在个体意识与他人意识之间形成信念的同一性，也就是与人们创造的生活制度形成同一性。从某种意义上说，这是一种合理性问题，这种合理性与我们在说"假如我们想要什么，第一个合理步骤是做什么"的时候所使用的实用性和技术性意义上的合理性不同，那是韦伯目标合理性意义上的合理性。这里的合理性是指一种责任性，即当我们想达到一个特定目标时，我们有责任知道哪种手段可以使用，哪种手段因为不符合伦理的美德或至善的目标而不能使用。这种责任性也体现在知识上，知识也是伦理的一部分，因为伦理学不仅仅是原则问题，我们也要为知或不知负责。此外，在实践智慧的道德和政治意义中，合理性无疑不仅仅是知道如何实现既定目标，还知道如何使用正确的手段。在人类社会中，一切都取决于整个社会如何设定目标，或者更确切地说,取决于如何使每个人都同意他们承认的目标并找到正确的手段去实现目标。因此,在人类实践生活的领域中,对理论知识意图的理解比对理论知识本身的理解更为重要,因为在这个领域中,一切理论在说明之前,都已经对具有确定内容的合理性理想做出了承诺,或者说都已经带有了实践的特征,这就使得理论科学成为一种带有内容前提的科学。

理论的前提就是实践。伽达默尔指出,人是一种特殊的存在,他同时兼具理论性与实践性,人的兴趣和自我意识不仅关注知识、理解人和事物、了解世界,也同样关注生活实践,它使人区别于自然界的其他生物,并作为社会生物创造出人类的关系、道德和秩序。因此,人既能从事社会实践又能投身于纯知识,既能看也能思,这两种活动体现了人类的优越之处。亚里士多德分析了人的理论兴趣和由家庭、社会组织的教育所形成的人的本质这两者的关系,认为"人们之所以能够全副身心地投身于理论研究,是因为以'实践知识'为前提的,即把理性引入人的行动和举止的知识为前提的"(伽达默尔,1988b:51)。从理论的本质来看,"理论"一词在古希腊是指观察,这种观察并非单纯地看,或者单纯地确认现存的东西或储存信息,而是一种沉思。沉思不会停驻于某个存在者,而是在整体意义上关注一个领域,因此,理论并不是绝对不变的行为,也不是人们可以凭借它去征服对象的行为,更不是通过对对象的解释从而使其能够为我所用的行为。理论实质上是一种人人都能参与其中的生活权力,每个人只有把他的理论知识组合进他的实践生活知识之中,才能获得所需的实际知识,因此,"生活就是理论和实践的统一"(伽达默尔,1988b:45),而在人的生活中,实践总是第一位的。

实践作为理论的前提完全改变了通常被认为的理论与实践的对立关系,同时也使实践理性具有了一种优先地位和合理性的美德。它使实践理性能够控制理论对实践的滥用,就像纯粹理性批判驳斥了理性主义的独断论对理性无限制的使用一样。事实上,康德也曾在完全不同的情况中提出类似的观点,他认为,如果我们只是把实践理性所蕴含的合理性当作一种与理论能力毫不相干的人类道德品质,那么为什么还会有关于道德哲学的理论?他从卢梭那里认识到,人类道德的进步并不体现在完美的文明和巅峰的文化上,后者可能只是科学理论的结果,道德本身的任务才是人类道德的自我证明。康德经常引用的"绝对命令"只是人们自身实践能力的抽象表述,没有任何基于理性的知识能够超越合理性的实践主权。实践哲学本身就依赖于实践条件,用康德的话来说,这就是伦理学中的"形式主义"。

实践作为理论的前提所表现出来的合理性也为精神科学的合法性提供了证明。穆勒虽然以自然科学的模式来描述精神科学的科学性,但他仍然是以古典的方式将精神科学称为"道德科学"(moral sciences)。如果不考虑穆勒受经验科学的影响对精神科学所做的论断,"道德科学"这一名称本身就表明精神科学与实践哲学之间的紧密联系,因为道德伦理是实践哲学的原则和条件。精神科学所保持的是关于人的知识的古老传统,即产生于古希腊的那种知识传统,这种传统所认识的并不是某个特定对象领域,而是人类本身对象化的总体,包括人类的行为、痛苦及其持久的创造物。这一切都蕴含着彰显合理性的实践理性,它能够为不受限制的理论求知欲表现为负责任的最高仲裁,使我们的知识和能力都能得到正确运用。然而,在现代社会,实践被视为技术应用,实践理性被视为权谋和手段,失去了对理论理性的监督和平衡作用,导致合理性成为一种空洞的理想。这种情况在科学领域表现为自然科学独树一帜,精神科学被置于自然科学的模式中,不但无法发挥自己的本质特性,还被视为一种不精确的科学。

在伽达默尔那里,亚里士多德的思想对我们关于人及其历史性知识的思想具有一种典范性的作用,因此他"最后转向了亚里士多德的'实践哲学',试图把这个古典思想中的崇高概念作为哲学解释学的一个基础而清楚地表述出来。事实上,实践哲学不仅为伽达默尔对艺术的进一步思考奠定了基础,也为他捍卫解释学、反对现代性中科学和科学方法的入侵提供了绝好的材料"(Gadamer,2007:227)。在伽达默尔看来,狄尔泰对历史理性的批判主要依靠的是自然科学的方法,但他在依赖这种方法的同时也受到了这种方法的阻碍。与狄尔泰不同的是,亚里士多德的思想可以使我们无须从一般科学概念出发去思考人文知识的特殊形式，只需寻求传递这种知识的语言媒介，从而根据它的真实根源，即人的社会现实性来建立自己的根据。这种方式实质上就是用语言在一般性和个体性之间架起一座桥梁，类似于解释学的理解—应用理论，即一般和个别相联系的理论，由此，实践哲学、精神科学和解释学之间就被联系了起来。这也成为伽达默尔自身"思想构造的模式"，即"超越近代科学理论和精神科学哲学的视野，把诠释学问题扩展到人基本的语言性。最后就达到亚里士多德的合理性美德、实践智慧、解释学基本德行本身"（伽达默尔，2010b：412）。

三 实践与科学的"技术转向"

从培根时代开始，实践在古希腊时期的意义开始发生转向。培根十分重视自然哲学，他认为古希腊哲学家们过于重视道德哲学，却忽略了真正发挥实际作用的自然哲学，"即使在人类智慧和学术最发达的那些时代里，人们也只以最小部分的苦功用于自然哲学方面。而其实正是这个哲学才应被尊重为科学的伟大的母亲"（培根，1986：56）。培根认为，古希腊人过于信赖心灵的力量，在遇到问题时倾向于将所有事物都诉诸艰苦的思维，试图通过对心灵的不断运用来解决问题。但在培根看来，心灵本身的不确定性无法为人们提供正确的结论，因此，他的目标是建立一条通往准确性的道路。在这一过程中，感官知觉被保留下来用于验证或校正，而继感官活动之后出现的心灵活动则需要被消除。对于心灵，培根的态度是"从一起始就不任其自流，而要步步加以引导；而且这事还要做得像机器所做的一样"（培根，1986：2）。也就是说，他试图掌控心灵，使其具有严格的准确性，由此既可以看出培根对于心灵活动的排斥，也能看出他对工具的重视。在培根看来，无论是对于需要机械力的事物，还是需要智力的事物，人们在赤手空拳的状态下所能取得的成果非常有限，因而必须要使用工具。

培根提出的"新工具"即归纳法，这里的"新"针对的是亚里士多德

《工具论》中提出的演绎法。培根在自然科学领域证明了归纳法的作用，并将其广泛用于其他领域，使得经验与理论、真理与目的、功效等都连接在了一起。此外他还采用自然科学的思维方式来界定形而上学、物理学和实践，认为形而上学研究的是自然永恒的和基本的法则，物理学研究的是自然的一般和通常的过程，而实践则分为两个部分，一部分是物理学之下的机械学，另一部分是形而上学之下的"幻术"。培根称其为"幻术"是因为"其中质料因或者能生因与其所产生的事功和结果对照起来很是弱小而不相称；因而它们即使实很平常，看来却像神奇"（培根，1986：288）。他所谓的幻术主要有三种：自我增值，例如火或毒药；对另一物体的刺激，如磁石或酵母；对运动的制先作用，如火药、地雷等（培根，1986：288~289）。从培根对实践的论述中可以看出，他完全将实践置于自然科学的视野内，即使在探讨所谓的"幻术"部分时举的例子也都与自然有关。这就使得实践彻底背离了古希腊时期的意义，脱离了与人的关系，消除了变动不居的特性，也满足了培根对确定性的渴求，因此，"当把科学理解为经验科学，甚至变成一种技术原理时，实践就只能是一种技术性活动"（丁立群，2006：28）。

除了实践之外，科学在古希腊时期的意义也发生了转变。科学在亚里士多德那里是灵魂的一种求真方式，它具有我们可以用来做证明的品质。它从始点出发，通过演绎和证明得出结论，是对普遍的、必然的事物的一种解答。科学的必然性由因果关系和证明逻辑构成，这一点在数学中得到最纯粹的表现。数学在古希腊科学中具有范式性的作用，柏拉图坚持这种范式性并将其推到极端，他的天文学研究就是在纯数学和数的关系中进行的，而不是在对现实星宿运动的观察中进行的。这种趋势所导致的后果就是自然也被视为一种纯粹的数量关系，但这并不是科学自始至终的意义。相反，至少在古希腊时期，"科学的重要性并不在于它能带来其他的利益，而仅仅因为科学是'美的'。美就在于自我满足、自我欣赏，而决不允许提出为什么会美和为什么会使人满足的问题"（伽达默尔，1988b：87）。在古希腊，比"美"更宽泛的概念是"幸福"，幸福是自足的事物，它自身就值得欲求且无所缺乏，因此幸福就是最高的善。对任何一个有某种活动的人来说，他的善就在于那种活动的完善。科学作为理论沉思活动，它的要求就是对真理的认识，它自身就是它所追求的目的，因而科学就是理论的幸福。

但在现代科学那里，古希腊科学的这种幸福维度被消解了，它的意义"不再是知识的精髓和值得人们认识的东西，而是成了一种方式：一种进入和涉透到未被开发和未被掌握的领域的方式"（伽达默尔，1988a：61）。这种转变从伽利略开始，作为古典机械学的创始者和现代科学的发起人，伽利略发现可以将数学语言转用到观察中，用数学公式来表现机械原理。就这一点而言，伽利略可谓进一步拓展了柏拉图的数学—科学观。在伽利略进行自由落体实验时，还没有人用经验的方法观察过自由落体，只是在伽利略之后的年代，人们才制造出真空器，观察到羽毛和铅弹同时坠落的情形，因此这种同时坠落的理想情况在伽利略的试验场里是不会出现的，但他却在头脑中领悟出了自由落体的思想（伽达默尔，1988a：62）。这种领悟摆脱了现实条件的影响，是"按照有关距离和时间联系的纯粹数学规则形成的。在这种意义上，科学从原则上具有了新的倾向"（伽达默尔，1988a：62）。伽利略建立的机械学由此摒弃了在自然研究中寻找终极原因的方法，他"从自然的因果关系和共同作用来解释自然过程，因而使这种知识能够成为对于自然过程的新的统治……这种机械学通过现实的可计算性从而可以计算对于发生机械作用的条件的影响，由此而把自然科学的知识转化为实用的知识"（伽达默尔，1988b：92）。

伽达默尔指出，近代科学把"新的数学语言转用到观察中。不再是新的观察，不是关于世界经验的进步，而是称为知识的这种新的构想产生了新的科学"（伽达默尔，1988b：91）。与古希腊科学相比，现代科学具有了新的模式和要求。科学不再以实际观察到的内容为真，而是以符合因果关系且能被证明为真，这就使得笛卡尔的方法概念具有了统治一切的地位。"方法"概念产生于古希腊，指符合实际的、接近认识对象的道路，它是从被研究领域的特性来获得衡量尺度的。笛卡尔则与之相反，他发展了一种统一方法的思想，也可以说是一种一般的证明方法，即只要满足方法程序的形式条件为真就能排除谬误。这就使得现代科学的概念和传统的知识形式以及我们对于世界的实际看法形成一种尖锐的对峙。近代思想家的任务就是要思维地达到两种认识方式的统一，对于笛卡尔而言，自我意识绝对的确定性在他那里成为证明一切知识的范例。

伽达默尔指出，现代科学已发展成为一种具有可操作性的知识，即如果初始条件的确定性具有某种可预测的结果，那么最终的限制性条件就变得可以计算和掌握。这种方式使得科学与技术产生了关联，技术生产在整体上总是先要与一个构想的客体相关联，或者说是以某个客体为模板，然后才能开始制作和建造。这种客体在古希腊时期来自现实中的自然，但在现代科学中却来自人的观念，这种观念的基础正是伽利略使用数学语言建立起来的观察。于是技术与科学的逻辑关系就表现为，只要初始条件为真，结果必定为真。确立初始条件是科学的职责所在，而实现结果则是技术的本职工作。因此，隐藏在机械论科学观中的构造观念开始在巨大的范围内展开，它使机械化、对自然进行的转化以及对空间的开发在本质上都成为可能。技术不再以仿照自然为标准，而是以实现人为的观念为标准。它在这个意义上超越了自然、掌控了自然，改善了人的生活，成为人们崇尚的力量。然而，伽达默尔认为，现代技术使整个世界越来越人为化，人们在享受现代技术带来的舒适和财富的同时，也日益加深了对技术的依赖。这实质上是将自己委托给了技术，并从根本上放弃了与自己全部活动能力相关的自由。此外，现代科学本身还包含一种实践哲学的疑难，表现为经验科学与人的实际生活之间的矛盾。经验科学是一种研究概念，这意味着它具有一种自由的甚至可以说是理想的理论追求，这种追求常常同眼下实际的知识需要发生冲突。而这种实际知识大部分都是与人有关的实践知识，因此经验科学必须要忽略实践理性，或将其视为自己的结果。这就带来一个问题，即现代科学不像传统科学那样是一种封闭的知识整体，如何使它同实践的生活确实性和实际的行动知识之间取得平衡，成为现代科学必须要面对的重要问题。

培根和伽利略对古希腊实践、科学和技术的改造，使得亚里士多德所划分的相对独立的三种人类活动，从近代开始就被整合为以技术为中心的系列活动，即科学和理论与实际应用结合起来，科学变成了技术原理，实践成为技术应用。伽达默尔指出，"这种可追溯到亚里士多德的长达 2000 年之久的实践哲学传统，最终也沦为现代的科学概念压力之下的牺牲品"（伽达默尔，1988a：42）。在实践哲学的转向过程中，最大的转变在于实践智慧。实践智慧本应从总体的善出发，为道德德性的形成制订正确的计划，保证人们采用良善的方式进行各种活动。然而，随着实践转向技术，实践智慧不再与变化的人类事务有关，成为以技术为导向的思维方式，失去了总体的善的目的，被权术和计谋所替代，成了空有目的的手段。同时，理智德性与道德德性之间的关联发生了断裂，导致人的活动失去了总体善的引导。这些都成为现代社会中技术活动的背景，技术理性由此摆脱了实践理性的约束，被无限放大到所有领域，包括与人的事务有关的领域。在这一领域中，技术根据以普遍性、确定性为特征的科学所形成的原理，处理具体的、变化的人类事务，其结果就形成了"不精确的科学"。这种科学的努力方向，正是采用方法论摒除自身不确定的部分，以及采用认识论在人文领域寻找那些符合自然科学理论框架的知识。这种情形也正是精神科学目前所面临的境况。

第三节　实践"技术化"的现代弊端

　　实践的技术转向使得在古希腊与人类事务有关的实践在现代表现为理论或技术的应用，同时也消解了实践智慧对于人的活动的协调意义，使其失去了道德维度，成为一种实现目的的手段。同时，随着理论活动扩展至实践领域，理论的逻各斯替代了实践的逻各斯，导致精神科学不但丧失了其基础性地位，还成为自然科学框架下的一个学科，需要遵循自然科学的方式来证明自己的科学性。作为与人有关的科学，精神科学实际上具有调节包括科学活动在内的人类各种活动的意义，但精神科学基础性地位的丧失使得经验科学开始具有统治意义。经验科学关注的是科学的进步而不是人类整体的协调发展，这就使得那些不符合其研究方式和价值标准的科学或者被边缘化，或者被视为"伪科学"而从科学领域中被排除了出去。这种结果导致了越来越精细的学科分类以及功利化的学科关系，这一点在社会合理化问题上体现得尤为明显。自然科学那种符合的真理、理论对实践的应用、抽象普遍性代替具体普遍性等方式成为人类社会发展的基础和目标。这就意味着，对于人类社会而言，合理化的状态并不是通过人自身来体现的，而是要依靠人以外的其他因素来决定，这实质上代表的是一种新的奴隶化进程的开始，其最终结果就是人的物化。

一 精神科学基础性地位的丧失

精神科学的经验是人类个体经验与人类基本经验相互阐释的结果，它所具有的具体普遍性使得它能够从整体的、适应变化的视角出发关注人与科学，并协调二者的关系。这一点在亚里士多德的实践哲学中正是实践智慧的意义所在。实践是所有实际事务的整体，是一切人的行为以及人在世界中的一切自我设置。作为实践理性的实践智慧在美德和善的指导下，能够对人类事务做出安排，协调人的三种活动，即理论活动、实践活动、制作活动，为它们提供适当的发展方向，使人合理地处于科学家的自我意识和手工艺者的自我意识之间，避免生活世界被理论专家或技术专家所统治。实践智慧所要实现的是人能够不受本能驱使，理性地过自己的生活，这也正是人之为人的基本特征。人的中心地位及其本质特征使得实践智慧与理论智慧和创制智慧相比，更具有一种基础性的地位，这种地位使我们的道德成为我们自己的选择，而不是强加给我们的结果，我们也因此能够作为对自己负责的人而不是动物或机器。

实践智慧的基础性地位表明精神科学是自然科学的基础，这一点在库恩那里已经有所体现。他在范式转换的思想中向我们表明，以范式转换所体现的科学进步实质上是人本因素作用的结果。他认为，科学革命类似于政治革命。政治革命的结果是废除一套制度而代之以另一套制度，也就是在相互竞争的政治制度之间做出选择，科学革命也需要在相互竞争的范式之间做出选择，这一点与在不相容的社会生活方式之间做出选择是相关联的。因此，选择范式不能只通过科学实验、逻辑等常规程序来实现，因为"在范式选择中就像在政治革命中一样，不存在超越相关共同体成员间的共识的标准，问题的解决依赖于大家意见的一致"（库恩，2003：87）。

精神科学的基础性地位意味着它能够调节人与自然科学之间的关系，使得人在自然科学中能够更好地理解自身。这一点也正是实践智慧的意义所在，即协调理论与实践的关系。然而，培根对实践的技术转向以及马基雅维里对实践智慧的手段性解读，消解了实践智慧在协调实践与理论关系方面的意义，导致的结果是出现了一个充斥着科学确定性理想的时代。在这个时代中，实践概念失去了它的合法性，"因为自从科学把它的目标放在对自然和历史事件的因果因素进行抽象分析以来，它就把实践仅仅当作科学的应用。但这乃是一种根本不需要解释才能的'实践'。于是技术概念就取代了实践概念，换句话说：专家的判断能力就取代了政治的理性"（伽达默尔，2010b：574），现代社会也就成为"专家社会"。

这一点对精神科学的影响就在于其基础性地位的丧失，在现代社会人与科学的关系中，人们更倾向于依赖自然科学的控制能力而不是精神科学的协调能力来面对生活。人们总是期望"科学最终有能力使人类生活的所有方面服从于科学的控制，从最适合社会的生命中排斥所有的不可预言性"（伽达默尔，1988a：130）。这种通过科学的计划和创造去实现关于未来科学的期望体现在各个方面，例如，认为每一种语言使用中的不准确、理解及误解中的所有问题都能够通过对一般语言的新的科学控制以及对其进行合理的构建和组织得到解决；认为政治、社会生活、信息选择、公众舆论的形成、战争与和平的行为等过程不受情感反复无常特性的制约；认为历史能够服从人为的操作，人们能够认识历史的客观过程等，甚至，"即使我们生命直觉中人的自然基础也被认为是服从于科学控制；无意识的驱动力和意识的动机之间的和谐也受到了科学的检验"（伽达默尔，1988a：130）。然而，现实问题是，在所有这些领域中，科学所能做到的远远落后于人们对它的期望。即使在科学成功实现了的那些期望中，被做到的也仅仅是一些具有启示性的框架，因为用科学手段填补其中的内容总是由于无法适应具体的、变化的情境而产生新的问题。尽管如此，科学仍然深入人心，这一点在哲学与科学的关系中体现得尤为明显，伽达默尔指出，"今天所说的哲学处在一种变化了的情势中。面对科学，它开始以过去从未有过的方式，为自己的合法性寻找证明；而且在直到黑格尔和谢林去世的整整两个世纪中，哲学实际上是在对科学的自卫中被构建的"（伽达默尔，1988a：5）。

伽达默尔认为，哲学所受到的影响不仅仅在于要为自身的合法性提供证明，它甚至在科学形成统治状态的过程中，也起到了一定程度的推动作用。例如，康德摧毁了"教条主义的"形而上学并批判地证明了现代经验科学的正确性、以形而上学的终结为表现的黑格尔绝对精神王国的迅速崩溃、法国大革命为实证科学的产生所创造了良好环境等。哲学在这个时期所扮演的角色表明，对自然科学的否定成为那个时代最不合时宜的事情，于是经验科学开始在思维着的精神王国中被提升到了首要地位，成为其他科学的基础。然而，问题在于，经验科学能否当此重任？"以形而上学为先导的旧科学曾提供的是对世界的整体关注，它为世界的自然经验和以世界语言学作为媒介的解释带来了一个统一的结论"（伽达默尔，1988a：127），但现代科学无法提供这种整体性的关注和结论，也无法提供全面的知识，而只能提供探究自然的无休止的过程。伽达默尔认为，当哲学开始充当经验科学的推动力这一角色时，哲学的世界观意义以及经典作用就被终结了。哲学开始更多地转向科学，转向逻辑和认识论基础，但事实上，只有经典意义上的哲学才能够提供经验科学所无法提供的对整体的解释。亚里士多德认为，人类社会生活的整体要受到一种共同意义的统治，这种共同意义并不是某种必然的规律，而是一种社会秩序。亚里士多德将其称为伦理道德，并认为伦理道德已经成为人的第二本性习惯，即人的自我行为举止，它能使我们谈及自身，并承担责任。伽达默尔认为，"这是人类的巨大进步，同时又是一种巨大的危害。因为人是选择者，人自己决定自己整个的生活"（伽达默尔，1988b：10）。现代社会的人们选择通过自然科学获得所谓的普遍经验，但事实上，这种经验只是排斥了个体经验的普遍化，并不是人类基本经验的获得，可以说，它实质上是对人类经验的一种背离，并导致了个体经验和人类基本经验之间的断裂。

面对这种断裂，人们仍然寄希望于自然科学，在当今这个崇尚科学的时代中，人们总是倾向于把科学知识和从历史传统向我们涌来的关于人的全部知识变成自然科学知识的实际应用。这种自然科学的倾向使我们生活在不断增长的自我疏远之中，这种增长不仅仅是经济秩序的特殊性造成的，还要归因于人类对在自己周围由人类文明所建立起来的东西的依赖性。伽达默尔指出，德尔斐的阿波罗神庙的三句箴言之一"认识你自己"意味着"知道你是一个人，而不是神"，这一点也正是身处自然科学中的人们所要时刻铭记的。因为自然科学所标榜的那种控制和支配对人而言只是幻想，人的"自由不仅受到各种统治者的威胁，而且更多地受着一切我们认为我们所控制的东西的支配和对其依赖性的威胁。能够解脱、获得自由的方式只能是自我认识"（伽达默尔，1988a：132）。启蒙是与人类共进退的，它是对于判断力和自我思维能力的关切。康德用"敢于使用你的理智"来表明启蒙就在于有勇气具有不同的思想，敢于超越一切占统治地位的偏见。而在现代社会，面对人们对自然科学的盲目崇拜，"敢于使用你的理智"取得了一种新的意义，即人类这种迷惑的意识状况更需要启蒙，它作为对我们社会理性的号召，会使我们从技术的迷梦中警醒过来。

此外，人类个体经验与基本经验之间的断裂对于精神科学而言，表现为精神科学在人与科学之间的协调作用被自然科学的控制作用所取代。这不仅使精神科学失去了原有的意义，还使其不得不仿照自然科学产生出一种行使权力和统治的制度。由于缺少自然科学那种统一性的标准,"被赞同"对精神科学而言显得非常重要,这也使得精神科学的工作特别需要所有人参与。然而,在现代社会,这种"参与"却以相反的方式呈现,即精神科学调整自身,努力使自己与公众的判断相一致,使自己在公众中得到共鸣,是精神科学表现自身统治意义的一种方式,因为只有操纵了公众意见才可以控制他们从而达到自己的目的。伽达默尔认为,这是由于我们在形成判断时太过依赖公众意见,而不是依靠启蒙建立起来的自我估价和理性,使得这种统治性的权力逐渐具有了过于强大的力量,"理性本身可以贿赂,这正是人类近百年来造成的具有灾难性的体验"(伽达默尔,2010b:51)。事实上,在科学日益强烈地深入社会实践的时代,或者说在一个对科学的信念业已达到迷信的时代,"只有当科学不隐瞒它的界限和它自由空间的条件性时才能恰当地行使它的社会功能"(伽达默尔,2010b:568)。对于人及精神科学而言,自然科学只是人类的活动之一,其最终目标应该是促进人类的自我理解和全面发展,为此,我们急需协调科学与人的关系,以帮助我们摆脱一切对人自身的束缚。

因此,恢复精神科学的基础性地位,使其摆脱对自然科学的模仿或自然科学对其的控制,是重新发挥精神科学在人与科学之间的协调作用,缓解自然科学对人的束缚,实现人的全面发展的主要途径。目前,文学、艺术等人文学科已经认识到这一点,开始加入世界观哲学的队伍,伽达默尔指出,"19、20世纪的文学巨著,以及来自资产阶级文化时代的其他类型的艺术作品,更接近哲学旧有的任务,并把它们视为哲学伟大遗产的保存者"(伽达默尔,1988a:129)。这类科学的目的不仅仅是认识,还有对人的自我认识的不断改造。从现代科学理论的角度来看,在当今这个极端信奉自然科学的时代,这些用来为人的自我理解服务的人文学科,由于缺乏统一的标准而显得混乱不堪,或者说是在纯科学的严格意义上表现出了难以接受的"混乱"。因此,那些培养人类文化历史传统兴趣的人文学科总会被质疑在社会中的作用,或者因带有主观性的立场而被认为是非科学性的。事实上,每一个历史学家在理解和评价传承物,或向世人呈现至今尚未被观察到的东西时,其关于认识和评价的论断中总会包含自己的立场，但这并不意味着这种论断是对科学性的质疑或反驳，而只能说是一种"前理解"，对于精神科学而言，这种被称为"前理解"的观点反而是精神科学的理解基础。

二　经验科学的统治状态

古希腊"实践"与"科学"的转向使得近现代的经验科学彻底改变了古希腊时期理论生活的理想。科学在古希腊那里的含义是知识和学问，科学学指的并不是科学理论，而是人类知识的哲学推导。与古希腊纯粹的理性科学不同的是，近代科学是采用归纳法作为逻辑方法的经验科学。伽利略将具有完美逻辑和构思理想的数学，应用到现实中成为认识方法，成功地创立了古典机械学。牛顿把它与天体力学结合起来，开创了新的世界观。这就使得古希腊时期仅仅与理论沉思活动有关的"科学"变得巨大化起来，它整合了所有与知识有关的内容，也包括与知识相关的研究者，使他们都成为科学研究模式中的一员，他们的研究成果也成为对科学这一整体的贡献。从研究领域来看，科学成为扩展研究领域，尤其是进入未知领域的唯一途径，研究者只有通过把经验知识数学化的方法才能理解自然。于是理论认识的兴趣让位于逻辑研究，同时，"方法"增强了人们的信心。借助于方法，人类能够通过知识来增强自己的力量，特别是面对自然的时候。从另一个角度来说，这也是自启蒙以来，理性赋予人提升自身地位和价值的途径之一。

此外，在近代科学中，自我意识也同方法紧密联系在一起。自我意识的优先权是方法的特权，近代科学的对象首先必须要满足方法研究的可能性，否则就只能被称为半科学或伪科学，成为科学的边缘领域。对方法的重视增强了现代研究的专门化倾向，它使得一门学科中不属于它核心研究范围的部分被边缘化或被排挤出去形成新的学科。新生学科中又开始形成新的理论体系和专有方法，其结果是现代社会的学科分类越来越精细，新的学科层出不穷。然而，这并不代表被保留的部分就能使该学科得到完全和深入的研究，相反，这种排挤和新生体现了日益严重的学科分化，以及学科之间关联的断裂，因而最终得到提升的只是若干独立的科学问题，而非整个科学领域。此外，用是否满足方法研究的可能性来衡量科学性，会使那些客观化和方法论对象化都行不通的领域成为整个科学的边缘领域。它们或者被削足适履地整合到自然科学之中，或者被彻底排除出科学的领域不再作为研究的对象。而无论哪一种方式，都使这些研究丧失了自己的独特意义。

越来越精细的分类不仅使科学本身表现出排他的权威性，还表现出了功利性。人们只对表现出权威性的学科感兴趣，这些学科也会获得更多的资源，有更多的科研人员参与，也有更强的学术话语权。事实上，科学的这种意义从与宗教批判联系在一起的 18 世纪启蒙运动开始的时候就具有了。作为启蒙的前提，科学同人类的幸福、健康、摆脱苦难和贫困联系了起来，同教堂的安慰相比，科学在为公众带来福利方面具有更加实际的帮助。这使科学更多地具有了功利性的意义，而逐渐淡忘了它在古希腊时期所具有的仅是为了追求幸福的意义。在现代社会，充满了功利特征的科学逐渐控制了文明进程和社会生活，自由研究以及与其相适应的理论不断受到以实用为目的的研究的压力。在伽达默尔看来，这一点甚至体现在对研究的命名之中，例如那种不包含任何目的的纯理论研究被称为基础研究，因为基础研究对于所有科学进步和技术进步都是不可或缺的。虽然现代社会也保存了纯理论研究兴趣，但这只是一个小型的自由王国，它根本没有改变或限制以实用为目的的研究泛化的情形。

经验科学逐渐形成的权威性对人类产生了新的意义上的统治，那种在伽利略的机械学中获得巨大成果，并在笛卡尔的方法概念中得到哲学表述的方法的优先性，完全改变了理论与实践的关系。新知识通过抽象、测量和计算的方法进入大自然的规律，并从单个因素中抽取出与结果有关的部分。这种方法使新知识的所到之处都呈现改造自然的条件，并且得出人们所希望看到的结果。虽然近代科学同以往的科学一样，都致力于发现自然秩序及其规律的知识，但近代科学知识远远胜过了以往人类获得的规律和秩序，因为它使控制自然过程具有可能，并可以将这种控制扩展至人类实践的领域。这种扩展虽然艰辛，但并非毫无可能，因为社会实践领域的改造和充实首先是从较低阶段的物质和经济基础开始的。随着近代科学的出现，人类社会开始了大规模的计划和建设，这种运动在自然统治的领域中取得了极大的成就，甚至到最后，连人类社会的组织形式和生活方式也臣服于经验科学，形成了不断凸显自身的现代科学文化。

科学文化是经验科学深入人类生活所产生的结果，影响了人类社会。在这种文化中，科学成为一种价值观念，它用自己的固有尺度衡量每一个人和每一种活动。研究和理论的结合成为这个时代科学性的标志和价值观的标准，无论是职业培训还是语言表达训练，都要遵循这一标准才会显得自己是在朝着正确的方向前进，"现代科学成为一种世界性的现实。这当然起源于欧洲，但如今它在欧洲以外的文化地区对生活产生的影响也不可小觑。在现代世界，比欧洲文化更古老的文化已经开始与现代科学所造成的后果并存，被欧洲继承的希腊遗产发现它的科学文化面对的是全新的挑战"（Gadamer，2001：127~128）。

经验科学的这种意义也催生了专家的出现。在现代社会，无论是在自然科学领域还是在精神科学领域发挥作用的人都被称为专家，这种称呼的背后代表一种标准和衡量尺度。现代社会对专家，特别是对社会问题专家的呼唤，以及把自然科学应用到大众社会去完成任务的方式，既表明科学具有一种绝对性力量，也体现了这个时代对这种力量的依赖和迫切渴望。然而，值得注意的是，这种力量并非来自科学本身，而是来自人们对科学的信仰，就如同人们对专家的态度一样。现代社会所谓的专家只是某个学科的专家，他们只能在属于这个学科的专门领域大放异彩。这本身无可厚非，因为没有人会精通所有的学科领域。然而，人们重视的并不是专家的专业认识，而是作为专家的身份，这种身份保证了他所说的所有内容和他的判断，同时也确保了人们思维的所谓的"正确"方向。内容和判断本身是否来自使专家成为专家的领域，则无人问津。因此，这里实际上体现的是话语的力量。这就如同古希腊时期的修辞术，通过谈话所引发的那种使人确信的力量和影响，使每一个听到它的人和被它说服的人都已经事先被它吸引，并且这种使人信服的说话的力量会渗入社会生活的一切领域，成为任何一个社会都会依靠的对象。这一点在现代社会表现为大众媒介的作用，它通过迅速传播一切的技术手段，使得它所传播的东西抢在一切批判思维之前发生作用。这种新的修辞术比古代更为简单，因为听众或读者并不是直接面对一个可与之对话的讲话者，他们只能被动接收大众媒体所传播的东西。以这种方式形成的不言而喻的东西甚至在对研究的问题进行选择和评价之前就已经存在了，它作为一种"预先规定"影响着我们的判断力。专家们的判断以及对这种判断的追随形成的结果在本质上而言也都是这种预先规定。

伽达默尔认为，现代社会充斥着的专家实质上只是技术专家。技术专家意味着他们所遵循的是技术理性而非实践理性。虽然没有人会怀疑技术专家的计划是否有科学理性的依据，一切社会舆论也都为他们服务，但对于个人的理性需要和社会团体的理性需要而言，技术理性仍然是一种挑战，因为理性需要通过认识和洞见而达到自我同一。技术专家在这方面则扮演了一个独裁者，他们使任何理智地认识公众利益的行为都成为不可能。这种独裁实质上是理性统治的表现，伽达默尔认为，只要到了人们所做之事并不仅仅出于能够，而是为了彰显理性自身的价值和优越性时，理性就处于统治的状态，并且这种统治是以臣服而不是征服的方式来实现的。在现代工业社会，引导着我们能力的理性始终在发挥作用，例如计算商品利润的商人式的理性，以及计算产品生产需求和优先生产产品的计划者的理性等。所有的人在做计划的时候都利用科学的建议，甚至政府在对包括文化政策在内的社会机构进行管理时也要采用科学的建议。科学的合理性会出现在一切需要它或不需要它的地方，"凡是在科学必须发言的地方，就到处可以听到科学的声音"（伽达默尔，1988b：56）。

经验科学所表现出来的统治状态，实质上是由对理性盲目崇拜导致的。理性同普遍性有直接的关系，在理性占统治地位的地方，总是能取得一致的意见，这一点在科学中表现得最为明显。在以纯理性为对象的科学那里，如数学、逻辑学，只有符合理性的行为才能成为这些科学的对象，这就使得它具有绝对的真理性，因而在理性占统治地位的地方，也同样显得具有十足的真理性。然而，人们应该认识到，人的理性是有限的理性。那些受过科学训练的人、从事科学研究的人更应该意识到理性这种有限的力量。科学的训练虽然能够使他们对事物有敏锐的观察和更深入的思考，但同时也使他们能够发现自己知识的局限性和判断力的局限性。伽达默尔指出，对于理性，我们要批判地对待，而不是盲目地将其视为真的行为，认为理性应该有力量并且能够进行统治，或者以理性的名义自居，这本身就是自相矛盾的，因为"理性化就在于认识自己观点的界限，而只有知道了这一点才能达到更为准确的观点"（伽达默尔，1988b：61）。这一点对科学的理性也同样起作用，"有理智"的意义就在于意识到自己的界限，这种界限在科学这里表现为不能反映它自己的前提和后果。理性的行动总是一种启蒙的行动，而不是被绝对地设置为新理性主义的教导，因此伽达默尔指出，"我们应该谨防不要使自己变的可笑，尤其不要要求理性这种普遍性去构造我们的特殊性"（伽达默尔，1988b：61）。

三　社会合理化问题

人的标志就在于人本质的非专门化。人不同于动物，动物能够通过本能保持自我并满足生活要求，人的存在则需要增长见识。人类作为感官的生物和道德的生物，既受自然本能的贯穿和统治，又受思想动机和控制力的推动，去探寻自己思维、怀疑、选择的对象究竟是什么，并做出理智的选择。然而，现代世界使人具有了一种人工的专门化的特征，"它通过科学的帮助和技术的运用渐渐地学会了控制并利用自然力，它把个人完全看作一种合理化秩序整体中的职能，并把个人当作职能来对待。个人处于职能的相互关系中，从而使个人形成的自由越来越少。作为我们整个文化进程的结果，个人日益被限制于为职能服务，为作用着的自动化和机器服务。人类失去了支配自身能力的自由，失去了使某种意志形成成为可能，从而表达出自我意志的自由"（伽达默尔，1988b：142~143）。这意味着人得到的是一种新的普遍的奴隶化，因为人虽然不用服务于另外的人，但必须为工业和农业生产中的机器服务。伽达默尔认为这就是现代社会"合理化"的主要表现，合理化意味着把可统治的周围世界转变成一种根据合理的计划、方法以及合理的利用而建造起来的包容一切的、全体的组织，它是科学理性化理想中的专横因素，任何明智的东西都无法与之抗衡。

社会合理化的形成与科学理性不无关系。"科学是我们时代经济最巨大的生产因素。没有科学创造性的持续发展，没有科学的发现和它的技术运用，我们就既不能获得当今文明，也不能企望整个人类得到差强人意的生活条件。"（伽达默尔，1988b：143）然而，当科学理性扩展至人类社会，对其产生影响并使其具有理论的特征时，理论与实践之间就产生了矛盾：一方是随着对科学推崇而出现并且力图促进实践标准化的抽象普遍的理论；另一方则是与具体的人类事务息息相关的实践。二者之间的矛盾在科学时代变得分外尖锐，也可以说是"明天的科学与受到实践保护的昨天的科学之间的斗争"（伽达默尔，1988b：30）。产生矛盾的根本原因是缺少了实践智慧与总体善的关联，或者说是失去了总体性的指引以及对于"适当"和是否应该去做的考量。理论科学只能以它具体的善为目标不断向前延伸，技术进步是它延伸的主要动力。这一点在亚里士多德那里被称为"手是一切器官的器官"。机器就是人类手臂的延伸，由于机器的帮助，人手的作用范围会无限延伸。从这个角度来说，世界对人而言就是一个具有无限可能的可控世界，问题并不在于是否要去控制世界，而在于控制世界的技术或手段。事实上，这种世界只可能存在于机械学之中，机械学所具有的科学历史模式通过计算得出新的变化，并通过技术保证新的变化能够发挥作用。对于机械学而言，只有技术会成为认识世界的唯一阻碍，也就是说，没有未知的世界，只有未被发现的可以探索世界的技术。然而，机械学的这种模式只是一种理想目标，如果将这一目标放在人的生活中，其实质是将能做的理想变成了必须做的强迫。这样一来技术的迷梦就会抓住我们，迫使我们通过技术不断实现理论上可行的各种目标。在这里受到关注的并不是人类的问题是否得到了解决，或者技术提出的目标是否是人所要解决的问题，而是技术能否更进一步。对于人类社会而言，这种通过技术来实现理论的模式并没有考虑实践的因素，或者说没有考虑人及社会的变化。这些变化很多是不可预见的，只能通过历史的反思来揭示前提，而无法准确预测未来发展。因此，通过技术解放社会的理想只会表现为按必然性去管理世界。在当今崇尚技术的时代，技术文明青睐柔顺和适应性强的对象，技术地管理世界就是将人塑造成技术所希望和要求的那样的人，并使其成为技术的管理者，即行使预先设定了的功能和权力而不考虑其他一切因素的人，或者说是失去实践理性的人。

社会合理化问题不仅造成了技术在现代社会的主导性地位，也对现代社会的教育产生了重要的影响。伽达默尔指出，教育是我们文化关系中的重要问题，也是公众和国家所关心的问题，这种关心主要体现在学校要为眼前的职业需要做恰当的准备。但对于学校特别是高等院校而言，教育的前提在于基础科学研究即纯理论研究的不断提升，这就使得科学的要求与社会的要求之间形成了一种对立。基础科学研究并没有固定的目标和服务的对象，而政治的政权却有责任使它的一切决定都着眼于可能实现的目标，也就是说，科学研究的基本问题并不会为现代政治视野中的人类目标带来任何直接的成果。此外，这种冲突在研究者和管理者之间也有所体现。研究者的初衷并不是实现某个既有计划，而是去发现其他的一些东西，并将这些东西同他们的预先设想相比较，而事实上他们总是被要求完成管理者的计划并实现管理者对计划公正性和可行性的期待。从计划本身来看，无论是管理者的期待还是对研究者的要求都是无可厚非的，因为在管理者那里起作用的是社会以及社会生活组织中的政治因素，也就是说，管理者和研究者针对的都是自己领域里的善的目标，只是这两种善都是具体的善，都缺乏总体的善的指导，因而二者之间会产生矛盾。在伽达默尔看来，"教育要求并使受教育者能够用其他眼光看待事物。在教育统治的地方，可以防止个人的片面性，防止学校实践和高校知识的片面性，防止模仿才能的纯粹手工技能和纯记忆力训练的片面性"（伽达默尔，1988b：147），这才是对人的教育的真正意义。教育应以理智的方法增强和发展人的感官的能力，其实质是通过知识发展教育，使人成为一个博学者，成为一个具备受过教育的感官的人。这一切还包含以下因素，即同自己的能力保持距离，同自己的偏见性和对自己能力的自我意识保持距离。这使人能够借助于自己整个本质的敏感性去看、去观察，并对他人表示关心，从而成为一个真正受过教育的人。只有真正受过教育的人才知道什么是正当的、合理的，知道如何从整体的角度去审视和调节个体，并知道如何以个体的角度丰富整体，即具有实践智慧并做出正确的道德决定。

伽达默尔认为，社会合理化问题的产生根源并不在于科学本身，更不是人本身的问题，而是谋划的问题，或者说是理论和实践的平衡问题。实践与理论都同人类生活有关，"生活就是理论和实践的统一，就是每一个人的可能性和任务"（伽达默尔，1988b：45）。对于人类生活而言，实践和理论都有需要完善的地方：在实践方面，"谁能够做到同自己保持距离，能够看到自己生活圈子的局限性从而向他人开放，谁就会不断地通过现实纠正自己的生活"（伽达默尔，1988b：82）；在理论方面，科学总是有许多狭隘的目标造成我们的虚幻愿望，例如对客观性的追求，只有游离于这种目标才能将我们解放出来。实践与理论之间的冲突实质上就是理论试图取代实践并对人类生活形成控制，但二者本身所具有的局限性表明任何一方都无法取代另一方。一方面，人类精神的基础在于，只要人在思维，他就必须不断地面对各种可能性并且以相应的方式行动，这表明，人本身就始终处于变动之中，没有一种绝对普遍有效的方式方法能够控制或预测这种变化；另一方面，无论是精神、智力或理性，都是一种真正的普遍的能力，不能被局限为科学理性所呈现的计算、测量和谋划之中。此外，社会合理化问题产生的另一个原因还在于我们荒疏了自己的判断力。判断力是从生活经验中产生的被人认为是健全理智的东西，它影响着我们对政治和社会的判断。这种判断力不是通过规则、书籍或所谓的理论获得的,而是要通过经验获得。精神科学的人文主义基础之一就是这种判断力。这种判断力的丧失会使我们过分夸大实践政治理性的反科学因素,或者将政治搞成学术研究,而这两者都是错误的见解。

因此,在伽达默尔看来,社会合理化向我们展示的并不是人类社会的进步性,而是科学的有限性。科学越来越清楚地表明,我们生活于其中的世界所具备的可能性是有界限的,那种无限延伸的手的机械学模式是建筑在虚幻的基础之上的,而科学需要建立在实践的基础上才有可能。否则,不受任何控制的人口增长、营养问题、水的问题、环境污染以及能源问题首先会毁掉产生科学的人类世界,丧失了实践前提的科学的发展也将失去意义,不仅无法体现自己的价值,甚至还会反噬人类。人们应该学会控制自己的行为,"控制"的意义不在于要去做什么,而在于要做的事情以不破坏存在着的事物为底线,这才是控制的真正意义。伽达默尔认为,控制论能够比自动化技术提供更多的东西,通过控制论的观点,人类能够对自己的行动能力进行批判和自我反思,"必须把世界作为不同于无限可能性那样的世界来认识,人类将通过由自己促成的科学知识被人类自己拒绝这样的事实认识到,我们不能至今把自己仅仅当作地球的租赁者,仅仅当作由地球提供工作和生活场地的人,不能采取这样的立场认识事物"(伽达默尔,1988b:98)。人与科学都是生活的一部分,二者的协调才能实现生活世界的发展,只有生活世界完善了,才能产生完善的科学世界,这就是现代科学向我们传达的信息。

第五章　对伽达默尔精神科学思想的评价与思考

　　以伽达默尔精神科学思想为视角可以清晰地看到其全部思想的出发点和问题情境，包括他对解释学、美学、实践哲学等领域的探究，也凸显了他对方法论占统治地位的这种现状的批判，以及针对变化的事物采用理解和解释的研究方式。总体来说，伽达默尔精神科学思想打破了客观主义和科学主义对精神科学的自我理解，揭示了一种在自然科学方法论以外的探究精神科学真理的方式，改变了"解释学作为精神科学方法论"这一在19世纪根深蒂固的观点，使得人们能够重新审视解释学与精神科学的关系。

　　在伽达默尔精神科学思想中，"精神科学作为自然科学的基础"可以说是一个核心问题。正是基于这一观点，伽达默尔对"方法"的排斥才能够彰显出合理性，因为他实质上反对的是在精神科学领域使用自然科学的方法，而不是所有使用方法的情况。但伽达默尔在《真理与方法》中并没有像狄尔泰那样对其精神科学思想进行明确的论述，也没有明确提出精神科学作为自然科学基础的观点，更没有表明他的解释学、实践哲学思想实质上是在反对自然科学方法的滥用，特别是应用于与人有关的领域，这就显得他似乎是为了反对方法而反对方法，而精神科学思想则是他为了反对方法而提出的论据。这就形成了一种本末倒置的状态，也使得伽达默尔对方法的批判遭到诸多哲学家的反对，他们认为对方法的绝对排斥并不意味着真理的获得，因为任何研究都需要方法才能完成和实现。对此，伽达默尔指出，他从未主张真理与方法之间的尖锐对立,真理当然可以通过方法获得,他反对的只是站在现代方法意识立场上提出的垄断要求,即武断地宣称方法之外无真理。

此外,伽达默尔精神科学思想对文化和社会科学的发展也具有积极的作用。自然科学占统治地位的思维方式使得人们对于文化和社会科学的研究也都遵循了笛卡尔主义传统。人们试图从这两个与人息息相关的研究领域获得确定的、可验证的知识,这就是遵循了穆勒将精神科学置于自然科学框架之中的研究方式,因而二者同样遇到各种难以解决的问题和发展瓶颈。只有借鉴伽达默尔精神科学思想,才能使我们认识到文化和社会科学的本质,恢复二者的本来面目,缓解现代社会越来越显著的文化问题和社会科学问题。

第一节 对伽达默尔精神科学思想的评价

从伽达默尔精神科学思想出发可以清晰地看到其全部思想的脉络,或者说,正是借助于其精神科学思想所蕴含的与人有关的问题,我们才得以看到伽达默尔在解释学、实践哲学中那种真正的一致性,这种一致性甚至可以追溯至古希腊。伽达默尔对精神科学产生根源的探索,对精神科学合法性基础的追溯,对精神科学本质特征的揭示,不仅使精神科学思想更加完善,还进一步确定了精神科学的基础性地位,使得精神科学能够在更大的程度上发挥自己的作用。然而,由于伽达默尔并没有明确地将精神科学思想作为其全部思想的前提,导致他不得不进一步解释自己的思想观点,例如许多哲学家都对他反对方法论提出质疑,因为无论是科学世界还是生活世界实质上都离不开方法,但实际上伽达默尔是从精神科学出发,反对自然科学的研究方式和价值标准在生活世界的扩展和滥用。

一 精神科学思想在伽达默尔整体思想中的位置

在伽达默尔诸多的思想理念之中,精神科学思想并不像解释学、美学、实践哲学等思想那般耀眼,然而从字里行间中,我们仍然能够感受到精神科学在伽达默尔思想中占有重要的位置。他始终关注的,或者说他的问题情境就是"精神科学"。众所周知,伽达默尔在少年时期就爱好文学、戏剧和"整体上很少有益处的艺术",精神科学可以说是他哲学思想的开路者。虽然伽达默尔没有像狄尔泰那样系统地论述精神科学,但在他一生的研究中,精神科学始终是被关注的对象。在人们通常对伽达默尔学术生涯所进行的三分法中,也可以看出精神科学在伽达默尔思想发展过程中的变化:早期他集中探讨古希腊哲学,这可以说是对精神科学古典传统的追溯;中期重点在于创建哲学解释学体系,此时他已经以历史意识作为突破口为精神科学真理问题寻找到了出路,精神科学思想基本成熟;晚期则转向实践哲学,以积极的入世态度对人生、社会、文化、实践、理性和善等一系列问题进行分析,不仅从古希腊实践哲学那里为精神科学寻找到了合法性基础,还从现实观照的角度扩展了他的精神科学思想。

早在 1960 年《真理与方法》出版之前,伽达默尔就已经在《精神科学中的真理》(1953 年)、《什么是真理?》(1957 年)等文章中对精神科学问题进行了探讨。他明确地提出了自己与狄尔泰精神科学思想之间的联系,"事实上,我是从狄尔泰关于建立精神科学的问题出发,并批判地突出了我自己的观点。当然,我在这条道路上只是费力地才找到了对我来说一开始就与之有关的解释学问题的普遍性"(伽达默尔,2003a:23~24)。在其主要著作《真理与方法》中,伽达默尔通过分别考察人类在艺术、历史和语言三个领域内的特殊经验,探究了人类一切理解活动得以可能的基本条件。在其中隐藏的一个思路就是,精神科学相对于自然科学的方法论,如何进行自我理解的问题。伽达默尔没有像狄尔泰那样以科学体系的方式明确地对精神科学进行讨论,而是将精神科学问题作为中心议题贯穿全书始终,追问什么是超出了方法论意识之外的真正的精神科学,以及什么使精神科学与我们的整个世界经验相联系,这一点从伽达默尔在《真理与方法》开篇就花了大量篇幅讨论人文主义传统对于精神科学的意义那里就已经表现了出来。在集中体现伽达默尔后期思想的《赞美理论》《科学时代的理性》等著作中,伽达默尔不仅没有抛开精神科学,反而更加强调精神科学的意义。他认为在某种意义上,这个时代是一个科学的时代,不同种类的文化正愈来愈强烈地意识到其固有的根源和特色,而"这一意识作为整个欧洲的意识得到讨论,则特别地是由于所谓的精神科学"(伽达默尔,1988a:作者自序1)。

如何理解精神科学的问题引发了伽达默尔对解释学的思考,他认为那种超出方法论所获得的知识和真理是通过不同于传统解释学的理解所获得的,这正是他想通过与现代科学进行对比来向我们展示的。既然理解是人存在的一种基本状态,那么哲学解释学就成为我们理解自然科学与精神科学之间关系的基础,因此"一切科学都包括着诠释学的因素"(伽达默尔,2010b:578)。历史问题或历史事实不会孤立存在,作为它们主要内容的历史始终与我们的现在有关。自然科学中所谓的事实并不是指随意测量的数值,而是表现为对某个问题的回答,或表现为对某种假设的证明或反驳的测量结果,这表明自然科学也是通过研究所处的境况来获得合法性的。伽达默尔指出,哲学的主要任务是证明理性的正当方式,反对基于科学的技术统治,为实践和政治理性辩护,这也是哲学解释学的观点。它试图纠正的是现代意识所特有的谬误,即对科学方法和对科学权威的盲目崇拜,这里体现的是人对自己的自主权的一种维护。有学者认为,伽达默尔"致力于解释学,特别是古代哲学的研究,是为了寻找一种方式将各种科学联结起来,而那种将自然科学作为知识模板的方式已经被证明是无效的了"(Dostal,2002:220)。

在伽达默尔看来,在精神科学中占主要地位的并不是方法,而是智慧,并且这种智慧并不是理论智慧,而是实践智慧。那些处于哲学解释学核心的理解、对话、交谈等主题实质上也都属于实践智慧。于是在伽达默尔那里,本体论解释学与实践哲学传统被联系了起来。他认为,与亚里士多德有关的是对理性必须在道德行为中起作用的正确估计，如果将亚里士多德对道德现象特别是对道德知识中德性的描写与我们自己的研究相关联，就会发现亚里士多德的分析事实上是解释学问题的一种模式。解释学可以说是实践哲学传统最合适的继承者，那些表现在所有理解中的判断和推理本身也都是实践智慧的一种形式。事实上，伽达默尔在论述实践智慧以及将实践智慧与认识和技术进行区别时所采用的方式也充满了解释学的意味。他对亚里士多德的解释也就是他始终坚持向真理敞开自我、使真理通过传统向我们说话的范例。在伽达默尔看来，"正是亚里士多德才第一次建立了同古老的、起源于宇宙学的理论相独立的询问善的实践—政治问题"（伽达默尔，1988b：25）。亚里士多德试图使实践的和政治生活的理想同理论生活的优先地位同样取得合法性，从而对实践知识、理论知识、技术知识进行区分。这实质上表达了生活世界最伟大的真理之一，依靠这个真理，我们可以看清专业化的现代社会的"科学"的神秘性。精神科学如果想从被自然科学强加的不合逻辑的模式中解脱出来并获得自我理解，实践哲学的科学特性是它所能参照的唯一合法性模式。

伽达默尔精神科学思想所要求的那种超出方法论去获得真理和知识的思维方式，始终在他的解释学和实践哲学思想中占据着主要地位。在伽达默尔精神科学思想所涉及的问题情境中，解释学和实践哲学也交织在一起，因此，精神科学、解释学和实践哲学三者相互之间的联系在伽达默尔这里也变得越来越紧密和清晰，而正是伽达默尔对自然科学和精神科学特性的反思促使他形成了对解释学维度的恢复和与实践哲学传统的汇合。

二 伽达默尔精神科学思想的贡献及批评

伽达默尔精神科学思想打破了客观主义和科学主义对精神科学的自我理解，揭示了一种在自然科学方法论以外的探究精神科学真理的方式。自然科学及其方法论、认识基础和客观性等特征在现代社会已经成为评判一切科学的标准，其根源可以追溯至笛卡尔，他构建了从近代哲学开始出现的一种基础信念，即"哲学家的探索乃是寻求一种我们可将我们的知识筑基于其上的阿基米德点"（伯恩斯坦，1992：20）。在伽达默尔看来，受笛卡尔的影响，穆勒将精神科学视为仅在程度上与自然科学有所区别的经验归纳科学。狄尔泰虽然激烈地反对穆勒的观点，但他也只是认为精神科学应该有适应自己特征的内容和方法，并能够与自然科学获得同样的客观知识，这表明狄尔泰实质上仍然认同了将"方法"和"客观性"作为衡量科学的标准。因此，伽达默尔认为狄尔泰不够"彻底"，没能进一步质疑笛卡尔的客观性理想。在《真理与方法》中，我们不仅能看到伽达默尔对理解和解释的阐释，也能够看到他对笛卡尔式论证的批判，包括主客二分、用知识概念代表客观事物、人类理性可以彻底摆脱偏见和传统信念、统一的方法能够保证知识的稳固基础从而建构普遍性的科学大厦、依靠自我反思的力量就能超越历史的前后联系和认识水平从而了解事物的本来面目等方面。

  伽达默尔精神科学思想的出发点是对"解释学作为精神科学方法论"这一观点的批判，从另一个角度来说，这也可以说是他对海德格尔"理解是我们存在于世界中的基本状态"观点的继承和扩展。在伽达默尔看来，海德格尔的这一观点不仅仅是反对将解释学视为精神科学的方法论，它实质上已经深入哲学的核心并被赋予了本体论的意义。这使得伽达默尔能够看到狄尔泰精神科学思想深处的问题，即精神科学试图获得自己的发展却又没有摆脱自然科学的影响，并采用他自己的方式走出笛卡尔主义的禁锢。虽然伽达默尔并没有像狄尔泰那样对自然科学和精神科学做出清楚的分析，而只是论述了艺术作品的经验、对文学文本的理解和解释以及对历史的研究，但他对于本体论的首要性和解释学的普遍性的主张仍然对我们理解自然科学和精神科学有重要影响。在伽达默尔看来，理解本身具有一种独立有效性，不能将其归为任何一种科学方法，因此解释学并不是一种方法论，也不是用于构造方法论的确切知识。对于精神科学来说，方法论也并不是一个必要条件，其中蕴含的是对现代科学方法普遍性的抵制。

  为捍卫这种抵制，伽达默尔不仅仅提出了效果历史、视域融合等观点，更重要的是他提出了哲学解释学普遍性的观点，这使得他的解释学思想不同于以往任何一位哲学家，可以说是他的独特标志。但这种独特性却并没有在他的精神科学思想中得到明确体现。在《真理与方法》中，伽达默尔首先提出在艺术领域中采用符合的真理观而非去蔽的真理观无法体现艺术的本质，或者说无法真正理解艺术，然后他对此进行了扩展，指出艺术领域中的问题在整个精神科学领域中同样存在，并由此提出哲学解释学及其普遍性。实质上，这种普遍性是以精神科学的普遍性为前提的，但关于精神科学的普遍性却并没有在伽达默尔那里得到明确的论述，而只是隐含在对历史、传承物、实践哲学、语言等方面的论述之中。这不仅使得他的精神科学思想缺乏一种精髓性的凸显，也使得他的哲学解释学思想缺少一个坚实的基础和有力支撑。

这种缺乏使得伽达默尔对方法的排斥显得有些突兀，甚至有些武断。尽管在自然科学无比繁荣的今天，人们在包括人文领域在内的所有领域都使用自然科学的方法可能对人类自身造成困扰，但这也并不意味着方法就是要被坚决摒弃的。在人的所有活动中，总是需要某种方式来完成这些活动，方式的有效性会促使其普遍性的提出，进而成为通用的方法，只是不能无视具体情况而在所有情况下一味地使用统一的方法。可以说，这才是伽达默尔要表述的重点。精神科学的普遍性表明，自然科学事实上是建立在精神科学的基础之上的，自然科学使用的方法实质是以"悬置"精神科学的处境为前提的，因而它只适用于某一种理想状态。从总体上来说，自然科学的方法是一种极为有限的方法，它缺乏一种对人的考虑，因而不能在精神科学领域中使用。事实上，在不同的领域中使用不同的方法，也正是亚里士多德实践哲学中所表述的那种根据具体情况采取适当行为的思想。但伽达默尔并没有明确"精神科学的普遍性"这一前提，这使得他对方法的排斥显得是源于自然科学与精神科学的不同，而只因两种科学的不同就彻底否定使用方法的确有因噎废食的意味。伽达默尔后来也注意到了这个问题并不断调整自己的表达方式，"自然科学通过客观化的方式表现自身，精神科学则通过参与。这当然并不意味着客观化和方法的方式在精神和历史领域毫无价值，而只是表明它们没有构成关于这个领域的知识"（Gadamer，1998b：31）。

此外，伽达默尔并没有像狄尔泰那样对精神科学进行详细的论述，这使得他对传统、权威、前见等方面的论述缺乏一种理论背景。也许这是他为了体现自己的思想而特意表现的"去背景化"，即对精神科学真理的思考需要认识到自身的理解和解释并不是依据某种原则所形成的构想，而是历史流传下来的事件的继续塑造，因此他的思想是在承认传统的制约性的基础上而不是在某个理论背景下形成的。事实上，他的精神科学思想可以说就是他全部思想的"前见"。他的思想并没有在其他人那里形成他所期望的共鸣，或者说，没有得到其他人的理解，这与他没有特别指出或强调这种前见有关。从人文主义传统的角度来说，伽达默尔的这种方式并不是他所推崇的"教化"的结果，而是恰好体现了他自己在论述思想方面的"特殊性"以及对"共通感"的疏离，这导致了人们对其产生误解。在利科看来，"伽达默尔恢复偏见、传统和权威的企图并非没有煽动性的目标"（利科，2011：30），这个目标就是要从这三种现象中提取出启蒙运动被遮蔽的本质意义。

伽达默尔对偏见、传统和权威的维护，在哈贝马斯看来是其思想过于保守的特征。作为一个激进的社会学家，哈贝马斯将对权威和传统的承认等同于一种服从，因为权威和传统左右我们的信念、支配我们的思维，这会使我们过于依赖历史和现实，从而丧失批判意识。在真理与方法的关系上，哈贝马斯认为伽达默尔犯了实质性的错误，他不应该将解释学经验同整个方法论的认识对立起来。解释学在反对经验科学的普遍方法时也使自身成为一种绝对主义，即绝对地排斥方法，即使这种绝对主义在实践上富有成效，但在使自身合法化方面，仍然需要方法论的指导。因此，在哈贝马斯看来，这种反对方法论的绝对主义在科学中发挥的作用十分有限。

哈贝马斯的批判对伽达默尔完善其思想具有积极的促进作用。他对伽达默尔方法论观点的批判表明伽达默尔并没有意识到自己实际上也缺乏一种对"前理解"的论述，即将其精神科学思想作为前提和出发点明确地提出来，使人们意识到他反对方法论实质上是反对自然科学的方法在精神科学领域的滥用。但哈贝马斯对伽达默尔在传统、成见、权威等方面观点的批判表明,他并没有意识到这实质上是伽达默尔思想的独到之处,因为理性并不具有能从历史的前后关系和视野中解脱出来的天赋或才能,而只能历史地处于某种境况之中,从一个活着的传统中获得特殊的力量。这不是对理性的限制,而是根源于人类有限性的理性的本质。因此,在精神科学之中,实际事件所起的作用远比永恒的秩序重要得多,因为精神生活的一条普遍准则就是:变化着的东西远比一成不变的东西更具有吸引力。

在伽达默尔与哈贝马斯的争论中,利科也参与其中,但他并不是为了批判某一方,而是为了寻求一种建设性的对话。在真理问题上,利科同伽达默尔一样,认为近现代历史主义的问题在于采用了曲解历史真理的相对主义历史观。这种观点误解了历史真理的性质和历史解释的客观性,并拒绝承认历史的模糊性以及历史对现在和未来的开放性。即便如此,这也并不意味着与之相对的客观主义历史理论就是正确的,那种总是在理性与非理性、客观性与主观性、实在论与反实在论等相互对立又相互作用的两极中徘徊的传统思维范畴结构和行为模式,正是现代哲学家所要反对的目标之一。客观历史主义所认为的那种可以通过正确方法的运用和排斥个人的主观成见去把握历史客观性的观点同样会使人误入歧途,因为历史理论和历史真理都不具有整体性。历史是持续的、未完成的,历史真理也总是部分真理,正是历史经验的模糊性才使得历史成为对每一代人产生意义的源泉。

因此,与哈贝马斯相比,利科更加理解伽达默尔,他能够看到精神科学与整个世界经验相联系的科学性,以及其本身所代表的那种超越方法论和自然科学的意识。精神科学探究的对象是各种形式的历史传承物,在对传承物的理解中,我们不仅能够理解文本,还能够获得见解、认识真理,这种真理是通过我们参与其中获得的,而不是在历史批判的意义上被给予的。在关于方法论的探讨中,利科并不认同伽达默尔坚决反对方法论的观点,而是认为解释学的历史所理解的真理并不能与方法完全脱离,对方法论的否定并不意味着真理的获得,伽达默尔使用"真理与方法"作为标题所反映的其实是海德格尔的真理概念与狄尔泰的方法概念的对立。在利科看来，真理应与方法并存，或者说，方法对于真理的获得仍然具有意义，只是人应该选择多种方法去接近本体论的目标。可以说，利科的批判不仅接近了伽达默尔方法论观点真正要表述的内容，即揭示方法论的有限性，并且还进一步完善和明晰了伽达默尔关于方法论的观点。

第二节 对伽达默尔精神科学思想的思考

　　精神科学与人有关的特性使得其与文化以及社会科学的发展息息相关，这就意味着伽达默尔精神科学思想能够为文化和社会科学的研究提供一定的参考和借鉴。文化是人的生存方式，文化既来源于人也塑造着人，可以说也是一种整体与部分的相互阐释。文化的发展并不体现在对某个既定目标的迎合，而是人本质特征的彰显。社会科学是自然科学的方法在人类社会中的应用，从本质上来说，这种应用正是伽达默尔所反对的自然科学方法论的滥用，但从另一个角度来说，这也可以说是对自然科学与精神科学关系的一种新探索，只是在这种探索中我们时刻要牢记的是，自然科学的方法在精神科学中的应用所产生的结果仅仅能够作为一种参考，而不是根本性的原因和动力。在社会科学中起决定性作用的仍然是精神科学，在伽达默尔看来，"尽管社会科学在它们历史地发展着的方法—批判研究的形式之中使用了数学方法，我相信它们仍然是被其他的东西所引导和决定，例如历史模式、经验、无法逃脱的命运，以及完全不同于数学物理所要求的那种精确性"（Krajewski，2004：5）。

一　伽达默尔精神科学思想与文化研究

　　与精神科学相同的是，文化也与人息息相关，是人的生存方式。然而当人们试图对"文化"一词进行界定时,总会发现难以得到确定性的结论,美国著名文化人类学家克罗伯(Alfred Kroeber)和克拉克洪(Clyde Kluckhohn)使用了 160 余种方式来定义文化,仍然没有穷尽文化的特性。随着人类不断地繁衍生息,"文化"一词的内涵也在不断丰富,人们对它的理解也变得越来越复杂和难以确定,于是就出现了"文化是个筐,什么都可装"的观点。事实上,人们对文化的这种界定方式本身就遮蔽了文化的特性,就如同使用自然科学的目光看待精神科学一样,习惯于对确定性知识的追求使人们总是希望得到关于文化的一劳永逸的定义,但这恰恰是对文化本质的误读。同精神科学一样,文化与人相伴而生,既是人的创造者,也是人的创造物,如果没有人的存在,文化就无从谈起。文化体现人的特性和本质存在,它的那种看似简单实则复杂的特性源于人这一文化创造者和参与者本质上的复杂性。人的本质包括类本质、群体本质和个体本质,类本质决定群体本质,群体本质由个体本质构成并作用于个体本质,个体本质又是类本质存在的现实基础。马克思指出,"在改造对象世界中,人才真正地证明自己是类存在物"(马克思,2000:58)。作为类的存在物,人区别于其他动物的本质就是劳动,在劳动的过程中,个人力量的薄弱促使人与人之间结成一定的社会关系,使人成为群体性的存在,因此人存在的本身就是类存在、群体存在、个体存在统一的结果。人的特性就是作为各种存在特性的综合体现,因此人的本质是复杂的,文化的特性也是多样的,更重要的是,这种特性并不是一成不变的,因此无论使用多少种定义,都无法得到对文化的精确描述。伽达默尔精神科学思想对文化界定的启示在于,"确定性"并不能保证对文化本质的认识,对文化本质的描述并不是基于概念,而基于从其概念的原始意义内涵中传承而来的东西。

从对文化定义的追求中不难看到,人们对文化的认识采用的也是自然科学所遵循的笛卡尔传统,即主客二分的认识方式。这种方式与历史主义对历史的认识方式十分类似,即将历史视为与当下无关的过去,我们必须摒弃自己的标准,按照历史所处时代的标准来理解历史,从而达到对历史的"客观认识"。这种方式没有考虑到我们也是来自历史并对历史有所影响，我们与历史的关系并非主客关系，而是你我关系。正如在精神科学中我们与传承物的关系一样，传承物并非受我们支配，而是像自由的"你"一样与"我们"发生关联。文化也是如此，文化不能脱离人而独立自存，而始终存在于文化中的人也无法将文化作为纯粹的客体去认识和解读。一方面，对当代人产生影响的文化来自历史，但文化并不是仅仅停留在历史阶段，而是不断自由发展形成不同于历史的当代文化，当代文化又会作为未来的历史对未来的人产生影响，这就使得文化无法以不动不变的形式被认识；另一方面，虽然人的创造力是无限的，但人的认识是有限的，即使科技的发展已经能够帮助人们认识自己的基因，甚至可以克隆出人的器官，但人对自身创造力的认识仍然要滞后于创造的产生。文化绝不是依据原则而来的构想，而是久远流传下来的事件的继续塑造。我们创造文化，文化又塑造我们，对文化的认识和理解必然要考虑对文化的前理解，因此，对文化的认识和理解不能采用自然科学那种以体现客观性为主的方式，而应该使用精神科学那种基于前理解的方式。

此外，在全球化时代，关于文化的最有争议的问题莫过于文化特殊性和文化普遍性之间的矛盾。文化特殊性通常是发展中国家用于强调本国文化的特殊性并对抗西方文化入侵和文化霸权的有力支撑。但在全球化发展的时代，对特殊性的强调从某种程度上也可以说阻碍了本国文化的现代化发展，因而总是具有一种保守主义的倾向。对于发达国家而言，使西方文化得到大规模地扩展并制约其他文化始终是它们的目标，但这实质上仍然是一种对文化特殊性的强调，与发展中国家不同的是，发达国家实现了特殊文化的发展，但这种发展只是一种范围上的扩展，并不是实质上的扩充，因为它并没有兼收并蓄其他文化，也没有对本国文化进行反思。毋宁说，发达国家借全球化之机迅速发展西方文化，并没有体现出文化普遍性，而只是文化特殊性的一种极端的表现形式，在实质上与发展中国家所强调的文化特殊性并没有任何本质上的区别。

从文化的本质来看，文化既是普遍的又是特殊的。文化的普遍性并非那种抽象的普遍性，而是具体的普遍性。人们总是处于文化之中，文化熔铸在人类总体性文明中的各个层面和社会的各个领域之中，是人类超越自然的创造物，是人类文明成果中那些历经社会变迁和历史沉浮而仍然难以泯灭的、稳定的、深层的、无形的东西，"文化作为内在机理性的图式和精神性的价值等，无所不在地渗透到一切存在领域，成为人的活动和社会运行的内在制约力和驱动力"（衣俊卿，2011：25）。文化在深层次上左右人的活动和社会运动，是人的生活世界的内在运行机制，但这并不意味着存在某种普遍有效的文化规律，也不意味着人会受到某种确定性文化规则的制约。对一种文化的理解并不是通过概念来实现的，而是一种整体上理解的结果。从精神科学的人文主义传统来看，文化实质上是一种教化，教化的本质是使自己成为一个普遍的精神存在，这也正是文化的力量所在。教化最终形成一种共通感，即一种存在于所有人中的对于合理事物和公共福利的感觉，它通过生活的共同性获得，共通感则指导个体的文化不再沉浸于自己的特殊性。在全球化发展的时代，无论是发达国家还是发展中国家，都应该走出对文化特殊性的固守，既不是在扩张的意义上强调本国文化的优势，也不是在维护的意义上凸显本国文化的不同，而应从文化普遍性的角度观察本国文化，从全人类共同发展和共同利益的角度看待本国文化，从而使文化这一彰显人类智慧与光辉的生存方式在全球化时代得到更好的发展。

二　伽达默尔精神科学思想与社会科学研究

根据伯恩斯坦（Richard J. Bernstein）的研究，在英美传统中，知识学科是由自然科学、社会科学和人文科学组成的。社会科学是涉及社会关系中多个个体的自然科学，也就是说，社会科学与自然科学是在领域上不同而不是在本质上不同，因此适合于自然科学的方法和标准可以通过类比的方式扩展到社会科学领域。但在欧洲大陆，特别是德国传统中，知识学科则仅由自然科学和精神科学组成，社会科学被视为精神科学的一部分。精神科学有其自身的发展方式，自然科学的方式方法并不适用于这个领域。伽达默尔属于后者，他反对以对规律性不断深化的认识为标准去衡量社会现象，这种意义上的社会科学虽然广泛涉及人文领域的各个学科，但其实质仍然是关于社会的自然科学，或者说是自然科学在人类社会的一种应用。

伽达默尔认为，社会科学并没有体现出精神科学自身的特征，也没有体现出精神科学所特有的理解方式，"社会科学，主要是社会心理学和社会语言学的所出现的新高涨也并没有为浪漫主义精神科学的人文主义传统预示美好的前景"（伽达默尔，2010b：567）。社会科学试图通过确定的规则在社会生活领域内做出预见，凭借规则性去推断所期待的现象。它所使用的归纳法，完全不依赖于我们对观察到的现象产生思考的过程，而只是通过排除主观的方式来表示自己的客观性。对于社会科学而言，人的自由性并不需要特别考虑，因为人的自由决定本身就属于那种可以通过归纳法获得的普遍性和规则性。例如在大众心理学中，人的各种心理变化都被归纳为若干个种类，每个种类都被标以确定性的说明，无论个体本身的特性如何，最终都要被归入已经确定的这些类别。

在伽达默尔看来，社会科学的产生与自然科学对人文领域的影响和扩张不无关系。自然科学在进步的同时，也在不断扩展自己的领域。当"普遍性"在理论科学领域获得了毋庸置疑的基础性作用后，它开始进入公众意识并产生社会后果，成为我们社会生活中不可缺少的重要部分。在社会科学中，普遍性演变成为社会舆论，研究成果的价值不再与研究者的努力程度有关，而是与公众意识的接受程度有关，因此制造社会舆论成为社会科学特有的方法。科学研究为科学地引导和制造舆论提供了手段，舆论研究者、广告商、社会学家、社会心理学家、政治家等舆论制造专家不断涌入科学专家的圈子，影响他们的判断。社会舆论的出现使得社会研究者实现了自己的任务，即驾驭研究对象并消除研究对象的抵抗力。这一点也符合科学的要求，即将尚未被控制的对象置于科学的统治之下，因此可以说他们也履行了科学家的责任，并遵循了科学进步的规律。从这一点来看，社会科学可以说是承担了科学所固有的社会责任，也体现了为古典的实践和政治服务的科学理性。但伽达默尔指出，这种通过制造社会舆论来左右科学研究的后果最终将导致人类的毁灭，原子弹就是一个最好的例证，更不用说我们目前所面临的生态危机和文化危机了。

从伽达默尔的观点来看，穆勒意义上的精神科学可以说就是社会科学。穆勒认为，所有社会现象都是与人性有关的现象，是由外部环境作用于人类大众而产生的，如果与人类思想、感受和行为有关的现象都受固定规律的支配，那么社会现象也必然是固定规律的产物，"社会现象的规律不过是，而且只能是社会状态下结合在一起的人类行为和激情的规律"（密尔，2009：56）。对于这些规律的知识并不像天文学知识那样确定和完备，因此也不能像预测天体现象那样预测几千年后的社会历史，但它仍然具有指导价值。社会科学能够使我们在任何假定的社会事件发生的条件中理解造成事件的原因、事件是否会发生变化以及变化的种类、将来可能产生的结果、阻止和修改或促进结果的方式等。对于穆勒来说，社会科学的目标就是确实获得那种通过把熟悉的个别环境组合起来回答不同社会问题的一般规律，并且这一过程中涉及的其他人类知识已经足够先进，从而使得社会规律的开创时机变得十分成熟。

温奇[①]（Peter Winch）认为，在穆勒那里，用于说明自然变化的原则与用于说明社会变化的原则之间不存在任何逻辑上的差别。这种观点的后果是关于道德科学的方法论论题被看成经验性的，但事实上它是概念性的。穆勒并没有将物理变化与概念变化区分开来，他的理论重点在于人与其他存在相比"更为复杂"，而这只是因为在人类活动中发现齐一性的困难比在其他活动中要大得多。事实上，虽然人类对于环境的反应方式比其他存在者的反应更为复杂，但这种复杂并非程度上的，而是类别上的，"人类社会的观念所牵涉的概念图式，在逻辑上是与自然科学所提供的那种种类的说明不相容的"（温

[①] 温奇（1926~1997），英国哲学家。

奇，2004：75）。在温奇看来，方法论者和科学哲学家总是通过说明来研究他们的课题，但社会科学需要的是理解而非说明，"说明是与理解紧密关联的；理解是说明的目标和成功的说明的最终产物。但当然我们不能由此得出这样的结论：理解只有在已经存在说明的地方才存在……说明之所以被称之为说明，仅当存在着，或至少被认为存在着理解中的缺陷之处。于是，必须要有某种标准才能度量这种缺陷，而这样的标准只能是我们已经拥有的理解。进而，我们已经拥有的理解是表达在概念中的，而概念构成了我们所关心的题材的形式。另一方面，这些概念也表达了应用它们的人的某些方面的生活特征"（温奇，2004：序 2~3）。

伽达默尔对精神科学的探索与温奇对理解和阐释社会生活作用的反思之间，具有一种密切的联系。温奇所关心的是理解和阐释不同文化和社会的最好途径，并追求能够把握制度和习惯的实践智慧。他认为社会科学研究的目标并不是说教，而是要指出学习的概念与智慧的概念之间的联系。人们面临的不仅是不同的技巧，还有善和恶的各种可能性，正是在善与恶的关系中，人才能与生活达成和解。为实现这一目标，温奇认为应该通过理解外来文化，对自己文化可能具有的而又不为我们所知的成见达到更敏感和更富有批评性的理解。在这一点上，伽达默尔的存在意义和实践哲学意义上的精神科学思想表现得更为深刻：恢复精神科学人文主义传统、认可前理解在精神科学中的作用、认识到精神科学不同于自然科学的真理、看到亚里士多德实践哲学中蕴含的精神科学的合法性基础、采用参与和对话的方式去理解精神科学等，这些足以使我们对人类社会有所了解，而不必像社会科学那样需要借助自然科学的手段去实现。

此外，社会科学的产生也与精神科学在现代社会的处境有关。现代社会的科学面临着来自经济和社会利益的压力。在一个严密组织的社会中，每一个利益集团都按其经济和社会权利的尺度发生作用，他们对科学研究工作的评价标准只在于它的结果是有利还是损害他们本身的权力。因此，每一种研究都担心因为不符合经济和社会要求而被干涉自由。自然科学家也知道，如果他们的研究成果不利于统治者的利益,那么成果的贯彻执行就会遇到困难。科学家只要走出研究所和实验室,把他们的知识公布于众,科学自由就会陷入政治责任的束缚。对于精神科学而言,这种压力更加严重,因为这种压力是从内部产生的。由于它的研究具有不确定性因素,因此不具有统一的标准来表明自己的重要意义,这就使得"权威性"对精神科学具有更加重要的意义。但权威性被认可的标准总是依据自然科学建立起来的,因此精神科学中的部分学科就开始转变为带有自然科学特色的社会科学。这种转变是无法避免的,"即使在古典历史精神科学内部也不可否认地存在着一种转向统计学和形式化这种新的方法手段的风格转变"(伽达默尔,2010b:567)。

但这种转变并不是人的弱点所产生的衰败现象,而是时代的标志。它并不意味着精神科学需要全面转向社会科学,相反,这意味着精神科学应该尽快认识到自己的本质特性,形成独立于自然科学的发展之路以及符合自身特点的评价模式。精神科学摆脱经济和社会利益压力的可能性就在于它自己的特定任务,即"在科学研究中总是永远承认自己的有限性和历史条件性,并且不断地反对启蒙运动的自我神话幻想"(伽达默尔,2010b:52)。精神科学不能推卸自己在社会领域发挥作用的责任,面对自然科学在现代社会通过操纵舆论来控制公众意见的局面,精神科学可以越过家庭和学校,对从中生长出来的人产生直接的影响。

结　语

　　古希腊时期的科学是一种理论沉思活动，它与近代的经验科学不同，主要指纯理性科学，如哲学、形而上学和数学，目的是探寻与人的生活世界无关的不动不变的知识和学问。古希腊科学不带有任何应用或者功利意义，它的意义就在于由自我满足、自我欣赏而产生的一种纯理论的幸福，数学在古希腊时期是科学的典范和实现幸福的途径。柏拉图将这种典范推至极端，他不是通过观察现实的星宿运动来研究天文学，而是在纯数学和数的关系中看天文学。这种方式为近代自然科学家提供了思路，伽利略的古典机械学就是通过数学公式来表现机械原理，从自然的因果关系和共同作用来解释自然，通过现实的可计算性计算出对于发生机械作用的条件的影响，从而将观察自然所得到的知识转化成了可在现实中应用的理论知识。伽达默尔指出，这就是近代科学的特点，即"把新的数学语言转用到观察中。不再是新的观察，不是关于世界经验的进步，而是称为知识的这种新的构想产生了新的科学"（伽达默尔，1988b：91）。

　　古希腊的纯粹理论科学向近代经验科学的转变并不仅仅是科学的自身转变，古希腊时期与人类事务有关的"实践"也被整合其中，转变为科学理论的应用。这使得曾经作为理论前提的实践在近代成为理论的附属品，因而与人有关的科学也被视为自然科学模式在人文领域的扩展和应用。穆勒在提出"精神科学"时所依据的正是这种观点，他构建精神科学所使用的知识是在论述了名词与命题、推理、归纳、归纳推理的方法、谬误之后制定出来的诸多原理,其实质就是使用数学语言对人类世界的重构。然而,这种数学重构必然导致精神科学遵循因果关系和逻辑证明,使丰富多彩的人的活动成为不动不变的理论沉思活动,与人有关的学问也成为纯理性科学。精神科学的人本意义从根本上被取消了。从总体上来看,"精神科学"一词的创立使穆勒与这门科学结下了不解之缘,但他只是延续了笛卡尔的思路,想说明归纳法在人文领域的有效性,而不是想探讨精神科学本身的特性。因此,穆勒并没有完整地建立精神科学体系,也没有严格区分自然科学与精神科学,这些任务应该说都是由狄尔泰完成的。虽然狄尔泰批判穆勒的精神科学观点是一种"缺乏历史的教养",但他所建立的精神科学在某种程度上也是对笛卡尔传统的一种追随,这意味着他并没有真正脱离穆勒的精神科学思想框架。

随着经验科学统治地位的形成,所有科学似乎都要遵循笛卡尔传统才能被认可为"科学",笛卡尔主义成为近代自然科学思维的模板。这起源于笛卡尔对心灵与物体这两类准实体的区分。之所以称其为准实体,是因为它们不具备传统关于实体学说提到的独立性或自足性,因而它们最终还要依赖于上帝。这也意味着在笛卡尔的二元论中始终蕴含一种主张,即只存在上帝这个唯一完全自足的实体。尽管笛卡尔没有使用"主客体"这种表述,但他做出的形而上学和认识论的二分法为这一体系的区分奠定了基础,甚至那些向形而上学二元论提出挑战的后笛卡尔主义哲学家也都承认,主客二分的思想是理解我们关于世界知识的基础。要想获得清楚明白的知识,主体必须要去发现能作为科学正当基础的"阿基米德点",并通过严格的规则和方法建立稳固的知识大厦。实现这一点的前提是必须将可能被怀疑的关于事物的判断悬置起来,通过摆脱所有前述意见和偏见的独立研究去获得知识。在笛卡尔看来,那些依据感觉、以往的意见、传统或权威而确定的东西不能被称为知识,因而必须要对其保持怀疑的态度。要将某种主张证明为知识就必须要诉诸理性本身,只有那种普遍的、超出历史的偶然性限制的、为一切有理性的存在所共同具有的东西才能被称为知识。

近代哲学家对笛卡尔主义在对立的两极之间运动这种思维模式谬误的揭示，形成了一条关于理解的新思路，这种思路促进了现代解释学的发展。在19世纪出现的解释学反对实证主义、归纳主义和科学主义的扩张而在思想界造成垄断的氛围，其宣称只有自然科学才能提供普遍知识的模式和标准。这一时期的解释学开始与历史研究和历史知识的本性研究相关，因此关于现代解释学的讨论是从那些对自己学科地位进行反思的历史学家中间开始的。在英美学术界，由于神学和文学文本研究、历史本性的研究和人学的范围都被视为哲学外围的研究，因此解释学始终没有进入哲学领域，直到罗蒂（Richard Rorty）将解释学视为继失败了的近代哲学基础和中心的认识论之后最合乎时宜的学科，这种状况才有所改变。在罗蒂看来，解释学并不是导向一种新的构造，而是作为"一种希望的表达，即由认识论的撤除所留下的文化空间将不被填充，也就是说，我们的文化应成为这样一种状况，在其中不再感觉到对限制和对照的要求"（罗蒂，1987：277）。在同一时期，解释学在欧洲大陆的发展远远超过了英美学界，关于解释学的探讨已经完全超越了最初用于书面文本理解的实用性目的，那种作为旧神学和文学辅助性的解释学原则，已经发展成为一切人文学科的基础体系。伽达默尔认为，这一时期人们对解释学发生兴趣的源泉是"历史意识的进展"，这也是德国整个文化学科进展的主要因素，并且这种源泉还可以追溯到古代和中世纪的修辞学传统，以及亚里士多德对"实践"和"智慧"的反思。伽达默尔在《真理与方法》中对教化、共通感、判断力和趣味等人文主义传统的回顾，也表明解释学与人文研究学科的整个历史密不可分，这一点可以追溯至狄尔泰。

在狄尔泰的时代，人们关于解释学的兴趣逐渐转移到那个时期的两个重要问题上：历史研究与历史知识的本性研究，以及自然科学和精神科学的对立。狄尔泰是想通过确定人文知识和历史知识中独特的东西，进而揭示精神科学的主题、目标和方法，从而向那种认为只有自然科学才能给我们提供"客观知识"的信念进行挑战。为此，他试图为精神科学提供一种康德为数学和自然科学所提供的那种东西，即能表明这类"客观知识"的可能性、本质、范围和有效性的"历史理性批判",这也是他建立精神科学体系的初衷。他是在社会—历史领域建立起来的精神科学体系,他努力寻找的是精神科学不同于自然科学的认识基础和方法论,极力要证明的是精神科学也可以具有自然科学表现出来的那种客观性。这意味着,精神科学体系仍然没有完全脱离笛卡尔传统。狄尔泰的努力使得"解释学作为精神科学方法论"的观点在19世纪被广泛认可并变得根深蒂固,直到20世纪现象学运动和海德格尔《存在与时间》产生的影响之后,人们才得以重新审视解释学和精神科学。

海德格尔关于"理解是我们存在于世界中的基本状态"的观点,表明解释学并不是人文研究的一个分支或者是精神科学的一种特有方法,而是具有与人类存在问题有关的本体论意义。理解并不是一种活动,而是一种发生、事件或遭遇。理解是普遍的,它贯穿于人的一切活动之中并构成它们的基础。伽达默尔将在海德格尔那里两个相互关联的主张表达了出来,即解释学的本体性和解释学的普遍性。在他看来,笛卡尔主义建立的基础就是对存在的误解,无论是在客观主义还是在相对主义的框架中,我们的"在世"状态都是被扭曲的。可以说伽达默尔不仅仅是针对笛卡尔主义的认识论、方法论乃至形而上学的主张而进行批判,而是基于本体论的批判。他尤其反对那些排斥前理解的观点,并认为在理解的过程中前见并不是那种需要被排除的主观偏见,而是使理解顺利进行的重要前提。例如在理解文本时,我们总会带着对某种特定意义的期待去读文本,或者说我们为整个文本预先筹划了某种意义,这种意义有可能来自用语,也有可能来自文本的内容,但无论是哪种,它们都会在对文本深入的过程中被不断修改,直到与文本本身的意义相符合为止。这一过程就是理解和解释的意义运动,"对前筹划的每一次修正是能够预先作出一种新的意义筹划;在意义的统一体被明确地确定之前,各种相互竞争的筹划可以彼此同时出现;解释开始于前把握,而前把握可以被更合适的把握所代替:正是这种不断进行的新筹划过程构成了理解和解释的意义运动。谁试图去理解,谁就面临了那种并不是由事情本身而来的前见解的干扰。理解的经常任务就是做出正确的符合于事物的筹划,这种筹划作为筹划就是预期,而预期应当是'由事情本身'才得到证明"（伽达默尔，2010a：379）。从这个角度来说，解释学仍然是一种能够体现出"客观性"的事实。这种客观性是前见通过构成我们的前理解而体现出的，并且总是在不知不觉中发挥作用。

伽达默尔对笛卡尔主义的批判可以说是既严厉又委婉。他并没有直接针对笛卡尔主义的观点进行批判，而是从批判狄尔泰的精神科学思想入手，指出他的精神科学思想仍然是以自然科学的科学性为标准，体现了笛卡尔主义对精神科学的影响。但伽达默尔并没有全盘否定狄尔泰的精神科学思想，相反，伽达默尔精神科学思想也是以狄尔泰精神科学思想为基础的。狄尔泰在范围上对精神科学与自然科学进行了划分，使精神科学回归到其专属的社会—历史领域，从而获得了独立发展的可能性，也为伽达默尔的精神科学思想奠定了基础。从精神科学发展的过程来看，狄尔泰的精神科学思想是继精神科学自身不同于自然科学的特征得到认可之后的又一重要进展。也正是基于狄尔泰的精神科学思想，伽达默尔才能够通过对作为精神科学研究对象的历史及其传承物的探究，寻找到精神科学的本质特征，并追溯了作为精神科学产生基础的人文主义传统，从教化、共通感、判断力、趣味中看到精神科学不同于自然科学的根源。精神科学实质上是人类个体经验与基本经验相互阐释的结果，个体经验受基本经验的指引，基本经验则由个体经验构成，并随着个体经验的变化而变化。从解释学循环的角度来说，这就意味着前理解对于精神科学具有重要意义，而效果历史也表明在精神科学中最重要的并不是概念、客观性、普遍性，而是与对象的先行关系。这使得对精神科学的理解要从前见与事物自身的理解循环入手。历史则成为理解精神科学的中介，历史自身的特性使得对精神科学的理解需要通过对话来实现。精神科学的本质特征表明精神科学是完全不同于自然科学的另一种科学，二者在本质上的区别表明，对精神科学的研究能够帮助我们走出经验科学的界限，弥补自然科学的不足，充分发挥人的理论性和实践性特征，真正实现人的全面发展。

此外，伽达默尔还在亚里士多德的实践哲学中为精神科学寻找到了合法性基础。亚里士多德将人的活动分为三种：理论沉思、实践和制作。理论沉思是对不动不变的必然事物的本性进行思考的活动，实践和制作都是与我们可以改变的事物有关，区别在于制作是生成某物的活动，针对的是活动之外的产品，而实践是指与人类事务有关的活动。由于人的活动总是变动的，因此实践总是与具体的事情有关，需要把握具体情况的无限多的变化，实践的逻各斯也与确定的、普遍的理论的逻各斯是不同的，是粗略的、不精确的。亚里士多德指出，我们不能对相同题材的研究要求相同的确定性，同样，我们也不能对不同题材的研究要求相同的确定性，而应该要求该题材所具有的，并且适合于该研究的确定性。当题材和前提"基本为真"时，我们也只能得出"基本为真"的结论。既然实践并不包含确定不变的东西，我们也只能从不确定的前提来谈论人的行为这类题材。由此可以看出，穆勒在提出精神科学时所指出的"不精确性"并不能被视为精神科学的致命弱点，反而意味着精神科学的本质特征，它来源于人本身的特性，决定精神科学这一与人有关的科学的全部内容和研究方式。此外，伽达默尔对亚里士多德实践哲学的援引也表明，科学并非只有自然科学一种形式，精神科学也是一种科学。

亚里士多德实践哲学为伽达默尔精神科学提供的合法性基础，还体现在实践智慧在人类个体经验与作为总体的善的人类基本经验之间的协调关系方面。实践智慧处理的是与人有关的、具体的事务，但这并不意味着实践智慧仅仅是一种处理事务的能力。它还具有一种"精神品性"，或者说是具有一种社会习俗存在的规定性，这种规定性能够区分应当做和不应当做的事情，但前提是它必须要在人类整个"道德品性"的引导下区分适当与不适当，并且由此假定一种继续加深这种区分的社会习俗上的态度。这种整个的道德品性，正是作为人类基本世界经验的总体的善所体现出来的，因此，实践智慧需要总体的善的引导才能发挥作用。同时，总体的善作为属人的善，它本身体现出的是一种具体的普遍性，这种具体性正是通过人的具体事务来丰富和扩展的。亚里士多德实践哲学中的实践智慧，在伽达默尔精神科学中体现为教化。作为人文主义传统之一，教化可以说是对精神科学产生了重要影响，它使个体的人超越了只属于自身的特殊性,脱离了直接性和本能性,向更普遍的观点敞开自身,成为一个普遍的精神存在。从另一个角度来说,教化以更普遍的观点引导个体的人对个人目的保持尺度和距离,使其超越自身提升为普遍性。这种普遍性是一种具体的普遍性,它的具体性来自个体性的不断丰富和发展。教化的过程可以说是异化和同化的运动,它所体现的也正是精神的基本运动,即从他物出发向自身返回。因此,伽达默尔认为精神科学之所以成为科学,主要的原因就在于教化。

总之,伽达默尔精神科学思想所要表明的是:第一,解释学并不是一种方法论,而是一种哲学;第二,精神科学并不需要方法,准确地说是不需要自然科学的方法。对自然科学来说至关重要的方法并不适用于精神科学,也绝不是精神科学获取知识的唯一渠道。在伽达默尔看来,我们精神生活的一条准则就是:变化着的东西远比一成不变的东西更能吸引人们的注意。对于精神科学的理解绝不是依据原则而来的构想,而是久远流传下来的事件的继续塑造;对精神科学的思考不应全盘照收其概念,而应吸收从其概念的原始意义内涵中所传承给它的东西,因为传承物与历史的关系就在于任何一方的发展和变化都会影响另一方。精神科学不同于自然科学的本质之处就在于:精神科学的知识是具体的知识,它只有在教化、共通感、判断力、趣味等人文主义传统中,而不是在现代科学的方法论概念中,才能得到更好的理解;在精神科学中最关键的并不是客观性,而是与对象的先行关系。精神科学的真理是"去蔽",而非"符合",因此倾听传承物并使自己置身于其中,是精神科学行之有效的寻求真理的途径,"精神科学中的本质性的东西并不是客观性,而是同对象的先前的关系……在精神科学中衡量它的学说有无内容或价值的标准,就是参与到人类经验本质的陈述之中"(伽达默尔,1988b:69)。精神科学的经验是一种生成和展开的经验,它是人的个体经验与人类基本经验相互阐释的结果,并因而具有一种具体的普遍性,并且是自然科学的基础。

在《真理与方法》的结束语中,我们也可以清楚地看到伽达默尔的精神科学观点,"我们的整个研究表明,由运用科学方法所提供的确实性并不足以保证真理。这一点特别适用于精神科学,但这并不意味着精神科学的科学性的降低,而是相反地证明了对特定的人类意义之要求的合法性,这种要求正是精神科学自古以来就提出的。在精神科学的认识中,认识者的自我存在也一起在发挥作用,虽然这确实标志了'方法'的局限,但并不表明科学的局限。凡由方法的工具所不能做到的,必然而且确实能够通过一种提问和研究的学科来达到,而这门学科能够保证获得真理"(伽达默尔,2010a:688~689)。

参考文献

一 中文参考文献

（一）参考著作

［1］奥康诺主编，2005.批评的西方哲学史［M］.洪汉鼎，等译.北京：东方出版社.

［2］伯恩斯坦，1992.超越客观主义和相对主义［M］.郭小平，康兴平，等译.北京：光明日报出版社.

［3］《德国哲学》编委会，2011.德国哲学（2010年卷）［M］.北京：中国社会科学出版社.

［4］德罗伊森，2006.历史知识理论［M］.胡昌智，译.北京：北京大学出版社.

［5］邓晓芒，赵林，2005.西方哲学史［M］.北京：高等教育出版社.

［6］狄尔泰，2002.精神科学引论（第一卷）［M］.童志奇，王海鸥，译.北京：中国城市出版社.

［7］狄尔泰，2010.精神科学中历史世界的建构［M］.安延明，译.北京：中国人民大学出版社.

［8］笛卡尔，2000.谈谈方法［M］.王太庆，译.北京：商务印书馆：ix.

［9］丁立群，等，2012a. 实践哲学：传统与超越［M］. 北京：北京师范大学出版社．

［10］杜威，2005a. 确定性的寻求［M］. 傅统先，译．上海：上海人民出版社．

［11］杜威，2005b. 经验与自然［M］. 傅统先，译．南京：江苏教育出版社．

［12］伽达默尔，1988a. 科学时代的理性［M］. 薛华，等译．北京：国际文化出版公司．

［13］伽达默尔，1988b. 赞美理论：伽达默尔选集［M］. 夏镇平，译．上海：上海三联书店．

［14］伽达默尔，1992. 伽达默尔论黑格尔［M］. 张志伟，译．北京：光明日报出版社．

［15］伽达默尔，2003a. 伽达默尔集［M］. 严平编选，邓安庆，等译．上海：上海远东出版社．

［16］伽达默尔，2003b. 哲学生涯：我的回顾［M］. 陈春文，译．北京：商务印书馆．

［17］伽达默尔，2004. 哲学解释学［M］. 夏镇平，宋建平，译．上海：上海译文出版社．

［18］伽达默尔，2010a. 诠释学 I——真理与方法——哲学诠释学的基本特征［M］. 洪汉鼎，译．北京：商务印书馆．

［19］伽达默尔，2010b. 诠释学 II——真理与方法——补充和索引［M］. 洪汉鼎，译．北京：商务印书馆．

［20］伽达默尔，德里达，等，2004. 德法之争：伽达默尔与德里达的对话［M］. 孙周兴，孙善春编译．上海：同济大学出版社．

［21］伽达默尔，杜特，2005. 解释学 美学 实践哲学：伽达默尔与杜特对谈录［M］. 金惠敏，译．北京：商务印书馆．

［22］高宣扬，2007. 德国哲学通史（第一卷）［M］. 上海：同济大学出版社．

［23］格朗丹,2009.哲学解释学导论［M］.何卫平,译.北京：商务印书馆.

［24］海德格尔,1987.存在与时间［M］.陈嘉映,王庆节,译.北京：生活·读书·新知三联书店.

［25］海德格尔,2004.在通向语言的途中［M］.孙周兴,译.北京：商务印书馆.

［26］海德格尔,2009.存在论：实际性的解释学［M］.何卫平,译.北京：人民出版社.

［27］何卫平,2001.通向解释学辩证法之途：伽达默尔哲学思想研究［M］.上海：上海三联书店.

［28］何卫平,2009.解释学之维——问题与研究［M］.北京：人民出版社.

［29］黑格尔,1986.自然哲学［M］.梁志学,译.北京：商务印书馆.

［30］黑格尔,1996.小逻辑［M］.贺麟,译.北京：商务印书馆.

［31］黑格尔,2006.精神哲学——哲学全书·第三部分［M］.杨祖陶,译.北京：人民出版社.

［32］黑格尔,2009a.精神现象学（上卷）［M］.贺麟,王玖兴,译.北京：商务印书馆.

［33］黑格尔,2009b.精神现象学（下卷）［M］.贺麟,王玖兴,译.北京：商务印书馆.

［34］胡塞尔,1988a.欧洲科学危机和超验现象学［M］.张庆熊,译.上海：上海译文出版社.

［35］胡塞尔,1988b.现象学与哲学的危机［M］.吕祥,译.北京：国际文化出版公司.

［36］胡塞尔,1999.经验与判断——逻辑谱系学研究［M］.邓晓芒,等译.北京：生活·读书·新知三联书店.

［37］胡塞尔,2005.生活世界现象学［M］.倪梁康,张廷国,译.上海：

上海译文出版社．

[38] 胡塞尔，2010．哲学作为严格的科学［M］．倪梁康，译．北京：商务印书馆．

[39] 卡西尔，2004a．人论［M］．甘阳，译．上海：上海译文出版社．

[40] 卡西尔，2004b．人文科学的逻辑［M］．关子尹，译．上海：上海译文出版社．

[41] 康德，1982．任何一种能够作为科学出现的未来形而上学导论［M］．庞景仁，译．北京：商务印书馆．

[42] 康德，1999．纯粹理性批判［M］．韦卓民，译．武汉：华中师范大学出版社．

[43] 康德，2002．判断力批判［M］．邓晓芒，译．北京：人民出版社．

[44] 康德，2003．实践理性批判［M］．邓晓芒，译．北京：人民出版社．

[45] 康福德，2009．苏格拉底前后［M］．孙艳萍，石冬梅，译．上海：格致出版社：25．

[46] 库恩，2003．科学革命的结构［M］．金吾伦，胡新和，译．北京：北京大学出版社．

[47] 李凯尔特，2007．文化科学和自然科学［M］．涂纪亮，译．北京：商务印书馆．

[48] 利科，2011．诠释学与人文科学［M］．孔明安，张剑，李西祥，译．北京：中国人民大学出版社．

[49] 罗蒂，1987．哲学和自然之镜［M］．李幼蒸，译．北京：三联书店．

[50] 罗蒂，2009．后哲学文化［M］．黄勇，译．上海：上海译文出版社．

[51] 马基雅维里，1986．君主论［M］．潘汉典，译．北京：商务印书馆．

[52] 马克思，2000．1844年经济学哲学手稿［M］．中共中央马克思恩格斯列宁斯大林著作编译局编译．北京：人民出版社．

[53] 马克思，2012．马克思博士论文：黑格尔辩证法和哲学一般的批判［M］．贺麟，译．上海：上海人民出版社：124．

［54］密尔，2009. 精神科学的逻辑［M］. 李涤非，译. 杭州：浙江大学出版社.

［55］培根，1986. 新工具［M］. 许宝骙，译. 北京：商务印书馆.

［56］斯诺，1994. 两种文化［M］. 纪树立，译. 北京：生活·读书·新知三联书店.

［57］斯通普夫，菲泽，2005. 西方哲学史［M］. 丁三东，等译. 北京：中华书局.

［58］丸山高司，2001. 伽达默尔：视野融合［M］ 刘文柱，等译. 石家庄：河北教育出版社.

［59］王荣江，2005. 未来科学知识论：科学知识"不确定性"的历史考察与反思［M］. 北京：社会科学文献出版社.

［60］维柯，1989. 新科学［M］. 朱光潜，译. 北京：商务印书馆.

［61］维柯，1997. 维柯著作选［M］. 庞帕编译，陆晓禾，译. 北京：商务印书馆.

［62］魏敦友，2005. 回返理性之源：胡塞尔现象学对实体主义的超越及其意义研究［M］. 武汉：武汉大学出版社.

［63］温奇，2004. 社会科学的观念及其与哲学的关系［M］. 张庆熊，等译. 上海：上海人民出版社.

［64］文德尔班，1997. 哲学史教程（上卷）［M］. 罗达仁，译. 北京：商务印书馆.

［65］沃恩克，2009. 伽达默尔——诠释学、传统和理性［M］. 洪汉鼎，译. 北京：商务印书馆.

［66］希尔贝克，吉列尔，2016. 西方哲学史：从古希腊到当下［M］. 童世骏，郁振华，刘进，译. 上海：上海译文出版社.

［67］谢地坤，2008. 走向精神科学之路：狄尔泰哲学思想研究［M］. 南京：江苏人民出版社.

［68］休谟，1996. 人性论［M］. 关文运，译. 北京：商务印书馆.

［69］亚里士多德，1981.政治学［M］.吴寿彭，译编.北京：商务印书馆.

［70］亚里士多德，1995.形而上学［M］.吴寿彭，译.北京：商务印书馆.

［71］亚里士多德，2003.尼各马可伦理学［M］.廖申白，译注.北京：商务印书馆.

［72］严平，1998.走向解释学的真理：伽达默尔哲学述评［M］.北京：东方出版社.

［73］衣俊卿，2004.文化哲学十五讲［M］.北京：北京大学出版社.

［74］衣俊卿，2011.现代性的维度［M］.哈尔滨：黑龙江大学出版社.

［75］约翰逊，2003.伽达默尔［M］.何卫平，译.北京：中华书局.

［76］张汝伦，2004.德国哲学十论［M］.上海：复旦大学出版社.

［77］赵敦华，2001.西方哲学简史［M］.北京：北京大学出版社.

（二）参考论文

［1］陈锋，2001.作为整体的精神科学及其认识论与逻辑学［D］.上海：复旦大学.

［2］丁立群，2005.亚里士多德的实践哲学及其现代效应［J］.哲学研究，（1）.

［3］丁立群，2006.技术实践论：另一种实践哲学传统——弗兰西斯·培根的实践哲学［J］.江海学刊，（4）.

［4］丁立群，2010.文化哲学：问题与领域［J］.哲学研究，（9）.

［5］丁立群，2012b.理论与实践的关系：本真涵义与变质形态——从亚里士多德实践哲学说起［J］.哲学动态，（1）.

［6］丁立群，2012c.理论哲学与实践哲学：孰为第一哲学？［J］.哲学研究，（1）.

［7］丁立群，2012d.实践哲学：两种对立的传统及其超越［J］.马克思

主义与现实,(2).

［8］丁立群,2012e.亚里士多德实践哲学中的德性与实践智慧［J］.道德与文明,(5).

［9］丁立群,2014."理论"的嬗变与自然之"魅":一种实践哲学进路［J］.马克思主义与现实,(1).

［10］杜中豪,2013.伽达默尔前见思想的存在论意蕴［D］.南昌:南昌大学.

［11］伽达默尔,1987.解释学的挑战［J］.哲学译丛,(2).

［12］伽达默尔,1998.当今文明进程中的人及其手［A］.夏镇平,译,见:精神的遨游:世界思想名家传世精品［C］.宋建林主编.北京:改革出版社.

［13］伽达默尔,甘阳,1986.时间距离的解释学意蕴［J］.哲学译丛,(3).

［14］伽达默尔,甘阳,1986.效果历史的原则［J］.世界哲学,(3).

［15］伽达默尔,姚介厚,1986.论科学中的哲学要素和哲学的科学特性［J］.哲学译丛,(3).

［16］伽达默尔,张金言,1986.问答的逻辑［J］.哲学译丛,(3).

［17］伽达默尔,李幼蒸,1986.胡塞尔和约尔克学说中的生活概念［J］.世界哲学,(3).

［18］伽达默尔,邓晓芒,1991.黑格尔与海德格尔［J］.世界哲学,(5).

［19］伽达默尔,徐志跃,李淼,1996.伽达默尔论伽达默尔［J］.国外社会科学文摘,(1).

［20］伽达默尔,刘杰,2003.文化与传媒［J］.世界哲学,(4).

［21］何卫平,2003.从人文科学地位之确立看西方解释学的发展［J］.云南大学学报(社会科学版),(4).

［22］何卫平,2004.解释学与认识论———一种历史眼光的透视［J］.人文杂志,(3).

［23］何卫平,2011.伽达默尔的教化解释学论纲［J］.武汉大学学报(人文科学版),(2).

［24］何小平，2011.伽达默尔"审美无区分"思想研究［D］.北京：北京师范大学.

［25］黄小洲，2006.论伽达默尔的教化概念［D］.武汉：武汉大学.

［26］李岩，2006.试论狄尔泰的历史主义的意义：从其为精神科学的理解奠基的角度看［D］.武汉：武汉大学.

［27］龙祁周，2006.论哲学解释学的效果历史原则［D］.武汉：武汉大学.

［28］梅景辉，张廷国，2011.科学之为启蒙的工具——伽达默尔对现代科技理性之批判［J］.华中科技大学学报（社会科学版），（5）.

［29］邵华，2008.解释学视域中的"实践智慧"：从亚里士多德到伽达默尔［D］.武汉：武汉大学.

［30］田方林，李敏，2004.试析狄尔泰的"Geist"和"Geisteswissenschaften"［J］.广西社会科学，（7）.

［31］韦海飞，周妍，2010.作为精神科学重要特征的教化——伽达默尔关于"教化"的诠释学诠释［J］.传承（学术理论版），（2）.

［32］薛巍，2012.范式转换［J］.三联生活周刊，（20）.

［33］杨金华，2007.走向主体间性的理解：历史理解的普遍有效性探究［D］.武汉：华中科技大学.

［34］杨琦，2014.论伽达默尔对人性问题的关怀与深入拓展［D］.长春：吉林大学.

［35］杨艳萍，2001.后现代人文视野中的科学：论利奥塔、福柯、罗蒂与伽达默尔的科学观［D］.北京：北京大学.

［36］张留华，2010.伽达默尔的"理性"与"科学"［J］.社会科学论坛，（10）.

［37］张志伟，2004.说不尽的康德哲学——兼论哲学史研究的几个方法论问题［J］.安徽大学学报（哲学社会科学版），（5）.

［38］庄贝贝，2012.伽达默尔论精神科学与教化的关系［D］.兰州：兰州大学.

二 英文参考文献

[1] Apel, Karl-Otto,1984. Understanding and Explanation: A Transcendental-pragmatic Perspective[M] . translated by Georgia Warnke . Mass.: M.I.T. Pr.

[2] Austin Harrington,2001. Hermeneutic Dialogue and Social Science：A Critique of Gadamer and Habermas [M] . New York：Routledge.

[3] Bruce Krajewski, ed.,2004. Gadamer's Repercussions：Reconsidering Philosophical Hermeneutics [M] . Berkeley：University of California Press.

[4] Demetrius Teigas,1995. Knowledge and Hermeneutic Understanding：A Study of the Habermas-Gadamer Debate [M] . Lewisburg：Bucknell University Press.

[5] Diane P. Michelfelder, Richard E. Palmer, eds.,1989. Dialogue and Deconstruction：the Gadamer-Derrida Encounter [M] . Albany：State University of New York Press.

[6] Hans-Georg Gadamer, 1982. Reason in the Age of Science [M] . translated by F.G. Lawrence. Cambridge：MIT Press.

[7] Hans-Georg Gadamer, 1986. The Idea of the Good in Platonic-aristotelian Philosophy [M] . translated by P. Christopher Smith. New Haven：Yale University Press.

[8] Hans-Georg Gadamer, 1998a. Praise of Theory: Speeches and Essays [M] . translated by Chris Dawson. New Haven: Yale University Press.

[9] Hans-Georg Gadamer, 1998b. The Beginning of Philosophy [M] . translated by Rod Coltman. New York：Continuum.

[10] Hans-Georg Gadamer, 2001. The Beginning of Knowledge [M] . translated by Rod Coltman. New York：Continuum.

[11] Hans-Georg Gadamer,2004. Truth and Method [M] . translated by Joel

Weinsheimer and Donald G. Marshall. London: Contimuum Publishing Group.

［12］Hans-Georg Gadamer, 2007. The Gadamer Reader: A Bouquet of the Later Writings ［M］. edited by Richard E. Palmer. Illinois: Northwestern University Press.

［13］Herman Paul, Madeleine Kasten, Rico Sneller,2012. Hermeneutics and the Humanities: Dialogues with Hans-georg Gadamer ［M］. Leiden University Press.

［14］Jean Grondin,2003. Hans-Georg Gadamer: A Biography ［M］. translated by Joel Weinsheimer. New Haven: Yale University Press.

［15］Jean Grondin,2003. The Philosophy of Gadamer ［M］. translated by Kathryn Plan. Chesham: Acumen.

［16］Joel C. Weinsheimer,1985. Gadamer's Hermeneutics: A Reading of Truth and Method ［M］. New Haven: Yale University Press.

［17］Jürgen Habermas,1988. On the Logic of the Social Sciences ［M］. translated by Shierry Weber Nicholsen, Jerry A. Stark. Cambridge: MIT Press.

［18］Kristin Gjesdal, 2009. Gadamer and the Legacy of German Idealism ［M］. New York: Cambridge University Press.

［19］Matthew Foster,1991. Gadamer and Practical Philosophy: The Hermeneutics of Moral Confidence ［M］. Atlanta: Scholars Press.

［20］Robert J. Dostal,ed.,2002. The Cambridge Companion to Gadamer［M］. Cambridge: Cambridge University Press.

［21］Stefano Marino,2011. Gadamer and the Limits of the Modern Technoscientific civilization ［M］. New York: P. Lang.

致 谢

　　本书是在博士论文修改的基础上形成的，在即将付梓之际，我不禁感慨良多。

　　2010年是我的"哲学元年"，从接到通知书的那一刻起，我真正走进了哲学，感谢恩师丁立群教授为我打开了哲学之门，引领我踏上这一神奇而又广袤的土地。丁老师治学严谨，但从不拘泥于"唯师是从"的形式，在丁老师的课堂上，学生们并不会因为面对一位赫赫有名的学者而变得谨小慎微，反而可以畅所欲言，即使"白丁"如我，也能够表达自己的观点。丁老师在哲学上的深厚造诣让我真正领略到何为"高山仰止，景行行止。虽不能至，然心向往之"，也许这就是哲学学者的魅力所在吧。听丁老师的课是一种享受，在丁老师的课堂上，我的思维总是被点燃，不断地闪耀小小的火花，很多从未想过的问题、从未发现的视角，不断在脑海中呈现并引发新的思考，那些曾经听闻的、经历的，或者被教育的东西在哲学的面前呈现出不同的一面甚至多面，与此同时，我的头脑和心灵也经历着一场全新的体验，如同自己重返当时的情境，以一种不同的眼光和心态去观察曾经的自己和曾经的事物，可以说是一种哲学上的"穿越"，而这种穿越的结果则是获得了思想上的"新生"。

　　博士论文的撰写于我而言实属不易，且不说跨专业和哲学功底薄的问题，也不论伽达默尔并未十分明确地将其精神科学思想娓娓道来，仅仅是在工作之余读书、思考、写作就已经是十分奢侈的事情，在这里仍然要感谢丁老师的宽容和理解，丁老师并没有催促我的学习，反而时常关心我的工作和生活，这让我常常心怀愧疚，只能以倍加努力的状态投入论文的写作。感谢衣俊卿教授、王国友教授、陈树林教授，在文化哲学的道路上，诸位教授的研究扩展了我的视野，使我能够站在一个更高的起点开始自己的研究。感谢罗跃军教授、王晓东教授，在我开题、中期检查等论文成型的关键之处，两位教授给予我的指导让我在撰写论文的过程中拥有了一个清晰的思路。此外，还要感谢亲爱的张辉同学，这个看似羸弱的女生内心似乎总是充满强大的力量，每当我茫然无助的时候总能从她那里获得最有力的支撑，还有于志杰、吴纪龙、陈大为、丛云鸿、马成慧、郭石磊、于涛、刘立华、孟璐等胜似兄弟姐妹的同学们，我们在一起的欢乐时光将永远是我读博生涯中最亮丽的一道风景。

最后要感谢的是我的家人，感谢丈夫对我的理解和帮助。在父亲突然辞世的时候，我不禁开始质疑自己是否应该选择读博之路，如果我像其他人一样选择一种安逸的生活，承欢父母膝下，陪伴他们安度晚年，父亲是否会过得更好，走的时候是否会少带遗憾？如今生命已逝，我才发现自己还未曾了解他，而只能从他曾经的只言片语中去理解他、揣度他，却无法完整而切实地描述他。也许面对变化的生命本身，任何语言都是有限的，只有生命本身才能诠释生命，其他人都只能作为观察者而无力阻止生命的任何变化。是丈夫的帮助让我度过了那段灰蒙蒙的日子，并重新鼓起勇气完成论文。事实上，在我整个读博期间，丈夫对我的帮助、支持和陪伴都是细致入微的，这让我常常感到庆幸和感动，在这里，我要说一声"谢谢"！

回首这些年的"理论生活"，我虽然离曾经的闲散时光越来越远，却活得更加清楚明白，哲学带给我的不仅是眼界上的开阔、学识上的进步，更是对人生的领悟。冥冥中，哲学似乎在召唤我去跟随她，并赋予我一种新的视角，去重新审视我所熟悉的世界和生活。特别是对精神科学的研究，让我清楚地看到自己原有思维方式的问题所在，以及它们对我的生活产生的负面影响。我曾经笃信只有"确定性"才能够带来美好的结果,并由此执着于理想化程序的实现,也曾为无法实现完美目标而沮丧不堪。然而,正是对精神科学以及实践哲学的研究让我明白:"变化"是常量而"不变"才是变量,人更多地存在于生活世界,那些固定不变的东西只是生活中的点缀,应该用哲学解释学的方式来看待和理解周围的人和事物,而不应该执念于某个固定理论并纠结现实总是在偏离理论的轨道上运行。改变了思维方式的我对自己、对他人、对生活更多了一份宽容,同时也收获了轻松和快乐。因此,在本书即将付梓之际,我也要感谢哲学,这样一门高深的学问所潜藏的实质上是一份简单的道理,但即便是如此简单的道理也足以改变我的全部。

图书在版编目（CIP）数据

伽达默尔精神科学思想研究 / 陈莹著. -- 北京：
社会科学文献出版社，2020.6
（实践哲学论丛）
ISBN 978-7-5201-6300-2

Ⅰ.①伽…　Ⅱ.①陈…　Ⅲ.①伽达默尔(Gadamer, Hans-Georg 1900-2002) – 哲学思想 – 研究　Ⅳ.
①B516.59

中国版本图书馆CIP数据核字（2020）第030058号

·实践哲学论丛·
伽达默尔精神科学思想研究

著　　者 / 陈　莹
出 版 人 / 谢寿光
组稿编辑 / 周　丽　王玉山
责任编辑 / 王玉山
文稿编辑 / 刘　争

出　　版 / 社会科学文献出版社·城市和绿色发展分社（010）59367143
　　　　　 地址：北京市北三环中路甲29号院华龙大厦　邮编：100029
　　　　　 网址：www.ssap.com.cn
发　　行 / 市场营销中心（010）59367081　59367083
印　　装 / 三河市龙林印务有限公司

规　　格 / 开　本：787mm×1092mm　1/16
　　　　　 印　张：19.5　字　数：288千字
版　　次 / 2020年6月第1版　2020年6月第1次印刷
书　　号 / ISBN 978-7-5201-6300-2
定　　价 / 128.00元

本书如有印装质量问题，请与读者服务中心（010-59367028）联系

△ 版权所有 翻印必究